Christoph Lauterburg

VOR DEM ENDE DER HIERARCHIE

Modelle für eine bessere Arbeitsv

Econ Verlag
Düsseldorf · Wien

2. überarbeitete Auflage 1980

Gesetzt aus der Times der Linotype GmbH
Satz: Zobrist & Hof AG, CH-Pratteln
Papier: Papierfabrik Schleipen GmbH, Bad Dürkheim
Druck und Bindearbeiten: Bercker, Graphische Betriebe, Kevelaer
Printed in Germany
ISBN 3 430 15903 2

Inhalt

»Liberalismus ist die Bereitschaft, das Erreichte und sich selbst in Frage zu stellen und zu verändern – nicht um der Veränderung willen, sondern als Antwort auf veränderte Interessen und Bedürfnisse der Menschen.«

Gaston Thorn
Premierminister von Luxemburg
Präsident der 30. UNO-Vollversammlung

VORWORT

Ich habe etwas gegen Vorworte. Wenn ich ein Buch lesen will, möchte ich eigentlich gleich anfangen können, ohne erst seitenlang für das, was kommen soll, präpariert zu werden. Nun bin ich mir selber untreu geworden. Freunde, denen ich das Manuskript zum Durchlesen gab, fragten mich nämlich als erstes: »Wie bist du eigentlich dazu gekommen, ein Buch zu schreiben?« Und einer fügte noch bei: »... wo es doch schon so viele Bücher gibt.« Für den Fall, daß meine Beweggründe Sie interessieren, habe ich dieses Vorwort geschrieben. Wenn Sie aber Vorworte auch nicht mögen, können Sie jetzt gleich auf Seite 17 beginnen.

Meine Arbeit bringt mich mit einer Vielzahl von Menschen der unterschiedlichsten Berufe in den unterschiedlichsten Betrieben zusammen. Ich erlebe fast täglich sehr hautnah, was »Arbeit« alles bedeuten, wie schön und interessant, aber auch wie trostlos und häßlich das, was wir »Arbeitswelt« nennen, sein kann. Diese Arbeitswelt ist in letzter Zeit zunehmend ins Kreuzfeuer der Kritik geraten. »Mehr Lebensqualität«, »Abbau der Bürokratie«, »Humanisierung der Arbeit«, »Demokratie im Betrieb«, »Mitbestimmung am Arbeitsplatz«, »Dezentralisierung der Organisation« sind einige der Stichworte.

Doch was verbirgt sich hinter diesen Forderungen? Um was geht es ganz konkret? Handelt es sich hier einfach um modische Schlagworte oder haben wir es mit Entwicklungen zu tun, die sich auf unsere tägliche Zusammenarbeit im Betrieb auswirken? Und falls dem so sein sollte: Können wir uns denn ein

»besseres« Arbeitsleben überhaupt leisten – ausgerechnet in einer Zeit, da jeder froh sein muß, der überhaupt eine Arbeit hat? Und ganz abgesehen von der Frage der Wirtschaftlichkeit: Ist direkte Mitbestimmung, also »Demokratie« im Betrieb, nicht von vornherein eine Utopie? Können und wollen die Menschen denn überhaupt mitdenken, mitentscheiden und – dies vor allem – auch mitverantworten?

Dies sind Fragen, denen ich in diesem Buch anhand praktischer Beispiele nachgehen möchte, weil ich der festen Überzeugung bin, daß wir neue Wege zu einer besseren Verständigung und zu einer direkten Mitwirkung aller am betrieblichen Geschehen Beteiligten finden müssen. Ich glaube, daß dies nur möglich ist, wenn wir bereit sind, uns kritisch mit einem Grundproblem menschlichen Zusammenlebens auseinanderzusetzen: mit der Frage der Hierarchie. Ich glaube aber auch, daß wir diese Frage nicht »ideologisieren« und »verpolitisieren« sollten, wie wir dies etwa mit der Frage der Mitbestimmung getan haben. Ich habe selbst keine Patentrezepte anzubieten. Was ich zeigen möchte, ist der, wie ich meine, unlösbare Widerspruch zwischen den hierarchischen Organisationsprinzipien und Verhaltensmustern in unserer Arbeitswelt und den Interesssen, Bedürfnissen und Wertvorstellungen der in ihr tätigen Menschen.

Der erste Schritt zu einer sinnvollen Veränderung besteht darin, daß man das Problem erkennt. Jeder Betrieb hat aber seine eigene Geschichte, seine eigene Struktur und seinen eigenen Stil. Jeder Betrieb muß deshalb auch seine eigenen Wege zu neuen und besseren Formen der Zusammenarbeit finden. Zu zeigen, daß dies schwierig, aber möglich ist, sollte der Sinn dieses Buches sein.

Wir wissen heute wesentlich mehr über die Gesetzmäßigkeiten menschlichen Verhaltens und die Möglichkeiten eines sinnvollen Zusammenlebens als noch vor wenigen Jahrzehnten. Doch zwischen den Erkenntnissen der Forschung und der betrieblichen Praxis klafft eine schmerzliche Lücke. Es gibt zwar Bücher wie Sand am Meer. Aber Wissenschaftler –

merkwürdigerweise auch Experten für menschliche Kommunikation – schreiben Bücher oft so, daß nur sie selbst und ihre Kollegen sie verstehen können. Das Wissen bleibt deshalb dort, wo es ohnehin schon vorhanden ist. Dies ist der zweite Grund, weshalb ich ein Buch geschrieben habe: Ich wollte versuchen, ein wenig zwischen Theorie und Praxis zu vermitteln. Ich fühle mich nicht als Schöpfer neuen Gedankengutes, sondern als Reporter, Übersetzer und Interpret. Ich möchte ein paar Menschen den Ärger ersparen, den ich jeweils empfinde, wenn ich mich mühsam durch ein Dickicht von sozialwissenschaftlichem »Fachchinesisch« würgen muß – oder wenn ich einmal mehr ein Buch, das mich eigentlich interessiert hätte, ungelesen in der Versenkung verschwinden lasse.

VORWORT ZUR ZWEITEN AUFLAGE

Etwas mehr als ein Jahr ist seit dem Erscheinen dieses Buches vergangen – ein für mich spannendes Jahr mit neuen, interessanten Erfahrungen. Ich bin auf viel Zustimmung, zum Teil auf ganz persönliche Sympathie gestoßen und habe zu einer ganzen Reihe von Aussagen äußerst präzise Rückmeldungen erhalten. Es hat aber auch Ablehnung gegeben – vereinzelt direkt, häufiger indirekt. Ich habe verschiedentlich peinliche Betroffenheit, verinnerlichtes Kopfschütteln, vornehmes Schweigen erlebt.

Besonders erfreulich jedoch ist etwas, mit dem ich überhaupt nicht gerechnet hatte: Eine Art »Qualitätssprung« in meinem Beruf. Es ergeben sich zunehmend neue Kontakte mit Menschen, die ähnlich denken wie ich und die gezielt nach konkreten Möglichkeiten und Wegen suchen, um in ihrem eigenen betrieblichen Wirkungsbereich Organisationsentwicklungsprozesse einzuleiten. Die Arbeit mit solchen Partnern macht Spaß. Ich muß heute, was die Notwendigkeiten der innerbetrieblichen Kommunikation anbetrifft, praktisch nie mehr »bei Adam und Eva« beginnen. Diskussionen über mögliche Vorgehensweisen, Stilfragen oder persönliche Werte bewegen sich auf einem sehr viel anspruchsvolleren Niveau, als dies früher häufig der Fall war. Und wenn ich auf die Langfristigkeit von Organisationsentwicklungsprozessen hinweise, renne ich meist offene Türen ein. Dies alles erleichtert und bereichert mein Leben als Berater ungemein.

Ich habe mehrere Fallbeispiele aufgrund ergänzender Recherchen auf den neuesten Stand gebracht, einige Textstellen, die mißverständlich waren, überarbeitet und die Literaturauswahl erweitert. Sonst ist das Buch unverändert geblieben.

1. KAPITEL: DREI PIONIERE

Pioniere bewegen sich meist außerhalb der »Norm«. Was der Mehrheit kaum je einfallen würde und von einer kleinen Minderheit nur gedacht wird – der Pionier tut es. Er verläßt den Bereich der praktischen Erfahrung, stößt ins Unbekannte vor und bewegt sich im Neuland. Wenn er dort nicht Schiffbruch erleidet, sondern Erfolg hat, verändert er die Welt. Er verschiebt die Grenzen dessen, was wir für »machbar« halten.

Von Pionieren soll im folgenden zunächst die Rede sein. Es handelt sich um drei Betriebe, die besonders konsequent neue Formen der Arbeitsgestaltung und der Mitwirkung der Mitarbeiter bei den Entscheidungen entwickelt haben. Es sind drei Produktionsbetriebe, und die Bedingungen, unter denen sie geplant und eingerichtet wurden, lassen sich nicht auf die normalen Verhältnisse in der Industrie übertragen. Es geht hier auch nicht darum, Einzelbeispiele zu idealisieren oder gar zu allgemeingültigen Modellen hochzustilisieren. Es ist ganz einfach interessant, einen Blick hinter die Kulissen von drei Betrieben zu tun, die gewissermaßen das obere Ende dessen markieren, was zur Zeit irgendwo in der Wirtschaft an betrieblicher Partnerschaft verwirklicht ist.

Aufbau von Partnerschaft heißt in der Praxis nichts anderes als Abbau von Hierarchie. Dies ist nicht von vornherein gleichbedeutend mit »Chaos« oder »Strukturlosigkeit«. Aber es bedeutet mehr als einfach einen netten Umgangston. Es bedeutet eine Abkehr von eingleisigen Mechanismen der Meinungs- und Entscheidungsbildung. Es bedeutet eine breitere Verteilung des Einflusses auf die Gestaltung der täglichen Zusammenarbeit und der gemeinsamen Zukunft.

TOPEKA – EIN GROSSER SCHRITT

Im Jahre 1968 begann der amerikanische Konzern General Foods mit der Planung eines neuen Tierfutterwerkes in Topeka, Kansas – einem Betrieb, der Geschichte machen sollte. Wie so oft, wenn etwas Besonderes entsteht, wurde die Idee dazu buchstäblich aus der Not geboren. Das alte Werk befindet sich in Kankakee, Illinois. In diesem Betrieb hatte das Management bittere Erfahrungen gemacht. Man hatte hier ungefähr das gesamte Spektrum aller bekannten Symptome der »Entfremdung« oder, wie wir sagen würden, der Unzufriedenheit in der Belegschaft kennengelernt. Der Personalwechsel war extrem hoch. Die Abwesenheitsrate gehörte zu den höchsten im Konzern. Gleichgültigkeit und mangelnde Aufmerksamkeit der Mitarbeiter führten immer wieder zum Erliegen der Fertigung. Kostspieliges Wiederanfahren der Anlagen, hoher Produktionsausschuß und unbefriedigende Kapazitätsauslastung beeinträchtigten in gravierendem Maße die Produktivität. Die Belegschaft widersetzte sich systematisch allen Neuerungen zur besseren Nutzung der Arbeitskraft. Es kam verschiedentlich zu schweren Disziplinarfällen und sogar zu kollektiven Sabotageakten. Der schlimmste davon erschütterte das Management bis hinauf auf höchste Konzernebenen: Die Mitarbeiter hatten den Rohstoffen mit voller Absicht grüne Farbe beigemischt und dadurch eine ganze Tagesproduktion vergiftet.

Dieses Ereignis wurde zum Signal. Es führte zur Entscheidung, ein neues Werk zu errichten, das nach modernsten verhaltenswissenschaftlichen Gesichtspunkten geplant werden sollte. Eine Projektgruppe wurde ins Leben gerufen und mit einigen sorgfältig ausgewählten Managern bemannt. Dieses Team unterhielt sich eingehend mit wissenschaftlichen Experten. Um das nötige Vertrauen in die Brauchbarkeit sozialwissenschaftlicher Konzepte zu gewinnen, besuchte es eine Reihe von Unternehmungen verschiedenster Branchen, in denen erfolgreich mit neuen Ideen experimentiert wurde. Die Planung von der grünen Wiese bis zur Inbetriebnahme im Januar 1971 dauerte rund zwei Jahre.

Betriebs-Prototyp für morgen

Das neue Werk weist nun eine ganze Reihe von besonderen Merkmalen auf, die zum Teil stark von dem abweichen, was in der Industrie üblich ist. Das Auffallendste an der neuen Organisation sind sogenannte »autonome« Gruppen, also Arbeitsgruppen, die nicht durch einen Vorgesetzten geleitet werden, sondern ihre Arbeit selbständig planen, ausführen und kontrollieren. Grundlage der Steuerung und der Koordination ist das Gespräch. Man stimmt sich gegenseitig ab durch Diskussion in der Gruppe.

Die Belegschaft von 70 Personen ist in sechs selbständige Arbeitsgruppen von sieben bis 14 Mann aufgeteilt: je ein »Prozeß-« und ein »Verpackungsteam« in drei Schichten. Die Prozeßgruppen sind verantwortlich für das Vorbereiten der Rohstoffe und für die verschiedenen Misch- und Verarbeitungsvorgänge bis zum fertigen Produkt; die Verpackungsgruppen für Produktfinish, Verpackung, Lagerung und Versand. Die Arbeitsgruppen dürfen nicht zu klein sein, denn sie müssen ein ganzes Paket von verschiedenen, sinnvoll ineinandergreifenden Aufgaben erfüllen können. Sie dürfen aber auch nicht zu groß sein, damit in der Gruppendiskussion jeder zum Zuge kommt und der Prozeß der gemeinsamen Entscheidungsbildung flüssig vonstatten geht.

Die Gruppen haben einen hohen Selbständigkeitsgrad. Sie

sind nicht nur für die individuelle Aufgabenzuteilung und für die Qualitätskontrolle verantwortlich, sondern »organisieren« sich im weitesten Sinne des Wortes selbst. Sie wählen ihre Gruppensprecher, sie delegieren Mitglieder in Arbeitsgruppen auf Betriebsebene, sie führen die Auswahl- und Einstellungsgespräche mit Neueintretenden. Das Team berät praktisch täglich über alle Fragen der Arbeitsplanung und -durchführung und »erzieht« auch selbständig diejenigen Mitglieder, die etwa hinsichtlich Abwesenheiten oder kollegialer Hilfsbereitschaft nicht ganz der Gruppennorm entsprechen.

Generalisten statt Spezialisten

In dem neuen Werk findet man keinen Klempner, keinen Mechaniker, keinen Qualitätskontrolleur, keinen Gabelstaplerführer, keinen Hilfsarbeiter, keine Putzfrau. Stabsabteilungen und Spezialfunktionen sind – wo irgend möglich – vermieden. Reinigung, Unterhalt, Qualitätskontrolle, Wachdienst, Organisation und sogar Personalwesen sind ganz oder teilweise in den Verantwortungsbereich der Gruppen eingebaut.

Dies hat zwei gute Gründe. Zum einen werden die Aufgabenbereiche mit interessanten Funktionen angereichert. Dies bedeutet: mehr Abwechslung für die Mitarbeiter und mehr Entscheidungsspielraum für die Arbeitsgruppen. Zum zweiten werden die unattraktiven Routineaufgaben gleichsam in schmerzlosen Dosen verteilt. Jeder legt beispielsweise bei der Reinigung mit Hand an. Resultat: Es gibt keine »chronischen Vakanzen« mehr.

Lernen als Teil des Arbeitslebens

Die Stellen erfordern zwar zum Teil verschiedene Fertigkeiten. Sie weisen aber alle einen vergleichbaren Schwierigkeitsgrad auf. Sie sind deshalb auch alle gleich bewertet. Lohnerhöhungen erfolgen aufgrund der Anzahl Stellen, die ein Mitarbeiter – zunächst innerhalb einer Arbeitsgruppe, dann im ganzen Betrieb – ausfüllen kann. Der Mitarbeiter wird also nicht für das bezahlt, was er tut, sondern für das, was er kann. Er ist aufgefordert, immer mehr Teile des gesamten Produktionssystems kennenzulernen und zu beherrschen. Und da die Zahl der für höhere Lohnstufen qualifizierbaren Mitarbeiter nicht begrenzt ist, steht die Entwicklung eines einzelnen keinem anderen im Wege. Die Mitarbeiter unterstützen sich deshalb wechselseitig in ihren Lernfortschritten.

Die Gruppen werden heute noch von einem Gruppenleiter betreut. Diese Führungskräfte rekrutieren sich aus der Schicht der Arbeiter und sind hauptsächlich dazu da, die Teambildung und die Gruppenentscheidungsbildung zu fördern. Sie haben also mehr die Funktion eines Ausbilders und Beraters und sind nicht individuell verantwortlich für die Planung, Abwicklung und Kontrolle der Arbeit in ihrer Gruppe. Es ist vorgesehen, diese unterste Führungsstufe im Laufe der Zeit ganz aufzulösen. Die Koordination zwischen den Gruppen wird dann ausschließlich durch die gewählten Gruppensprecher wahrgenommen werden.

Der Abbau hierarchischer Steuerung und Kontrolle wird konsequent vorangetrieben. Die Gruppenmitglieder erhalten laufend alle anfallenden technischen und betriebswirtschaftlichen Daten. Sie können deshalb schon heute das meiste direkt erledigen, was normalerweise den Arbeitstag des unteren und mittleren Managements ausfüllt.

Ziel: Selbstverwaltung der Betriebsgemeinschaft

Es gab von Anfang an keine Werksbestimmungen und keine Hausordnung. Alle Gebrauchsregeln sollten sich aus der Erfahrung entwickeln und würden dementsprechend – so die seinerzeitige Erwartung der Planer – einem laufenden Wandel unterworfen sein. Für Fragen der sozialen Einrichtungen, des

Arbeitsschutzes oder des Materialflusses wurden regelmäßig zusammentretende Ausschüsse fest etabliert. Für die Lösung spezieller Probleme wurden ad hoc temporäre Arbeitsgruppen gebildet. In der Praxis hat dies – mindestens in den ersten Jahren – dazu geführt, daß fast jeder Mitarbeiter durch die Tätigkeit in einer oder mehreren Arbeitsgruppen direkt an der Meinungs- und Entscheidungsbildung auf Betriebsebene beteiligt war.

Bereits bei der Raumgestaltung wurde alles vermieden, was »trennend« wirken oder Statusdenken fördern könnte. Alles ist darauf angelegt, die Gemeinschaftsbildung zu unterstützen. Es gibt eine offene Parkfläche, einen gemeinsamen Eingang für Betrieb und Büros sowie ein einheitliches Innendekor. Die Raumgliederung ist so konzipiert, daß das Zusammenkommen der Gruppenmitglieder während der Arbeitszeit erleichtert wird. Dies spiegelt die grundsätzlich optimistische Annahme des Planungsteams wider, daß die Möglichkeit zu spontanen Versammlungen nicht nur den »erfreulichen zwischenmenschlichen Beziehungen«, sondern auch der Koordination der Arbeit und dem Lernprozeß förderlich ist.

Startschwierigkeiten

Um es gleich vorwegzunehmen: In dem neuen Werk lief, besonders in der ersten Zeit, bei weitem nicht alles rund. Spannungen gab es zunächst einmal im Zusammenhang mit der Leistungsbeurteilung und der Lohnfindung. Gruppenführer und Teammitglieder taten sich schwer damit, eine Vielzahl subjektiver Meinungen über die Leistung eines Mannes in freier Diskussion auf einen Nenner zu bringen. Dazu kamen schwierige Grundsatzdiskussionen über die Frage, ob in Zukunft der Schwerpunkt noch mehr auf die Gruppenleistung oder wieder vermehrt auf die individuelle Leistung des einzelnen gelegt werden sollte. Ferner gab es Mitarbeiter, die durch den Verantwortungsumfang schlicht überfordert waren, andere, die gerne wieder gewohntere Kontrollmethoden gesehen hätten, und es gab Führungskräfte, die Mühe hatten, sich dieser Verführung zu entziehen.

Es kam vor, daß einzelne Mitarbeiter von der Gruppenmeinung »vergewaltigt« oder im Sinne der »Lynchjustiz« als Sündenbock für ein nicht offen ausdiskutiertes Gruppenproblem mißbraucht wurden. Die Anwesenheit eines tüchtigen, intelligenten und fachlich versierten, wenn auch sprachlich etwas ungewandten Arbeiters in einer firmenweiten Versammlung von Unfallverhütungsexperten zum Beispiel löste unter seinen Kollegen, die allesamt dem Management angehörten, große Verunsicherung aus. Und es gab Vertreter von Lieferantenfirmen, die zutiefst schockiert waren, mit einem »gewöhnlichen Arbeiter« verhandeln zu müssen; denn Verkäufer werden bekanntlich darauf abgerichtet – und sind es auch aufgrund ihrer täglichen Erfahrung gewohnt, – ihren voraussichtlichen Erfolg danach abzuschätzen, wie hoch in der Hierarchie oder, wie man so schön sagt, »wie nahe der Entscheidungsebene« sie Eingang finden. Kurz, es galt, an allen Fronten Erfahrungen zu sammeln.

Wirtschaftliche Zwischenbilanz

Betriebsfachleute hatten aufgrund herkömmlicher Überlegungen ursprünglich eine erforderliche Belegschaft von 110 Personen errechnet. Das Konzept selbständiger Arbeitsgruppen und der Wegfall von Spezialisten führten statt dessen zu einem anfänglichen Normalbestand von weniger als 70 Personen. 18 Monate nach Inbetriebnahme des Werkes lag der Fixkostenanteil 33 Prozent tiefer als derjenige im alten Werk.

Noch gewichtiger waren die Senkungen der variablen Herstellungskosten. Der Produktionsausschuß war um sage und schreibe 92 Prozent geringer als in Kankakee. Die Abwesenheitsrate lag neun Prozent unter dem Konkurrenzdurchschnitt. Dazu kam eine beinahe optimale Kapazitätsausla-

stung. Vom Tage der Inbetriebnahme an lief die Fertigung drei Jahre und acht Monate rund um die Uhr, bevor sie erstmals vorübergehend zum Erliegen kam. Die Unfallquote und der Personalwechsel gehörten (und gehören noch heute) zu den niedrigsten im ganzen Konzern.
Die Startkosten waren etwas höher als diejenigen eines traditionellen Werkes. Vier höhere Führungskräfte und sechs Gruppenleiter waren einige Monate früher ein- oder freigestellt worden, als dies normalerweise der Fall gewesen wäre. Es entstanden zusätzliche Kosten durch auswärtige Betriebsbesichtigungen, Ausbildung und Beratung. Etwas teurer wurde auch die Gestaltung der Räume und der technischen Anlagen. Dazu kam schließlich noch eine geringfügige Ausstoß-Einbuße im ersten Quartal. Diese Extrakosten waren jedoch nach rund einem Betriebsjahr getilgt.
Die betriebswirtschaftliche Situation des Werkes in Topeka ist im Laufe der Jahre mehrmals von Analytikern des Stammhauses untersucht worden – immer unter Berücksichtigung der Tatsache, daß es sich um ein neues Werk handelt, das von vornherein mit den modernsten Produktionsanlagen ausgestattet worden war. Resultat: Die den neuen Formen der Arbeitsgestaltung und der Führung zugeschriebenen Kosteneinsparungen wurden mit rund einer Million Dollar pro Jahr beziffert. Dies ist eine eindrucksvolle Zahl für einen Betrieb mit kaum 100 Mitarbeitern und einem Investitionsvolumen von 10–15 Millionen Dollar.

Soziale Zwischenbilanz

Die menschliche Seite der Arbeit in Topeka wurde in den ersten drei Jahren nach der Inbetriebnahme mehrmals in Zusammenarbeit mit sozialwissenschaftlichen Universitätsinstituten untersucht. Hierbei zeigte sich bei Arbeitern, Gruppenleitern und Managern ein ungewöhnlich hohes Maß von Arbeitszufriedenheit und persönlichem Engagement. Hier einige typische Antworten von Mitarbeitern auf die Frage, was denn hier anders sei als an ihrer letzten Arbeitsstelle: »Ich langweile mich nie.« – »Ich kann selbständig arbeiten.« – »Jedermann geht Ihnen hier zu Hand. Niemand hält sich für zu schade.« – »Ich habe das Gefühl, daß ich gebraucht werde. Ich war schon krank und bin trotzdem gekommen – weil man mich braucht.« – »Früher bin ich nie aus dem Betrieb rausgekommen. Jetzt fahre ich zu allen Arbeitsschutztagungen – nach New York, nach Michigan. Sie schicken nicht einen vom Management, sie schicken mich.«

Es herrschte zwar durchaus nicht immer eitel Freude und Sonnenschein. Persönliche Differenzen und Spannungen zwischen einzelnen Schichtgruppen kamen durchaus vor. Was dem Betriebsklima in der damaligen Phase am abträglichsten zu sein schien, waren Rassenvorurteile, die in der amerikanischen Arbeitswelt nach wie vor ein großes Problem darstellen. Davon blieb auch Topeka nicht verschont. Offene Konflikte waren jedoch selten, und wenn sie ausbrachen, pflegten sie schneller beigelegt und weniger schmerzhaft ausgetragen zu werden als in anderen Betrieben.

Ein völlig unerwarteter Befund war (und ist heute noch) die auffallend starke Beteiligung der Mitarbeiter am öffentlichen Leben durch Übernahme nebenamtlicher Funktionen. Sie liegt nicht nur beträchtlich höher als in anderen General-Foods-Werken in den Vereinigten Staaten, sondern auch wesentlich höher als in allen anderen Betrieben im Raume der Gemeinde Topeka. Dies ist eine der vielen Bestätigungen dafür, daß Zufriedenheit im Beruf sich positiv auf andere Lebensbereiche des Menschen, beispielsweise auf sein Verhalten als Staatsbürger und Familienmitglied auswirkt. Der folgende Satz stammt von einem Arbeiter des Werkes in Topeka: »Wenn jemand bei der Arbeit zufrieden ist, dann ist er auch zu Hause zufrieden.«

Soweit die Planung, die Inbetriebnahme und die ersten Betriebsjahre des Werkes in Topeka.

Diese erfolgreiche Entwicklung war zweifellos durch eine ganze Reihe von Faktoren begünstigt. Da ist zunächst einmal das besondere Herstellungsverfahren bei Tierfutter: hochwertige Rohstoffe und teure, weitgehend automatisierte Anlagen, die verhältnismäßig wenig Bedienungspersonal erfordern, aber möglichst rund um die Uhr in Betrieb sein sollten. Die Kosten werden also besonders stark beeinflußt durch die Einstellung und Verhaltensweisen der Mitarbeiter. Die Verbesserung der Qualität des Arbeitslebens war deshalb fast automatisch mit einer Senkung der Produktionskosten verbunden.

Dazu kommt, daß das neue System in einem neuen Betrieb eingeführt werden konnte. Dies ist wesentlich einfacher als das Verändern der Organisation und der menschlichen Verhaltensweisen in einem bestehenden Betrieb. Zudem ist das Werk geographisch ziemlich abgelegen und damit »weit vom Schuß« anderer Konzerngesellschaften. Die neue betriebliche Gemeinschaft konnte sich deshalb unabhängiger von irgendwelchen Außeneinflüssen entwickeln, als dies normalerweise der Fall ist. Gleichzeitig handelt es sich um einen eher kleinen Betrieb. Jeder kennt jeden – und dies bedeutet: Jeder hat im ganzen Betrieb eine persönliche Identität. Dies erleichtert die Gemeinschaftsbildung erheblich.

Und endlich: Tierfutter ist ein sozial positives Produkt, und die Firma hat ein gutes Image. Die Mitarbeiter konnten sich deshalb leicht und schnell mit ihrem Betrieb und dem Ergebnis ihrer Arbeit identifizieren.

Wie hat sich nun »Topeka« in den letzten Jahren weiterentwickelt?

Berichte über Erhebungen aus dem Jahre 1977 – also sechs Jahre nach der Inbetriebnahme – enthalten einige Wermutstropfen. Die betriebswirtschaftliche Situation war nach wie vor ausgezeichnet. Das Betriebsklima und die Qualität der menschlichen Beziehungen im Betrieb waren immer noch besser als in den meisten Betrieben. Aber sie hatten, verglichen mit der ersten Zeit nach der Inbetriebnahme, spürbar gelitten. Teamsitzungen und Trainings fanden weniger häufig statt, Spannungen zwischen Mitarbeitern und Arbeitsgruppen hatten zugenommen. Was war geschehen?

Es waren weniger die im Betrieb selber, als vielmehr die in den Beziehungen zum Stammhaus liegenden Probleme, die ihre Schatten warfen. Organisationspsychologisch betrachtet war und ist Topeka ein »Fremdkörper« innerhalb eines durchaus traditionell geführten Konzerns. Die Selbständigkeitsbedürfnisse des Zweigwerkes kollidierten mit der Konzernhierarchie und -bürokratie. Der Controller, die Konzernpersonalabteilung, der Rechtsdienst, das zentrale Ingenieurwesen – sie alle waren es gewohnt, »ihre« Leute in den verschiedenen Zweigwerken zu haben. Allenthalben entwickelte sich Mißtrauen angesichts eines Betriebes, dessen Mitarbeiter »alles selber machen« wollten und gar keinen so großen Wert legten auf die »Unterstützung« durch zentrale Dienste und externe Fachexperten.

Drei von vier Managern, die »Topeka« aufgebaut und in den ersten Jahren vor zu starken Außeneinflüssen abgeschirmt hatten, waren gegangen. Dies wiederum hatte das Vertrauen der Belegschaft in die Glaubwürdigkeit und damit in die längerfristige Zukunft des Systems erschüttert. Nachfolgende Manager waren teilweise wieder mit traditionellen Führungsmethoden an die »Lösung« innerbetrieblicher Probleme gegangen, anstatt den ursprünglich eingeschlagenen Weg – Beteiligung der Mitarbeiter am betrieblichen Entscheidungsprozeß durch Ausschüsse und Projektgruppen – konsequent weiterzuverfolgen. Eine entscheidende Chance, der Entwicklung in Topeka neue Impulse zu geben, war verpaßt worden: die vom Betrieb selber vorgeschlagene und vorbereitete Einführung eines Produktivitätsbonus-Systems zur Beteiligung der Mitarbeiter am betrieblichen Erfolg. Das Projekt war jahrelang »anhängig« gewesen und hatte nicht verwirklicht werden können, weil das Konzernmanagement nicht bereit gewesen war, »grünes Licht« zu geben. Angesichts der hohen Produktivität sah man keinen Grund für einen zusätzlichen Leistungsanreiz. Einige Leute bezweifelten, daß überhaupt noch Produktivitätsreserven vorhanden sein könnten. Und außerdem wollte man keinen das Management von Zweigwerken komplizierenden Präzedenzfall schaffen.

Dies alles führte zu einer gewissen Stagnation in einer Entwicklung, die sehr vielversprechend begonnen und bei allen direkt Beteiligten hohe Erwartungen geweckt hatte. Das Resümee eines Mitarbeiters: »Es ist eine Sache, ein neues System zu kreieren, und eine andere, es dann auch leben zu lassen. Vom ersten Tag an gab es Widerstände von außen. Nicht etwa, weil das System nicht funktioniert. Die Grundfrage ist letztlich die der Macht. Wir sind unter die Räder der Konzernpolitik gekommen. Die Leute lieben stabile Zustände. Dieses System aber muß sich entwickeln können – oder es wird sterben.«

Die Zukunft wird zeigen, ob es gelingt, im Rahmen eines großen, zentral gelenkten Konzerns den Freiraum zu schaffen, den eine lebendige Betriebsgemeinschaft wie diejenige in Topeka braucht, um sich organisch entwickeln zu können. Wenn nicht, wird sich dies unweigerlich früher oder später in einer sinkenden Produktivitätskurve niederschlagen – wie immer dies dann nachträglich von denjenigen interpretiert werden mag, die von vornherein keine andere Sprache verstehen als diejenige nackter Zahlen.

Trotzdem: Das neue Führungskonzept hat seine Bewährungsprobe glänzend bestanden. Die genannten Probleme sind im Grunde verständliche, vielleicht sogar »normale« Schwierigkeiten eines großen, komplexen Unternehmens auf seinem Weg in die Zukunft. Soziale Veränderung vollzieht sich nie ohne Reibungen und Konflikte. Eines jedenfalls läßt sich nicht wegdiskutieren: »Topeka« hat neue Möglichkeiten aufgezeigt, neue Maßstäbe gesetzt. Die auffallende Wirtschaftlichkeit des neuen Werkes hat das Topmanagement veranlaßt, eine Studiengruppe ins Leben zu rufen, um die organisatorischen und führungstechnischen Erfahrungen auszuwerten. Trotz aller offenen Fragen werden inzwischen bereits zwei weitere Zweigwerke nach ähnlichen Gesichtspunkten geführt.

Aber auch Außenstehende haben sich für den Musterbetrieb zu interessieren begonnen. »Topeka« ist im Laufe der Jahre zu einem Mekka für Sozialwissenschaftler und progessive Manager geworden. Der Besucherstrom strapazierte die Mitarbeiter zuweilen bis an die Grenze des Erträglichen. Aber der Betrieb hat auch das überstanden. Er arbeitet nach wie vor erfolgreich und gilt als das Fortschrittlichste und Kompromißloseste, was es diesseits und jenseits des Atlantiks an menschengerechter Organisation zu sehen gibt – in einer Reihe mit dem Zweigbetrieb von Procter & Gamble in Lima, Ohio, und dem neuen Montagewerk von Volvo in Kalmar.

KALMAR – ABSCHIED VOM FLIESSBAND

Im Februar 1974 wurde im schwedischen Ort Kalmar ein neues Personenwagen-Montagewerk von Volvo in Betrieb genommen. Das Werk, über dessen revolutionäres Konzept man schon lange zuvor gerüchteweise das eine oder andere vernommen hatte, ist für eine Belegschaft von 700 Personen und einen Jahresausstoß von 30000 Einheiten ausgelegt.

Bereits der architektonische Grundriß des Werkes ist auffallend. Er erinnert an die Struktur eines Eiskristalles und hat im Verhältnis zur Gesamtfläche eine ungewöhnlich große Peripherie. Der Grund: Die Montage verläuft entlang den Fensterfronten. Den Planern ging es darum, möglichst viel Tageslicht an die Arbeitsplätze zu bringen und die umliegende Grünzone in den Sichtbereich der Mitarbeiter einzubeziehen.

Arbeitsfamilien

Das organisatorische Prinzip lautet: »Kleine Werkstätten in der großen Fabrik.« Das Montagepersonal ist in 20 selbständige Arbeitsgruppen aufgeteilt. Jede Gruppe umfaßt 15 bis 25 Mitarbeiter und hat ihren eigenen, überschaubaren Werkstattbereich mit eigenem Erfrischungsraum, eigenen Dusch- und Umkleidekabinen, eigenen Toiletten, ja sogar einer eigenen Sauna. In jeder Werkstatt wird ein ganz bestimmter Montageabschnitt durchgeführt – etwa die Montage des Motors, der elektrischen Anlage, der Kraftübertragung oder der Sicherheitsteile.

Die Teams führen nicht nur die eigentliche Montage durch, sondern sind für alles verantwortlich, was direkt und indirekt damit zusammenhängt. Sie planen und kontrollieren ihre Arbeit, führen die notwendigen Nacharbeiten aus, verwalten das erforderliche Material.

Die Möglichkeit zur selbständigen Qualitätskontrolle ist für die Selbststeuerung der Gruppe besonders wichtig. Die montierten Teile können von der Gruppe selbst an Ort und Stelle einer ersten Funktionskontrolle unterzogen werden. Jede Gruppe verfügt über die hierfür notwendigen mechanischen und elektronischen Prüfgeräte. Darüber hinaus hat sie einen eigenen Bildschirmterminal. Über dieses Gerät werden ihr die Ergebnisse aller späteren Tests direkt zugeleitet. Die Gruppe weiß deshalb jederzeit und ohne zeitliche Verzögerung über ihre eigene qualitative und quantitative Leistung Bescheid und kann laufend von sich aus alle Maßnahmen treffen, die notwendig sind, um Fehlerquellen zu eliminieren.

Transport-Roboter anstatt Roboter-Menschen

Anstelle eines Fließbandes ist ein Magnetband auf dem Betonboden aufgeklebt. Diesem Leitungsband entlang tasten sich sogenannte »Robo-Carriers«, batteriegetriebene Selbstfahrplattformen, auf denen sich die Karosserien, wie von Geisterhand geführt, selbsttätig durch die Werkhallen bewegen. Sie können entweder zentral von einem Computer oder aber manuell von den einzelnen Gruppenarbeitsplätzen aus ferngesteuert werden.

Den Werkstätten sind sogenannte Pufferzonen vor- und nachgeschaltet, in denen die Robo-Carriers abgestellt werden können. Dies erlaubt den Gruppen, stationär, das heißt am stehenden Fahrzeug zu arbeiten und den Arbeitsrhythmus individuell zu gestalten. Im Gegensatz zu jedem herkömmlichen Fließbandsystem wird der Takt also nicht von der Maschine, sondern von den Menschen bestimmt. Dazu kommt eine im Automobilbau wesentliche Arbeitserleichterung: Auch die Unterseite des Wagens kann in normaler Körperhaltung, zum Teil sogar sitzend, bearbeitet werden. Die Robo-Carriers sind mit einer Kippvorrichtung versehen, die es erlaubt, die Karosserie seitlich um 90 Grad abzudrehen.

Obschon in einer »großen Fabrik«, lebt der einzelne Mitarbeiter also in einer überschaubaren sozialen Gemeinschaft, und er ist beteiligt an der Planung, Durchführung und Kontrolle einer ganzen Reihe von ineinandergreifenden Arbeitsvorgängen. Da sich die Gruppen selbst organisieren, können die Mitarbeiter untereinander die Arbeit wechseln. Von dieser Möglichkeit wird praktisch in allen Gruppen und von den meisten Mitarbeitern lebhaft Gebrauch gemacht. In der Praxis hat dies dazu geführt, daß die Mitarbeiter einen bis zu zehnmal größeren Arbeitszyklus haben als bei herkömmlichen Montagesystemen – das heißt, es dauert bis zu zehnmal länger, bis sich für den einzelnen ein und derselbe Arbeitsvorgang wiederholt. Der Arbeitsinhalt ist also unvergleichlich größer als an einem Einzelarbeitsplatz an einem Fließband. Dies bedeutet: interessantere Arbeit, mehr Abwechslung, aber auch höhere Anforderungen und mehr Verantwortung.

Mitsprache und Mitentscheidung

Interessante Arbeit ist zwar eine wesentliche Voraussetzung für Arbeitszufriedenheit und Leistungsbereitschaft. Aber sie macht nicht alles aus, was dem Arbeitsleben Sinn und Inhalt geben kann. Eine weitere wesentliche Voraussetzung ist die Beteiligung des einzelnen am betrieblichen Geschehen durch Information und Mitsprache. Die unkonventionelle Architektur und die spektakuläre Technologie sind deshalb auch nicht alles, ja nicht einmal das Wichtigste, was das sogenannte »Volvo-Modell« beinhaltet. Volvo hat ein hochentwickeltes System der innerbetrieblichen Kommunikation, das heißt der Mitwirkung der Mitarbeiter am Entscheidungsprozeß. Dieses

System ist von Werk zu Werk etwas verschieden. Das Grundmodell aber läßt sich wie folgt umreißen.

Zunächst einmal finden täglich im Rahmen der einzelnen Arbeitsgruppe Beratungstreffen statt. Es geht hier um den Einsatzplan für den Arbeitswechsel, um die Pausenzeiten, den Urlaubsplan und all die vielen anderen Dinge, die die Arbeit in der Gruppe direkt betreffen. Hier ist jeder einzelne täglich sehr direkt beteiligt an der Meinungs- und Entscheidungsbildung in einer Gemeinschaft. Er lernt, Probleme zu analysieren, Zusammenhänge zu verstehen, wechselseitige Abhängigkeiten zu akzeptieren. Er lernt aber auch, seine Gedanken in Worte zu fassen und in einer Gruppe seine Meinung zu sagen. Durch dieses tägliche »on-the-job training« wird der Grundstein gelegt für das Verständnis betrieblicher Zusammenhänge und für die Mitwirkung in übergeordneten Gremien.

Dann finden jede Woche sogenannte »Gruppenarbeitstreffen« zwischen dem jeweiligen Gruppensprecher, einem Produktionstechniker, dem Meister und dem Abteilungsleiter statt. Hier geht es um Fragen, die nicht mehr gruppenintern geregelt werden können: die Abstimmung zwischen den einzelnen Gruppen, Probleme mit dem Werkzeug, Materialnachschub.

Dann gibt es monatlich die sogenannten »Abteilungstreffen«. Je nach Thematik nehmen daran alle Gruppensprecher und alle Führungskräfte oder aber die gesamte Mannschaft teil. Hier werden zum Beispiel Fragen der Arbeitssicherheit, der Arbeitsplatzgestaltung, der Qualität besprochen.

Die nächsthöhere Stufe ist der Betriebsrat. Er setzt sich zusammen aus Fabrikationsarbeitern, Verwaltungsangestellten und leitenden Mitarbeitern. Hier wird bereits über Investitionen, Transportprobleme und Vertriebsfragen beraten.

Und endlich gibt es noch den Konzernbeirat, eine ähnliche Institution auf Konzernebene, sowie den Aufsichtsrat, in dem einer Mehrheit von Vertretern der Anteilseigner eine Minderheit von Arbeitnehmervertretern gegenübersteht. Zu Meinungsverschiedenheiten soll es auf dieser Ebene noch nie gekommen sein. Alle wichtigen Entscheidungen werden nämlich eine oder mehrere Stufen tiefer vorbereitet und – wenn nicht de jure, so sicher de facto – auch getroffen.

Dazu kommt nun ein ausgebautes Projektgruppensystem für das Studium von Spezialfragen. Die Mitarbeiter sollen auch bei der Lösung von Grundsatzfragen so direkt wie irgend möglich beteiligt werden. Eine Koordinationsgruppe auf Konzernebene entspricht jeweils einer Arbeitsgruppe in jedem Werk. Ein solches Projektgruppensystem wurde beispielsweise ins Leben gerufen, um die Grundsätze der langfristigen Personalpolitik zu überprüfen und neue Richtlinien festzulegen. Aber auch das neue Werk in Kalmar wurde nicht einfach von Planern der Konzernzentrale geschaffen. In jedem Werk wurde eine Arbeitsgruppe gebildet, die die Erfahrungen dieses Betriebes mit neuen Formen der Arbeitsorganisation sammelte, auswertete und mit dem Team diskutierte, das sich mit der Planung des neuen Werkes in Kalmar befaßte.

In praktisch allen modern geführten Betrieben sind die Mitarbeiter heute durch »Ein-Weg-Kommunikation« wie Hauszeitschrift oder Anschlagbrett über alles Wichtige informiert, was sich im Betrieb tut. Auf dem Weg über ein betriebliches Vorschlagswesen haben sie auch die Möglichkeit, Ideen einzubringen, die zu technischen und organisatorischen Verbesserungen führen können. Durch ein vielschichtiges Gruppensystem, wie es bei Volvo entwickelt worden ist, sind die Mitarbeiter jedoch nicht nur informiert und können, wenn ihnen etwas ganz Besonderes einfällt, eine eigene Idee zur Prüfung vorlegen. Sie sind vielmehr direkt und indirekt am Entscheidungsprozeß beteiligt. Es handelt sich hier um ein offenbar praktikables Modell institutionalisierter Mitsprache und Mitentscheidung auf den Stufen Arbeitsplatz, Abteilung und Betrieb.

Die Investitionskosten des neuen Werkes liegen mit 100 Millionen Schwedischen Kronen rund zehn Prozent höher als die eines herkömmlichen Betriebes vergleichbarer Kapazität. Es stellt sich die Frage, wodurch diese hohen Kosten gerechtfertigt sind. Um es gleich vorwegzunehmen: Es sind nicht Idealismus und nicht Menschenfreundlichkeit, sondern wirtschaftliche Überlegungen, die zu diesem ungewöhnlichen Konzept geführt haben.

In Schweden herrscht extremer Personalmangel. Man arbeitet mit zeitweise über 50 Prozent Gastarbeitern, die zum großen Teil aus Finnland kommen und natürlich einen höheren Bildungsgrad aufweisen als Gastarbeiter aus südlichen Ländern. Die einzige einheimische »Reserve« sind verheiratete Frauen, die einen neuen Einstieg ins Berufsleben suchen. Es ging also darum, Arbeitsplätze zu schaffen, die auch für Frauen – lebenserfahrene und nicht mehr ganz junge Frauen – körperlich, geistig und seelisch nicht nur erträglich, sondern attraktiv sind.

In den herkömmlichen Fließbandanlagen von Volvo lag der Personalwechsel zeitweise über 50 Prozent. Dies war wirtschaftlich einfach nicht mehr zu verkraften. In den weitgehend »humanisierten« Betriebsteilen verschiedener Werke – dies betrifft nicht nur Kalmar – lag die Fluktuationsrate bereits vor der Rezession um die 15 Prozent. Dies ist sogar für bundesdeutsche oder schweizerische Verhältnisse eine befriedigende Zahl.

Der Ausbildungsgrad des schwedischen Arbeitnehmers nimmt rapide zu. 1969 wiesen 80 Prozent der Berufstätigen sieben und weniger Schuljahre auf. 1971 brachten 80 Prozent der neu in den Arbeitsprozeß Eintretenden bereits zehn bis zwölf Schuljahre mit. Dieser Trend hat sich inzwischen noch verschärft. Es müssen also Arbeitsplätze geschaffen werden, die für gut ausgebildete junge Leute interessant sind.

Und endlich darf man nicht vergessen, daß man sich in

einem Wohlfahrtsstaat wie Schweden von vornherein etwas einfallen lassen muß, um den Arbeitnehmer für berufliche Arbeit zu gewinnen. Sonst läßt er sich nämlich krank schreiben und verdient hierbei unter dem Strich womöglich mehr, als wenn er zur Arbeit fahren würde. Dies ist zwar nicht die Regel, aber je nach familiärer Situation und unter Berücksichtigung der besonderen Steuerverhältnisse gar keine so seltene Ausnahme.

Teamwork an der Spitze

Ein schwieriger Arbeitsmarkt allein genügt indessen nicht, um die erfolgreiche Verwirklichung derart unkonventioneller Konzepte zu erklären. Zwei weitere Voraussetzungen verdienen, erwähnt zu werden.

Bei Volvo wird auf allen Stufen des Unternehmens in Gruppen gearbeitet und entschieden. Echte Gruppenarbeit ist aber keine Selbstverständlichkeit, sondern das Resultat systematischer, oft langjähriger, gezielter Entwicklungsarbeit. Bei Volvo hat in den letzten paar Jahren jeder leitende Mitarbeiter, bis hinauf zum Vorsitzenden der Konzernleitung, Herrn Gyllenhammar, mindestens einmal ein gruppendynamisches Trainingslaboratorium absolviert – die meisten sogar mehrmals. Was hier zur Anwendung gelangt, ist echtes Verhaltenstraining – nicht eine Folge von Gesellschaftsspielen, wie sie bei uns gelegentlich als Gruppendynamik ausgegeben wird.

Der andere günstige Faktor ist darin zu sehen, daß in Schweden Arbeitgeber und Gewerkschaften nicht von der grundsätzlichen Unvereinbarkeit der Interessen ausgehen. So waren beispielsweise Vertreter der Gewerkschaften von Anfang an voll in die Planungsarbeit für Kalmar integriert. Es waren zum Teil sogar ein und dieselben Personen, die am einen Tag bei Tarifgesprächen dem Management gegenübersaßen – und am nächsten wieder Seite an Seite mit ihm am Konzept des neuen Werkes arbeiteten.

Das Fernsehen und die Tagespresse haben sich weit herum in Europa intensiv mit dem neuen Montagewerk von Volvo beschäftigt. Und praktisch vom Tage der Eröffnung an setzte ein nicht abreißender Strom von Pilgern aus aller Welt ein, die »die gute Stube« von Volvo vor Ort besichtigen wollten. Kalmar hat aber nicht nur Interesse ausgelöst. Für viele ist es zu einem echten Ärgernis geworden. Landauf, landab kann man Kommentare folgender Art hören: »Die kochen im Grunde auch nur mit Wasser«, »Das Ganze ist mehr eine Propagandaangelegenheit als etwas anderes«, »In Kalmar ist man vom Prinzip der autonomen Gruppen längst wieder abgekommen«, »Das Experiment ist betriebswirtschaftlich in die Hose gegangen«.

Wie kommt es zu derartigen Unterstellungen?

Zum einen: In Kalmar ist es, verglichen mit anderen Automobilfabriken, fast unheimlich ruhig. Es gibt keinen Lärm, keine Hetze und kein Gedränge. Vor allem aber: Man sieht die Mitarbeiter auffallend häufig zusammenstehen und miteinander reden. Was liegt da näher als die Diagnose »Bummelei«? Daß die Mitarbeiter in Wirklichkeit die Arbeitsprozesse steuern und koordinieren, also Management betreiben, übersteigt ganz einfach die Phantasie vieler zentraleuropäischer Führungskräfte. Ihre abfälligen Kommentare sind nichts anderes als der Versuch, etwas zu entzaubern, das sie nicht verstanden haben.

Zum zweiten: Wenn man Kalmar als mögliche, als praktikable Form betrieblichen Zusammenarbeitens akzeptiert, dann bedeutet dies eine ungeheure Herausforderung für die herkömmliche Managementideologie. Und weil nicht wahr sein kann, was nicht wahr sein darf, kommt es zu beinahe grotesken Wahrnehmungsverzerrungen. Das Resultat sind weit verbreitete Gerüchte, wonach Kalmar »eine große psychologische und finanzielle Pleite« geworden sei.

Im Jahre 1976 wurde die Situation in Kalmar durch einen Ausschuß des schwedischen Rationalisierungsrates, einer von den Dachverbänden der Arbeitgeber und der Gewerkschaften getragenen Körperschaft, eingehend untersucht. Zwei Jahre nach Inbetriebnahme kam diese unabhängige Expertengruppe zu folgenden Ergebnissen:

Der Aufwand an direkter Arbeitszeit pro Wagen – die sogenannte Montagezeit – ist derjenigen in einem konventionellen Werk vergleichbar. Die Auslastung der Maschinen und Anlagen ist mit 96 Prozent als normal bis gut zu bezeichnen. Dies sind zwar keine sensationellen Ergebnisse, wenn man die relativ hohen Investitionskosten berücksichtigt. Aber in einigen Punkten wurden doch echte Fortschritte festgestellt.

Zum einen werden aufgrund der Selbständigkeit der Arbeitsgruppen weniger Spezialisten und Führungskräfte gebraucht. Die Personalkosten für »indirekte Arbeitskräfte« sind also geringer. Ferner werden die Personalkosten durch einen geringeren Personalwechsel und durch eine geringe Abwesenheitsrate günstig beeinflußt. Diese beiden Werte liegen laut Untersuchungsbericht rund fünf Prozent tiefer als in vergleichbaren Betrieben anderer Firmen. Vor allem aber ist das Produktionssystem außerordentlich flexibel und kann ohne Schwierigkeiten kurzfristig auf Änderungen des Fertigungsprogrammes reagieren. Diesem Vorteil wird seitens des Managements besondere Bedeutung beigemessen. Er kann aber nicht ohne weiteres in Zahlen ausgedrückt werden.

Zur Zeit der Studie lag der Ausstoß erst bei 24000 Einheiten. Bei voller Kapazität, die demnächst erreicht werden soll, werden die genannten Faktoren die Wirtschaftlichkeit noch günstiger beeinflussen.

Das Untersuchungsteam hat sich jedoch nicht nur für die Produktivität interessiert, sondern auch für die psychologischen Auswirkungen der neuen Arbeitsorganisation, vor allem für die Art und Weise, wie die Zusammenarbeit in den einzelnen Gruppen funktioniert. Die Experten haben sich während Wochen im Betrieb aufgehalten und mit vielen Arbeitern und Führungskräften eingehend diskutiert. Folgendes hat sich gezeigt:

Neun von zehn Arbeitern sind von der Gruppenarbeit direkt betroffen. Acht von neun halten diese Art, zu arbeiten, für sinnvoll und interessant. Jedes Team entwickelt in der Praxis seine eigenen Spielregeln und eigene Formen der Arbeitsorganisation. Den Interessen und Schwächen der Gruppenmitglieder wird individuell Rechnung getragen. Es kann allgemein die Bereitschaft zu gegenseitigem Verständnis beobachtet werden.

Die gemeinsamen Aufgaben und die gemeinsamen Arbeits- und Aufenthaltsräume führen zu einem engen Zusammenhalt in der Gruppe. Man hilft sich gegenseitig bei der Arbeit und steht sich auch persönlich näher, als dies sonst üblich ist. Dank der selbständigen Gruppenarbeit haben die Mitarbeiter auch wesentlich mehr Einfluß auf ihre Arbeit und auf ihre soziale Umwelt als in herkömmlichen Betrieben.

Die logische Entwicklung

Wir sind nur allzu leicht bereit, Experimente, die außerhalb unserer Landesgrenzen durchgeführt werden, als bedeutungslose Spielereien abzutun. In Wirklichkeit hat Volvo eines bewiesen: daß der Arbeitnehmer sehr wohl für Leistung gewonnen werden kann, wenn er eine interessante Aufgabe hat, in eine Gemeinschaft integriert ist und am Entscheidungsprozeß beteiligt wird. Das ist ein Befund, dessen Bedeutung weit über die besonderen Verhältnisse in Schweden hinausreicht. Wo liegt der Unterschied zwischen der Situation in Schweden und der etwa in der Bundesrepublik? Ein Planungsmann von Volvo – seinerzeit Mitglied der Projektgruppe für Kalmar – meint dazu: »Es ist der sehr schwer erklärbare Unterschied in der Einstellung zur Arbeit. Bei euch ist alles ganz merkwürdig getrennt: hier Kapital – dort Arbeit; hier Arbeitgeber – dort Gewerkschaften; hier Vorgesetzte – dort Untergebene. Wir sind ja nun schon verschiedentlich eingeladen worden, unsere Konzeptionen vor deutschen Managementkreisen zu erklären. Wir machen da immer wieder die gleiche Erfahrung. Solange wir über Technik reden, klappt es mit der Verständigung immer ganz normal. Sobald wir aber auf das zu reden kommen, was wir unser Mitbestimmungssystem nennen, können wir uns in der Regel nicht mehr verständlich machen. ›Die Sache da mit den Gruppen‹, sagt man uns, ›das ist ja alles ganz schön – aber wer trifft denn nun eigentlich bei euch die Entscheidungen?‹ Diese Frage zeigt, daß da offenbar zwei grundsätzlich verschiedene Sprachen gesprochen werden.«

Daß der gesunde Menschenverstand und die Einsicht in betriebswirtschaftliche Notwendigkeiten sich auch im Meinungsbildungsprozeß von Gruppen ganz natürlich durchsetzen, daß der Arbeitnehmer zu einer ziemlich qualifizierten Mitwirkung fähig ist, wenn man ihm geeignete Möglichkeiten dazu bietet, und daß diese Mitwirkung keineswegs zum Zusammenbruch der Entscheidungsprozesse führen muß – das sind Erkenntnisse, die sich in unseren Breitengraden erst noch durchsetzen müssen.

Zwischen unserer betrieblichen Alltagspraxis und Kalmar stehen Welten. Die Reaktion der meisten Besucher zeigt das sehr deutlich. Das Mißverständnis ist grundsätzlicher Natur. Ein Volvo-Manager: »Wissen Sie, das ist eine ganz merkwürdige Geschichte. Unsere Besucher wollen per saldo eigentlich immer nur wissen, ob das ›Experiment‹ ein Erfolg oder ein Fehlschlag gewesen sei. Aber diese Frage stellt sich für uns überhaupt nicht. Kalmar ist für uns nicht ein ›Experiment‹, sondern ein logischer Schritt in einer logischen Entwicklung.«

LIMA – ARBEITSGESTALTUNG ZU ENDE GEDACHT

Die Nr. 1 unter den Pionieren sozialwissenschaftlich fundierter Betriebsführung ist wahrscheinlich Procter & Gamble, einer der größten Markenartikelkonzerne der Welt. Erstens wegen der Radikalität der Lösungen, die in die Praxis umgesetzt worden sind. Zweitens wegen der Größe und Bedeutung des Unternehmens. Drittens wegen des Umfanges, den die betrieblichen Reformen innerhalb dieses Unternehmens angenommen haben. Im Gegensatz zu Volvo ist Procter & Gamble aber ein Avantgardist, der im stillen, ja man muß sagen: unter strikter Geheimhaltung gearbeitet hat. Ausgerechnet über einen der psychologisch wohl interessantesten Betriebe ist deshalb nach außen verhältnismäßig wenig bekannt geworden. Aber soviel weiß man:

1968 wurde in Lima im amerikanischen Staat Ohio eine neue Waschmittelfabrik gebaut, deren Belegschaft heute rund 200 Mitarbeiter umfaßt. Auf weitgehend automatischen Anlagen werden in einem kontinuierlichen Verfahren – also rund um die Uhr – drei verschiedene Waschmittel hergestellt. Die technischen Einrichtungen wurden von Anfang an so geplant, daß selbständige Gruppenarbeit und ständige Kommunikation zwischen den Mitarbeitern möglich ist. Konferenzräume, Laboratorien und Hilfsbetriebe befinden sich unmittelbar bei den Produktionsanlagen.

Drei Prinzipien liegen dem Betriebskonzept zugrunde: Identifikation mit dem Produkt (»brand identity«), Wegfall aller Schranken, die der Selbstentfaltung, der Kreativität und der Mitwirkung des einzelnen hinderlich sein könnten (»no barriers«), sowie ein Lohnsystem, das nicht nach Kriterien der Leistung, sondern des Könnens abgestuft ist (»pay for skill«).

Die Grundlage der Arbeitsorganisation bilden flexibel zusammengesetzte, selbständige Arbeitsgruppen, welche die Herstellung jeweils eines der drei Produkte von der Übernahme der Grundstoffe bis zur Lagerung der versandfertigen Kisten betreuen. Es gibt keine fest zugeteilten Arbeitsplätze und keine Vorgesetzten im traditionellen Sinne. Einige wenige Manager sind zwar vorhanden. Ihre Aufgabe besteht jedoch vor allem darin, die Verbindung zum Mutterhaus sicherzustellen und mit den einzelnen Gruppen die Rahmenbedingungen ihrer Tätigkeit abzustimmen. In das eigentliche Betriebsgeschehen greifen sie nur in Ausnahmesituationen ein – etwa bei Disziplinarfällen oder bei besonders schwierigen Versetzungsfragen.

»Kommunikation« wird groß geschrieben. Die Arbeitsgruppen treffen täglich – oft mehrmals – zusammen, um alle Fragen der laufenden Arbeit zu besprechen. Grundsatzfragen werden in Projektgruppen und Ausschüssen behandelt. Das Management mußte erst lernen, mit dieser partizipativen Form der betrieblichen Entscheidungsbildung umzugehen. »Zu Beginn, wenn ein Problem erst einmal erkannt ist, muß immer viel mehr Zeit investiert werden, als ich dies von anderen Betrieben her gewohnt war«, meint ein Manager, »aber insgesamt gehen Veränderungen bei uns schneller und schmerzloser über die Bühne als anderswo.« Alle tragen gemeinsam Verantwortung für ein geregeltes Betriebsgeschehen – also nicht nur für die Herstellung, sondern ebenso für die Arbeitsvorbereitung, die Qualitätskontrolle, die Verpakkung, den Versand, aber auch für Instandhaltung, Materialwirtschaft, Beschaffen von neuen Maschinen und Änderungen an bestehenden Anlagen, Rechnungswesen, Personalpolitik und -verwaltung.

Strategie des Lernens

Spezialisierung ist tabu. Jeder kann jede Tätigkeit für eine gewisse Zeitperiode übernehmen. Auf einem bestimmten Posten sitzenzubleiben ist dagegen verboten – und je mehr verschiedene Tätigkeiten ein Mitarbeiter beherrscht, desto höher ist sein individueller Grundlohn. Das Resultat dieser Politik: Obschon von Anbeginn an nur ungelernte Kräfte eingestellt worden waren, gehörten die Mitarbeiter dieses Betriebs bereits wenige Jahre nach dem Start zu den qualifiziertesten im ganzen Konzern.

Es herrscht ein ausgesprochen innovationsfreudiges Klima. Geräte und Anlagen werden von den Mitarbeitern laufend aufgrund eigener Ideen, neuer Werkstoffe und neuer Technologien weiterentwickelt, verbessert und angepaßt. Hierbei sind im Laufe der Jahre viele neue, zum Teil ausgesprochen geniale technische Lösungen gefunden worden, von denen etliche auch anderen Werken zugänglich gemacht und einige sogar patentiert werden konnten. Die Mitarbeiter verhandeln zum Teil selbständig mit Lieferanten, externen Beratern oder Fachleuten der Hauptverwaltung. Sie handeln – und entscheiden, wo es notwendig ist – durchaus als Einzelpersonen, aber immer aufgrund von Richtlinien, die im Rahmen der Gruppen diskutiert und mit dem Management abgestimmt sind. Die auffallende Aktivität und das persönliche Engagement der Mitarbeiter beschränken sich im übrigen nicht auf den betrieblichen Bereich: Jeder Zehnte bekleidet außerberuflich Ämter, in die man gewählt werden muß.

Während bei uns Gehaltsfragen noch immer wie Staatsgeheimnisse behandelt werden – in manch namhafter Firma riskiert jeder Mitarbeiter, der über sein Gehalt spricht, die

Entlassung –, werden in Lima Qualifikationskriterien und Gehaltsstufen offen diskutiert und zum Teil gemeinsam festgelegt. Auch bezüglich der Auswahl neuer Mitarbeiter herrscht ein hohes Maß an Mitsprache durch die Arbeitsgruppen. Alle betriebswirtschaftlich relevanten Daten werden von den Mitarbeitern selbst erhoben und aufbereitet. Die Arbeitsgemeinschaften sind deshalb über ihre Kostensituation immer bestens im Bilde und erstellen ihre Budgets ohne jede fremde Hilfe.

Hohe Produktivität

Die Gehälter liegen im Durchschnitt um einiges höher als in vergleichbaren Betrieben. Die Produktionskosten liegen jedoch rund 50 Prozent tiefer. Dies hat mehrere Gründe. Erstens: Der Betrieb arbeitet mit einem unverhältnismäßig kleinen Personalbestand – und dieser weist mit ca. 15 Prozent einen extrem geringen Anteil an »indirekten«, d.h. nichtproduktiven Arbeitskräften wie Manager, Spezialisten und Verwaltungsangestellten auf. Die Fehlzeitenrate ist gering, unentschuldigte Abwesenheiten kommen fast nicht vor. Es errechnen sich ungewöhnlich niedrige Personalkosten. Zweitens: Maschinen und Anlagen sind opitmal ausgelastet. Dies ist bei einem derart kapitalintensiven Betrieb von größter Bedeutung. Drittens: Die Produktqualität wird als »perfekt« bezeichnet und ist die beste im ganzen Konzern.

Der Erfolg dieser neuen Form der Betriebsführung war bereits früh erkennbar. Der ursprünglich geplante Produktionsausstoß pro Mitarbeiter wurde noch im Jahr der Inbetriebnahme erreicht. Von da an ergab sich von Jahr zu Jahr ein kontinuierlicher Produktivitätszuwachs. 1971 wurde pro Mitarbeiter bereits 50 Prozent mehr produziert, 1974 hatte sich die Produktivität verdoppelt. Diese Zahlen – zusammen mit der hohen Produktionsqualität – erregten die Aufmerksamkeit der Konzernzentrale. Die Erfahrungen in Lima wurden ausgewertet und anderen Betrieben zugänglich gemacht.

Dies hat in der Folge zu umfangreichen Reformen in einer ganzen Reihe von Zweigwerken geführt.

Soviel ist über die Pionierleistungen von Procter & Gamble allgemein bekannt geworden. In Einzelheiten gehende Veröffentlichungen gibt es nicht. Betriebsbesichtigungen sind unerwünscht.

Die auffallende Publizitätsscheu hat verschiedene Gründe. Da ist einmal die alte Erfahrungstatsache, daß Besucher stören. Sie stören die Menschen bei der Arbeit – und sie stören, vor allem in einem kleineren Betrieb, die freie Entfaltung der zwischenmenschlichen Beziehungen in einer Gemeinschaft, die erst im Entstehen oder mindestens noch in Entwicklung begriffen ist. Dazu kommt, daß ein Experiment, das sich zu weit vom Gewohnten entfernt, von Außenstehenden ohnehin nicht verstanden wird. Eine neue Maschine – und sei sie noch so kompliziert – kann man anschauen, anfassen und deshalb auch verhältnismäßig leicht »begreifen«. Neue Formen zwischenmenschlicher Kommunikation sind demgegenüber viel weniger plastisch. Um sie zu begreifen, braucht man wesentlich mehr Zeit und Einfühlung, als Besucher in der Regel aufbringen können. Das Beispiel Volvo zeigt dies sehr deutlich. Das Resultat sind alle möglichen Gerüchte, die niemandem etwas nützen, im ungünstigsten Falle aber dem Image der Firma sogar noch Schaden zufügen können.

Es mag auch sein, daß Procter & Gamble in der erfolgreichen Anwendung moderner Sozialtechnologien einen Konkurrenzvorteil sieht, der dem Unternehmen erhalten bleiben soll. Die zurückhaltende Informationspolitik ist also durchaus verständlich, besonders, wenn man berücksichtigt, wie weit der Konzern mit der Umsetzung neuer Konzepte in die Praxis gegangen ist – und dies zu einer Zeit, da es noch kein »Topeka« und kein »Kalmar« gab.

NEUE HORIZONTE

Es ist nicht ganz einfach, Pionierbetriebe zu beurteilen. Im Grunde steht der Fremde vor Betrieben wie in Topeka, Kalmar oder Lima wie ein amerikanischer Tourist vor einem Negerdorf im afrikanischen Busch. Er sieht eine soziale Gemeinschaft. Aber er versteht nicht, wie sie funktioniert. Er sieht Menschen. Er sieht, was sie tun. Aber er kennt weder die Einstellungen noch die Spielregeln, die ihrem Verhalten zugrunde liegen. Die sichtbaren Formen ihres Zusammenlebens und Zusammenwirkens muten ihn deshalb fremd, ja unwirklich an. Der Grund für diese Verständigungsschwierigkeiten liegt in den unterschiedlichen Erfahrungen der »Besucher« und der »Besuchten«.

Humanisierung, ein Lernprozeß

Ein menschengerechter Betrieb ist nie das Werk genialer Organigrammstrategen, sondern das Ergebnis eines längerfristigen, oft schwierigen Lernprozesses innerhalb eines Unternehmens oder einer Betriebsgemeinschaft. Die Mitarbeiter von Pionierbetrieben haben meist eine längere Zeit ganz besonderer gemeinsamer Erfahrungen hinter sich. Diesen Erfahrungshintergrund hat der Außenstehende nicht. Er kennt meist nicht einmal die Geschichte des Unternehmens im einzelnen, geschweige denn die Wege, die zu neuen Konzepten geführt haben. Die meisten Besucher kommen her, um »mal was Neues« zu sehen oder um »gute Tips« zu bekommen, die sie als Führungskräfte und Organisatoren zu Hause weiterverwenden können. Da aber eine Betriebsbesichtigung nicht mehr sein kann als eine unscharfe, unvollständige »Momentaufnahme«, sind die Besucher oft gar nicht in der Lage, zu verstehen, geschweige denn zu verwerten, was sie vor Ort zu sehen bekommen haben. Viele sind deshalb enttäuscht, andere irritiert. Einige wenige sind vielleicht hell begeistert. Doch dies ist erst recht gefährlich. Sie gehen nämlich womöglich hin und meinen, das Gesehene zu Hause einfach »einführen« zu können. In solchen Fällen ist ein Fehlschlag so gut wie programmiert.

Bei der Entwicklung neuer Formen der Arbeitsgestaltung und der Betriebsorganisation gibt es im Grunde keine »Patentrezepte«, keine »Checklisten«. Nichts ist von einem Betrieb ohne weiteres auf einen anderen übertragbar – nichts, außer gewissen Grundannahmen über das Wesen der menschlichen Natur. Die konkreten Formen der Arbeitsorganisation aber, die Spielregeln der Entscheidungsbildung – all das kann nur funktionieren, wenn es von den Mitarbeitern, die damit leben müssen, gemeinsam erarbeitet, entwickelt und in der Praxis erprobt worden ist. Es gibt für fast jedes Problem eine ganze Reihe von denkbaren Lösungen. Das für den Erfolg Entscheidende ist aber nicht die konkrete Lösung, die im Einzelfalle gefunden wird, sondern die Art und Weise, wie sie zustande gekommen ist. Nur wer das einmal verstanden hat, weiß, um was es bei der sogenannten Humanisierung letztlich geht.

Das, worauf es wirklich ankommt, läßt sich nur schwer – und durch eine Betriebsbesichtigung allein schon gar nicht – vermitteln: ein neues Menschenbild. Die Erfahrung, daß jeder Mensch ein ungeahntes geistiges und persönliches Wachstums- und Entwicklungspotential besitzt; daß jeder Mensch dieses Potential ausschöpfen möchte; daß er dazu aber nur in der Lage ist, wenn er in einer Umwelt lebt, die ihn wirklich fordert und ihm die entsprechenden Lern- und Entfaltungsmöglichkeiten bietet.

Jeder Betrieb hat seine eigene Geschichte, seine eigene, unverwechselbare »Persönlichkeit« und muß seine eigenen, ihm entsprechenden Wege zur Lösung seiner Probleme finden. Doch wenn man sich darüber – und über die Gefahren einer Verallgemeinerung – einmal Rechenschaft abgelegt hat, ist es interessant, einen Vergleich anzustellen. Die drei genannten Betriebe – und andere, die in diesem Buch noch beschrieben werden – weisen nämlich einige höchst bemerkenswerte Gemeinsamkeiten auf.

Da ist einmal die Wirtschaftlichkeit. Die Produktivität ist gut, zum Teil sogar überragend. Dies ist allein schon ein guter Grund, sich für diese Betriebe zu interessieren. Aber auch wenn man die Führungs- und Organisationsprinzipien betrachtet, wird eine erstaunliche Verwandtschaft erkennbar. Unabhängig von der Belegschaftsgröße, der Branche und der geographischen Lage weisen praktisch alle Betriebe, die weltweit an vorderster Front sozialwissenschaftlich fundierter Organisation stehen, drei charakteristische Merkmale auf:

- selbständige Gruppenarbeit und Arbeitswechsel als Grundlage der Arbeitsorganisation,
- ausgebaute Mitwirkungsmöglichkeiten auf Abteilungs- und Betriebsebene durch Ausschüsse und Projektgruppen,
- Beratung und Training anstelle direktiver Steuerung und Kontrolle.

In mehreren dieser Betriebe hat sich auch die Führungsstruktur von der auf Einzelverantwortung beruhenden klassischen Hierarchie zu einem System übereinandergelagerter und ineinandergreifender Führungskreise entwickelt, in denen gemeinsam beraten, gemeinsam entschieden und gemeinsam Verantwortung getragen wird.

Derartige Übereinstimmungen sind natürlich nicht einfach nur »Zufall«. Sie sind im Gegenteil sehr bedeutsam – als

Indikatoren für zukünftige Entwicklungstendenzen. Die Pionierbetriebe sind zwar Ausnahmeerscheinungen und als solche nicht repräsentativ für die derzeitigen Verhältnisse und Möglichkeiten in der Wirtschaft. Einige von ihnen haben bereits vor zehn oder zwanzig Jahren mit Möglichkeiten zur Beteiligung der Mitarbeiter an den Entscheidungen zu experimentieren begonnen. Sie haben Demokratie genügend lange geübt und schrittweise entwickelt. In anderen Fällen – etwa in Topeka, Kalmar oder Lima – handelt es sich um Betriebe, die auf der grünen Wiese neu geplant und mit einem verhältnismäßig hohen Aufwand errichtet worden sind. Es herrschen gewissermaßen Laboratoriumsbedingungen. Aber in der inhaltlichen Übereinstimmung all dieser Konzepte, die an völlig verschiedenen Orten auf dieser Welt, unter völlig verschiedenen technologischen und psychologischen Voraussetzungen geplant und erfolgreich verwirklicht worden sind, zeigt sich etwas sehr Wichtiges: die allgemeine Richtung, in die der Weg längerfristig führen wird.

Zeit des Umbruchs

Wir befinden uns in einer Zeit raschen, ja rasenden sozialen Wandels. Dieser Wandel vollzieht sich nicht auf einer abstrakten, gesellschaftsphilosophischen Ebene. Er vollzieht sich in unserem täglichen Leben. Er betrifft die Bedürfnisse, die Interessen und die Wertvorstellungen der Menschen und, als Konsequenz, ihr Verhalten in der Familie, in der Schule, im staatsbürgerlichen Bereich – und nicht zuletzt am Arbeitsplatz.

Die neuen Werte und Bedürfnisse rufen nach neuen Formen des Zusammenlebens und Zusammenarbeitens, neuen Formen der Meinungs- und Entscheidungsbildung. Sie rufen nach neuen Formen der Verständigung und damit nach neuen Formen der Organisation – denn Organisation ist ja nichts anderes als die Art und Weise, wie wir die Verständigung untereinander regeln und kanalisieren.

Wo immer überkommene organisatorische Strukturen, überkommene Einstellungen und Verhaltensweisen dieser Entwicklung im Wege stehen, kommt es zu Spannungen und Konflikten. Alles ist heute in Frage gestellt, alles gerät in Fluß. Die Veränderung vollzieht sich mal schritt-, mal sprungweise, mal geplant, mal unwillkürlich, mal sehr schmerzhaft und mal fast unmerklich – aber sie ist von tiefgreifender, grundsätzlicher Natur. Viele ernst zu nehmende Menschen – Wissenschaftler, aber auch Politiker – sehen in dem, was sich zur Zeit abspielt, eine Wende von kopernikanischer Bedeutung. So heißt es beispielsweise im Bericht des »Club of Rome« von 1972: »Wir vertreten in der Tat die Ansicht, daß soziale Innovation nicht mehr länger hinter der technischen zurückbleiben darf, daß die Zeit für eine radikale Reform institutioneller und politischer Prozesse reif ist.«

Aber welches sind denn die wesentlichen Merkmale der kommenden Entwicklung? Welcher Art sind die notwendigen, die unausweichlichen Veränderungen? Oder anders gefragt: Wohin führt der Weg?

Um die Kernaussage dieses Buches vorwegzunehmen: Der Weg führt fort von großen, zentral gesteuerten »Apparaten«, in denen der einzelne Mensch an seinem Arbeitsplatz nur noch eine Nummer, ein anonymes Rädchen in einem riesigen Getriebe ist – hin zu einem Arbeitsleben in überschaubaren Gemeinschaften, in denen der einzelne nicht nur eine persönliche Identität hat, sondern auch die Möglichkeit, sich in sinnvoller Art und Weise am Prozeß der Problemlösung und der Entscheidungsbildung zu beteiligen. Dann und nur dann ist auch die Möglichkeit gegeben, daß der einzelne sich menschlich entfalten und fachlich weiterbilden kann.

Die Entwicklung geht also in Richtung auf kleinere betriebliche Einheiten. Was aber von mindestens ebenso großer Bedeutung und Tragweite ist: Der Weg führt fort von unserer gewohnten, scheinbar »logischen« Grundform der Organisation. Die beiden Säulen herkömmlicher Gliederung – strikte Arbeitsteilung, die sogenannte Spezialisierung, und Rangordnung, die sogenannte Hierarchie – werden zusehends aufgeweicht. Der Weg führt fort von Betrieben, in denen jeweils ein bestimmter Mitarbeiter in Einzelverantwortung einem eng begrenzten Aufgabengebiet für lange Zeit fest zugeordnet ist – und fort von Betrieben, in denen jeweils ein bestimmter Mitarbeiter in Einzelverantwortung einer bestimmten Anzahl anderer Mitarbeiter fest übergeordnet ist. Der Weg führt hin zu Betrieben, in denen Gruppen von Mitarbeitern in gemeinsamer Verantwortung umfassenderen Aufgabengebieten zugeordnet sind – und hin zu Betrieben, in denen Planung, Steuerung und Kontrolle nicht von weisungsbefugten Einzelpersonen, sondern von beratenden Gremien wahrgenommen werden.

So fremd uns dies aus unserer heutigen Sicht anmuten mag – dies ist die Achse, auf der wir uns langsam, aber sicher bewegen: weg von fixierten, »eindimensionalen« Aufgaben, hin zu wechselnden, »mehrdimensionalen« Aufgaben – weg von extremer Spezialisierung und Einzelarbeit, hin zu Rollentausch und Teamarbeit – weg von Einzelverantwortung und Fremdsteuerung an Einzelarbeitsplätzen, hin zu gemeinsamer Verantwortung und Selbststeuerung in Gruppen.

Ein langer und steiniger Weg

»Sozialutopie« sagen viele; »organisatorische Science-fiction«. Doch Utopie, das sollten wir mittlerweile aus der Geschichte gelernt haben, ist die mögliche Wirklichkeit von morgen. Was uns heute einzelne Pionierbetriebe vorexerzieren, zeigt lediglich die allgemeine Richtung an, in die der Weg führt. Wie lang und wie steinig er sein wird, steht auf einem anderen Blatt. Im übrigen sind wir auf diesem Weg schon sehr viel weiter fortgeschritten, als uns in unserer täglichen Arbeit bewußt wird. Wir sind zwar arbeitsteilig und hierarchisch organisiert. Aber in unserer täglichen Arbeits- und Entscheidungspraxis vollziehen sich bedeutsame Veränderungen. Ob wir es wollen oder nicht – und ob wir es merken oder nicht: Wir sind einfach gezwungen, immer mehr in Gruppen zu arbeiten und zu entscheiden. Dieser Trend wird sich fortsetzen. Er führt in Richtung auf direkte Verständigung, Zusammenarbeit und Mitwirkung in Gruppen.

Vor diesem Hintergrund betrachtet, erscheinen die eingangs dargestellten und die noch zu beschreibenden Betriebe nicht als exotische Phänomene von rein akademischem Interesse, sondern als Wegbereiter einer kommenden, einer bereits in Gang befindlichen Entwicklung betrieblicher Sozialstrukturen.

Daß Pioniere nicht auf Anhieb ernst genommen, zum Teil sogar für »verrückt« erklärt werden, steht auf einem anderen Blatt. Wenn einer Dinge tut, die andere nicht verstehen, erscheint er ihnen nun mal nicht vernünftig. Doch mit der Vernunft ist es so eine Sache. »Der vernünftige Mensch«, sagte Georg B. Shaw, »paßt sich der Welt an. Der Unvernünftige versucht, die Welt sich ihm anzupassen. Daher hängt aller Fortschritt von den Unvernünftigen ab.« Die »Unvernünftigen« holen heute die Kastanien aus dem Feuer, die wir morgen mitessen werden.

Eines darf allerdings – bei aller Würdigung echter Pionierleistungen – nicht übersehen werden: Konzerne wie Procter & Gamble oder General Foods sind nicht »von Kopf bis Fuß« demokratisch aufgebaut. Die partnerschaftlich geführten Betriebe sind eher so etwas wie Inseln in ausgeprägt hierarchisch gegliederten Großorganisationen. Partnerschaft und Gemeinschaft bleiben auf künstlich geschaffene demokratische Schonräume und Experimentierfelder begrenzt. An den Nahtstellen zwischen selbständigen betrieblichen Einheiten und ihrem organisatorischen Überbau entstehen Spannungsfelder. Die Frage, ob und inwieweit ein Großunternehmen mit Partnerschaft und Gemeinschaft überhaupt vereinbart werden kann, bleibt vorläufig offen.

»Die zentrale Planung optimaler Dezentralisierung ist zum anspruchsvollsten Job der späten siebziger Jahre geworden.«

Dieser Satz stammt von einem der wortgewaltigsten Kritiker unserer Zeit und unserer Gesellschaft, Ivan Illich. Er zwingt uns, über einen möglicherweise unlösbaren Widerspruch nachzudenken – über den Widerspruch zwischen zentraler Steuerung in großen Konglomeraten und der zunehmend erkennbar werdenden Notwendigkeit der Selbstorganisation der Menschen in überschaubaren Gemeinschaften.

Anmerkung: Wertvolle Hinweise im Zusammenhang mit den in diesem Kapitel beschriebenen betrieblichen Beispielen sowie auf ein deutsches Experiment ähnlicher Art verdanke ich Heijo J. Rieckmann, Lehrstuhl für Organisationsentwicklung (Prof. Dr. Burkard Sievers), Gesamthochschule Wuppertal. Publikationen: (1) H. Rieckmann/B. Sievers: Lernende Organisation – organisiertes Lernen. Systemveränderung und Lernen in sozialen Organisationen. In: Bartölke et. al.: Arbeitsqualität in Organisationen. Gabler Verlag 1978. (2) H. Rieckmann: Fünf Jahre »Internal Change Agent«: Vorläufiges Fazit eines Lebens zwischen »Erweckungsbewegung« und »Sozialtechnologie«. Referat anläßlich des ersten Europäischen Forums für Organisationsentwicklung, Aachen 1978 (Druck in Vorbereitung).

2. KAPITEL:
DAS LEIDEN AN DER ARBEIT

EIN ORGANISATIONSGENIE UND DIE FOLGEN

So faszinierend Arbeit sein kann – und so interessant sie für die Mitarbeiter einzelner Unternehmen auch tatsächlich ist: Die Realität der Arbeitswelt von heute sieht anders aus. Für die meisten berufstätigen Menschen ist Arbeit ein notwendiges Übel, eine verdammte Pflicht und Schuldigkeit, die man schicksalhaft hinnehmen muß und für die man sich allenfalls in der Freizeit schadlos hält. Für viele ist sie eine Zeit kaum noch zu verkraftender seelischer Belastungen – und nicht wenige gehen daran systematisch zugrunde.

Spätestens seit den Erlebnissen des kleinen Mannes in Charlie Chaplins »Moderne Zeiten« wissen wir um die Problematik technokratischer Arbeitsorganisation. Und seit Charlie Chaplin dem Fließband und dem Zuschauer den Rücken zukehrte und an der Hand der bildschönen, lebenslustigen Paulette Godard in die Ferne watschelte, gilt das Fließband als Inbegriff menschenunwürdiger Arbeitsprozesse. Doch das Fließband ist nicht das Problem. Es ist nur ein Symbol. Die Unzufriedenheit, die Entfremdung, das Leiden an der Arbeit sind nicht auf das Fließband und nicht auf Werkhallen beschränkt. Sie grassieren in weiten Bereichen der Verwaltung und der Forschung, und sie befallen nicht nur Berufstätige auf ausführender Ebene, sondern auch solche der unteren und mittleren hierarchischen Ränge.

Wie ist dies alles gekommen?

Im Jahre 1898 waren in der Bethlehem Iron Company, einem späteren Zweigwerk der heute bedeutenden Bethlehem Steel Corporation, 75 Arbeiter ganztags damit beschäftigt, mit einer durchschnittlichen Tagesleistung von 12,5 Tonnen pro Mann Roheisen auf Eisenbahnwagen zu verladen. Eines Tages kam ein Mann, den die Arbeiter noch nie zuvor gesehen hatten und schaute ihnen stundenlang bei der Arbeit zu. Gegen Abend zeigte er auf einen von ihnen, rief ihn zu sich und stellte ihm folgende Frage:

»Schmidt, bist du ein Klassemann?«

»Nun ... ich weiß nicht, was Sie meinen.« Darauf der Fremde: »Na schön. Was ich wissen will, ist, ob du einen Dollar und 85 Cents pro Tag verdienen willst oder ob du mit lumpigen 1.50 zufrieden bist wie alle diese billigen Kerle hier.«

»Ob ich 1.85 pro Tag verdienen will? Ist das ein Klassemann? Nun ja – ich denke, ich bin ein Klassemann.«

»Gut, dann komm mal her. Siehst du diesen Stapel Eisen?«

»Ja.«

»Siehst du diesen Wagen?«

»Ja.«

»Gut, wenn du ein Klassemann bist, wirst du morgen diesen Stapel Eisen auf diesen Wagen laden. Aber aufgepaßt: Du weißt so gut wie ich, daß ein Klassemann genau das tut, was man ihm sagt – von morgens bis abends. Wenn ich dir sage, du sollst ein Eisen nehmen und marschieren, dann nimmst du ein Eisen und marschierst. Und wenn ich dir sage, du sollst absitzen und ausruhen, dann sitzt du ab und ruhst aus. Das tust du so den ganzen Tag. Und noch eines: keine Widerrede. Wenn ich dir sage, du sollst gehen, dann gehst du, und wenn ich sage, du sollst absitzen, dann sitzt du ab – ohne mir zu widersprechen. Dann also bis morgen früh. Ich werde noch vor dem Abend wissen, ob du ein Klassemann bist.«

Nun, Schmidt kam. Er befolgte die Instruktionen, verlud 47

Tonnen Eisen, verdiente einen Dollar und 85 Cents – und hatte sich nicht einmal überanstrengt. Der Mann, der ihn anleitete, war Frederic Winslow Taylor.

Doch um diese Geschichte kurz zu Ende zu erzählen: Aufgrund der Erfahrungen mit Mr. Schmidt wurden die Taylorschen Methoden der Rationalisierung auf alle Verladearbeiten des Hüttenwerks angewandt. Das Resultat war, daß für diese Arbeiten nur noch 140 anstatt, wie bisher, 500 Arbeiter benötigt wurden, daß diese 140 Arbeiter dafür 60 Prozent mehr verdienten und daß das Unternehmen jährliche Einsparungen in der Größenordnung von 75 000 Dollar machte.

Trotzdem hat die Geschichte kein Happy-End. Die rigorose Selektion von Neueintretenden und der drastische Personalabbau führten zu laufenden Schwierigkeiten mit den Gewerkschaften. Als ruchbar wurde, daß eine Produktivitätssteigerung von sage und schreibe 360 Prozent erzielt worden war, sprach man von Ausbeutung und Menschenschinderei. Dies führte schließlich zur Auflösung von Taylors Beratungsauftrag.

Vivisektion der menschlichen Arbeit

Taylor ist der Vater der sogenannten wissenschaftlichen Betriebsführung. In seinem 1911 erschienen Buch »Scientific Management« legt er das detaillierte Rezept vor, wie man einen Arbeitsvorgang systematisch analysiert, in seine Elemente zerlegt und durchstrukturiert: Erstens, man nimmt zehn oder 15 Arbeiter, welche die zu untersuchende Arbeit mit besonderer Fertigkeit verrichten; zweitens, man studiert die genaue Abfolge der Hand- und Körperbewegungen jedes einzelnen; drittens, man mißt mit einer Stoppuhr die Zeit, die jede dieser Bewegungen beansprucht, und wählt die jeweils kürzeste Variante aus; viertens, man eliminiert alle langsamen, falschen oder überflüssigen Bewegungen; fünftens, man faßt die besten und schnellsten Bewegungen zu einen Ablauf zusammen.

Für jede denkbare Arbeit gibt es, so erklärte Taylor, »the one best way to do the job«. Das Problem war damals wie heute der Arbeitnehmer. Henry Ford glaubte es wie folgt erkannt zu haben: »Der durchschnittliche Arbeitnehmer möchte einen Job haben, bei dem er sich körperlich nicht sehr anstrengen muß. Vor allem aber möchte er einen Job haben, bei dem er nicht zu denken braucht.« Taylor hat lediglich die logische Konsequenz gezogen: eine Arbeitsteilung zwischen Denkenden und Ausführenden. Man kann es in seinem Buch nachlesen: »Alle Denkarbeit muß aus dem Betrieb herausgenommen und in der Planungsabteilung konzentriert werden.« Und dafür gibt es, neben den Interessen und Bedürfnissen des Arbeitnehmers, noch einen ganz speziellen Grund: »Die Zeit, die vergeht, während der Mann innehält und nachdenkt, ist unproduktive Zeit.«

Taylor faßt seine Lehre so zusammen: »Das wahrscheinlich wichtigste einzelne Element ist das Konzept der Aufgabe. Die Tätigkeit jedes Arbeiters wird vom Management vollständig durchgeplant, und jeder Mann erhält schriftliche Instruktionen, welche die Aufgabe, die er zu erfüllen hat, und die Mittel, die zu verwenden sind, genau beschreiben.« So lautet sein Credo: »Nur durch erzwungene Normung der Verfahren, durch erzwungene Übernahme der besten Geräte und durch erzwungene Zusammenarbeit kann der beschleunigte Arbeitsablauf erreicht werden. Dies zu erzwingen, ist die alleinige Aufgabe des Managements.« Aus diesem Konzept leiteten sich die flankierenden Maßnahmen ab: rigorose Personalselektion, systematisches Anlernen der einzelnen Bewegungsabläufe und konsequenter materieller Leistungsanreiz. Aus diesem Konzept leitete sich aber auch das Taylorsche Menschenbild und Arbeitnehmerideal ab, das – bewußt oder unbewußt, ausgesprochen oder unausgesprochen – in den Köpfen so vieler Manager von heute weiterlebt: ein zentral gesteuerter, ferngelenkter Roboter, der Arbeitnehmer als mobile Mehrzweck-Werkzeugmaschine.

Der sogenannte Taylorismus wird im geschichtlichen Rückblick unterschiedlich beurteilt. Die einen glauben, er beruhe auf einem grundlegenden Mißverständnis der menschlichen Natur und sei die unglücklichste Weichenstellung der letzten 100 Jahre gewesen. Die anderen meinen, er habe die Industrialisierung auf breiter Basis und mit der Dynamik, wie wir sie erlebt haben, überhaupt erst ermöglicht; ohne ihn wären wir keine hochentwickelten Industrienationen.

Doch da gibt es im Grunde nichts zu streiten. Es haben beide recht. Der Taylorismus war die logische Konsequenz des damaligen sozialen Entwicklungsstandes. Die Arbeiter waren größtenteils Analphabeten vom Lande, die froh waren, ein paar Dollar zu verdienen, um für ein paar Tage oder Wochen über die Runden zu kommen. Ohne Zerlegung der Arbeitsvorgänge in leicht zu erlernende und leicht auszuführende Einzelschritte wären die damals erzielten Fortschritte der industriellen Leistung undenkbar gewesen.

Die Produktivitätssteigerungen, die der Taylorismus ermöglicht hat, sind enorm. Als Henry Ford I. das erste Fließband errichtete, verringerte sich die Produktionszeit seines berühmt gewordenen Modells T (das bis zum VW-Käfer meistgebaute Auto der Welt) von zwölf auf eineinhalb Stunden. Der Verkaufspreis konnte von 850 auf 260 Dollar gesenkt, der Tageslohn der Arbeiter von zweieinhalb auf fünf Dollar erhöht werden. Es besteht also gar kein Zweifel: Vom Taylorismus sind tatsächlich die entscheidenden Impulse zur industriellen Entwicklung und zum heutigen Wohlstand der Massen ausgegangen.

Mit dem Lebensstandard und der technologischen Entwicklung ist jedoch der Informations- und Bildungsstand und damit das geistige Anspruchsniveau der Menschen gestiegen. Und genau das zur Kenntnis zu nehmen, weigern sich nach wie vor viele Verantwortliche in der Wirtschaft und in der Politik. In der Tat: Wir haben keinen Anlaß, den Taylorismus »im geschichtlichen Rückblick« zu betrachten. Wir stecken mitten drin.

Es stimmt zwar: In der Bundesrepublik arbeiten nur zwei Prozent der Berufstätigen an einem Fließband im engeren Sinne. Und es stimmt: So kurzzyklische Arbeitsvorgänge, wie sie in Charlie Chaplins »Moderne Zeiten« satirisch dargestellt werden, sind eine seltene Ausnahme geworden. Aber der Unterschied ist gradueller Art. Ein und derselbe Mann verrichtet heute einige hundertmal pro Tag ein und dieselbe Arbeit anstatt einige tausendmal, wie früher. Aber die Prinzipien sind die gleichen geblieben: rigorose Personalselektion, Anlernen des Arbeitnehmers an eine ganz bestimmte, gleichbleibende Tätigkeit an einem Einzelarbeitsplatz – und materieller Leistungsanreiz. Der Lohn ist das Schmerzensgeld für die Entfremdung.

Gleich geblieben sind auch die Theorien, die diesen Organisationsprinzipien zugrunde liegen. Sätze wie dieser geistern noch heute durch die Wirtschaftsliteratur: »Denn was kann den Arbeitnehmer schon mehr interessieren als der Inhalt der Lohntüte oder wieviel am Ende des Monats auf dem Gehaltskonto ausgewiesen wird?« Nach wie vor regieren in den Betrieben die Stoppuhr des Zeitstudienmannes und der Einzelakkord. Und Rationalisierungsexperten verbreiten die These, »daß wir aus wirtschaftlichen Gründen auch in der Zukunft nie werden auf das Fließband verzichten können«. Und da man nicht glaubt, auf das Fließband verzichten zu können, wird dieses auch gleich noch verherrlicht. Zitat eines solchen Experten, Manager einer führenden Keksfabrik: »Am

Fließband wird durch Übung bald ein gleichförmig harmonischer Bewegungsablauf möglich, der dann auch keine Monotonie oder Langeweile aufkommen läßt, weil die Aufmerksamkeit so entlastet ist, daß der arbeitende Mensch frei denken kann.« So stehen wir heute da: mit Werkhallen, Büros und Laboratorien, in denen die Menschen an Einzelarbeitsplätzen isoliert sind, über ihre Freizeit nachdenken und auf den Feierabend warten. Die einen bleiben gesund, und viele, viele werden dabei krank.

BESTANDSAUFNAHME IN DER ARBEITSWELT

Wenn in Italien im nationalen Durchschnitt tagtäglich jeder fünfte Arbeitnehmer nicht am Arbeitsplatz erscheint, kann man dies auf die chronische politische Krise in diesem Land zurückführen. Wenn in britischen Betrieben laufend gestreikt und jeder Manager oder fremde Besucher, der die Werkhallen betritt, ausgebuht wird, kann man den permanenten Kriegszustand zwischen Gewerkschaften und Management in England dafür verantwortlich machen. Wenn amerikanische Betriebe von der Belegschaftsgröße einer mittleren europäischen Stadt mit Personalüberschüssen von bis zu 25 Prozent arbeiten müssen, um die Fehlzeiten und die laufenden Abgänge auszugleichen, kann man sich damit trösten, daß es bei uns keine Betriebe dieser Größenordnung gibt. Und wenn in großen skandinavischen Werken der Personalwechsel die 50-Prozent-Grenze überschreitet, findet man selbstverständlich Gründe, weshalb die Situation sich gerade hier derart zugespitzt hat.

Aber auch in Ländern wie etwa in der Bundesrepublik Deutschland oder in der Schweiz ist das sozialpolitische Klima rauher geworden. Auch hier hat die Leistungsbereitschaft im Laufe der letzten Jahre drastisch nachgelassen, sind die Abwesenheitsraten gestiegen, haben Arbeitsniederlegungen zugenommen, werden die materiellen Forderungen der Arbeitnehmer aggressiver vorgetragen. Demoskopische Untersuchungen zeigen, daß selbst der deutsche Arbeitnehmer, einst weltweit ein Vorbild an Tugendhaftigkeit am Arbeitsplatz, sich entscheidend gewandelt hat: Sechs von zehn Deutschen geben zu, nicht das zu leisten, was sie eigentlich leisten könnten; jeder zweite Berufstätige betrachtet seine Arbeit als Übel, und zwei Drittel der unter 30jährigen würden ganz aufhören zu arbeiten, wenn sie einen auch nur einigermaßen ausreichenden Lebensstandard aufrechterhalten könnten.

Kollektive Leistungsverweigerung

Mit anderen Worten: Die hochentwickelten Industriestaaten stehen weltweit vor ein und demselben betriebswirtschaftlichen und volkswirtschaftlichen Problem: der aktiven und passiven, individuellen und kollektiven Leistungsverweigerung. Diese hat viele Gesichter: Gleichgültigkeit, Bummelei, Dienst nach Vorschrift, Krankfeiern, Wechsel des Arbeitsplatzes, aggressive Lohnforderungen, Streiks aus scheinbar nichtigen Anlässen, Sabotage. Die Akzente liegen von Land zu Land, von Branche zu Branche etwas anders, die Prozentzahlen sind, soweit sie sich überhaupt erfassen lassen, verschieden. Aber ins Gewicht fallen sie überall – und die Zahlen weisen eine steigende Tendenz auf.

Damit, daß einzelne der »Personalprobleme« sich als Folge der Rezession abgeschwächt zu haben scheinen, sollte sich niemand zufrieden geben. Die Probleme haben sich nämlich nicht gelöst, sondern nur verlagert. Mehr als eine Million Arbeitslose etwa in der Bundesrepublik – das kostet eine Menge Geld. Und diese Rechnung wird nicht der Weihnachtsmann begleichen. Da werden wir alle zur Kasse gebeten – durch Kaufkraftverlust und durch hohe Steuern. Beides aber schwächt unsere Leistungs- und Konkurrenzfähigkeit, von der wir uns, wenigstens langfristig, wieder mehr Arbeit versprechen. Dazu kommt, daß diejenigen Arbeitnehmer, die zur Zeit auf die Zähne beißen, die erste sich bietende Gelegenheit ergreifen werden, um sich einer Tätigkeit zu entledigen, die sie nicht befriedigt. Die Katze beißt sich also in den Schwanz. Der Preis, den wir bezahlen, ist von vornherein viel zu hoch – und was wir dafür kriegen, sind Illusionen.

Im übrigen wäre allein schon dies Grund genug zur Sorge: daß wir eine Wirtschaftskrise brauchen, um den Arbeitnehmer für seine Aufgabe zu gewinnen. Was ist denn das für eine Arbeitswelt, in der berufliche Leistung nicht durch persönliches Engagement, sondern nur noch durch Disziplin als Folge von Angst zustande kommt? Diese Frage wird von Politikern, Unternehmern und Gewerkschaftsführern systematisch verdrängt. Es fehlt zwar nicht an moralisierenden Betrachtungen. Daß man über die »sinkende Arbeitsmoral« klagt, gehört schon fast zum guten Ton. Aber die Bereitschaft, über die Ursachen nachzudenken, ist nur sehr vereinzelt vorhanden.

Kult der Hierarchie, Kult der Einzelleistung

Wir wissen heute, was Motivation ist: wenn jemand aus eigenem Antrieb mehr tut, als er eigentlich müßte. Wir wissen auch, wie engagiertes Leistungsverhalten im Arbeitsbereich zustande kommt. Der Mensch arbeitet nicht nur, um Geld zu verdienen, sondern unter anderem, um einen sinnvollen Beitrag zu leisten. Was er braucht, ist eine interessante Aufgabe und die Möglichkeit zur Mitwirkung in einer überschaubaren, intakten Gemeinschaft.

Doch was Taylor und Ford vor einem halben Jahrhundert formuliert haben, ist nach wie vor ein äußerst verbreiteter Glaube: daß 90 Prozent der Arbeitnehmer von Natur aus unfähig sind, komplizierte Probleme zu verstehen und vernünftige Entscheidungen zu treffen, daß sie keine Verantwortung tragen wollen, straff geführt werden müssen und nur durch Geld zum Arbeiten und Zusammenarbeiten gebracht werden können. Begriffe wie »leitende« und »ausführende« Ebene gehören zu den Selbstverständlichkeiten unserer täglichen Umgangssprache. Die Arbeit wird mehr denn je geteilt, gemessen und geregelt. Refa, MTM, Pflichtenhefte, Arbeitsbewertung, Qualifikationssysteme sind nur einige unserer Instrumente.

Der Taylorismus regiert in weiten Bereichen unserer Wirtschaft, in einzelnen befindet er sich sogar noch im Vormarsch. In einem Studienbericht eines deutschen Universitätsinstituts über tarifvertragliche Regelungen zur Verbesserung der Arbeitsbedingungen heißt es: »Während nur relativ wenige Arbeitsplätze automationsbedingt entlastet werden, breitet sich die tayloristische Arbeitsorganisation weiter aus. In der unmittelbaren Produktion wird sie perfektioniert – zum Teil gekoppelt mit neuen Leistungslohnsystemen; zugleich wird sie ausgeweitet auf andere Bereiche wie zum Beispiel Reparaturwerkstätten.«

Mit der technologischen Entwicklung hat auch die Betriebswissenschaft ihre Methoden verfeinert. Zu den Zeit- und Bewegungsstudien ist inzwischen die lineare Programmierung, zur Stoppuhr der Computer gekommen. Aber das Prinzip ist geblieben: Wenn die Arbeit genau definiert, das Kästchen im Organigram festgelegt ist, gehen wir hin und suchen im Markt nach dem Mann, der hineinpaßt und mittels Geld in Bewegung gesetzt werden kann – genau wie Taylor das als erster vorgeschlagen hat.

Diese technokratischen Struktur-, Auslese- und Anreizprinzipien leisten einem Mechanismus Vorschub, der bereits unserem Schulsystem zugrunde liegt und den Keim legt für Konkurrenzkampf, Cliquenbildung und Streß: der Kult der Einzelleistung. Der Alleingang sitzt uns allen tief in den Knochen. Der »Selfmademan« ist das nostalgische Leitbild aus der industriellen Pionierzeit. Mit ihm verbindet sich die Vision einer Welt mit wenigen Gewinnern und vielen Verlierern, das Denken in »oben« und »unten«, die Wirtschaft als gigantische Arena mit einem Dauerfreistilringen nach dem Motto »Jeder gegen jeden«, in dem sich die Besten aus Heeren von Namen und Gesichtslosen zu einem persönlichen Profil, zu einer eigenen Identität hochboxen.

Das ist – etwas vereinfacht – die Welt, die durch die Prinzipien der sogenannten wissenschaftlichen Betriebsführung zementiert und in unsere scheinbar aufgeklärten Tage hinübergerettet worden ist. Wir sind zum hierarchischen Denken und zur Einzelleistung erzogen, und wir leben in Organisationen, die hierarchisches Verhalten verlangen und Einzelleistung prämiieren. Das sollte jeder bedenken, der sich wundert, weshalb Zusammenarbeit in der Praxis so selten funktioniert, obschon sie scheinbar von jedermann als das einzig Vernünftige und wirtschaftlich Notwendige erkannt ist.

Signale

Lordstown ist eine nicht sehr bedeutende Stadt im amerikanischen Staat Ohio. Doch wenn der Name dieser Stadt fällt, läuft vielen amerikanischen Managern ein kalter Schauer den Rücken hinunter. »Lordstown« ist ein Begriff für die Auflehnung des Menschen gegen unzumutbare Arbeitsbedingungen, für die offene Rebellion gegen eine inhumane Arbeitswelt, für den »Aufstand der Roboter«.

In Lordstown befindet sich ein Werk von General Motors, das vom Konzernmanagement ursprünglich als »eine der modernsten und fortschrittlichsten Autofabriken der Welt« konzipiert und angepriesen worden war. Rund 100 Wagen sollten pro Stunde vom Fließband rollen. Doch ungefähr die Hälfte des erwarteten Ausstoßes wurde erreicht. Die ohnehin schon weit getriebene Rationalisierung sollte nun noch weiter forciert werden. 300 Arbeiter wurden gefeuert, für die restlichen verkürzte sich die Taktzeit im Durchschnitt von einer Minute auf etwa 40 Sekunden.

Damit stieß die »perfekte Durchrationalisierung der Arbeitsvorgänge« erstmals an ihre endgültigen Grenzen. Es kam nicht zu einer Verbesserung der Produktivität, sondern zu weiteren Leistungseinbußen. Die Unzufriedenheit unter den Arbeitern wuchs, Störungen im Betriebsablauf nahmen zu. Mal hier und mal da ließ ein Arbeiter einen Wagen unbearbeitet zum Nächsten rollen. Man entdeckte immer häufiger kleinere, mutwillige Zerstörungen an den Wagen:

hier einen im Zündschloß abgebrochenen Schlüssel, dort einen verbogenen Instrumentenknopf. Der Lack wies Kratzspuren auf, es fand sich ein zerbrochener Rückspiegel, mal waren Bolzen gelockert oder Drähte zerschnitten. Und Anfang 1972 kam es dann zu dem Ereignis, das Lordstown zu seiner traurigen Berühmtheit verhalf: Serienweise demolierte Neuwagen verließen das Band. Die Arbeiter hatten die Polster aufgeschlitzt und Beulen in die Karosserien geschlagen.

Nun handelt es sich bei »Lordstown« um einen einzelnen Betrieb, dazu noch in einer Branche, die bezüglich Eintönigkeit der Arbeit ohnehin besonders gefährdet ist. Man könnte also sagen: ein Einzelfall, der aufgrund besonders dramatischer Begleitumstände zum Symbol geworden ist. Dem ist zweifellos so. Aber der Widerstand des Menschen gegen unzumutbare Arbeitsbedingungen wird heute in den meisten Branchen und praktisch allen Industrieländern offenkundig. Der Mensch steht weltweit mit seiner Arbeit im Konflikt. Dieser Konflikt artet eher selten in aufsehenerregende Einzelereignisse aus. Seine Gefährlichkeit zeigt sich am deutlichsten in schleichenden Prozessen, von denen kaum jemand Notiz nimmt.

Dazu ein Beispiel. In der Bundesrepublik scheiden nach zuverlässigen Schätzungen pro Jahr rund 300000 Menschen vorzeitig aus dem Arbeitsprozeß aus. Auch wenn man unterstellt, daß einige dieser Menschen sich ihre körperlichen, geistigen und seelischen Schäden nicht ausschließlich im Beruf geholt haben, handelt es sich hier um eine erschreckende Zahl. Denn diese 300000 bilden ja nur die Spitze eines Eisberges. Auf jeden, der ein für allemal arbeitsunfähig wird, kommt eine ganze Reihe von Menschen, die leiden, ohne endgültig aufgeben zu müssen.

Nach Jahrzehnten eines Kampfes, der sich ausschließlich um Lohnprozente gedreht hat, treten heute in zunehmendem Maße die Bedingungen, unter denen wir arbeiten, ins Bewußtsein der berufstätigen Menschen – und in die Aktionsprogramme ihrer Organisationen. Auch in der Bundesrepublik ist ein Anfang gemacht: der Metallarbeiterstreik in Nordwürttemberg/Nordbaden von 1973. In diesem Streik ging es erstmals nicht vorwiegend um Geld, sondern in erster Linie um Arbeitsbedingungen – vorab um Taktzeiten, die den Erkenntnissen der modernen Arbeitswissenschaft entsprechen.

Langweilige Arbeit macht krank

Was Charlie Chaplin künstlerisch dargestellt hat, ist heute wissenschaftlich untermauert: Langweilige Arbeit und, als Konsequenz, Unzufriedenheit am Arbeitsplatz führen zu Störungen des geistigen und seelischen Gleichgewichtes. In vielen Untersuchungen zeigt sich, daß Zufriedenheit mit der Arbeit und geistige Gesundheit durchweg mit dem Anforderungsniveau der beruflichen Tätigkeit variieren: Je anspruchsloser und langweiliger die Arbeit, desto größer die Unzufriedenheit mit all ihren gesundheitlichen Folgen.

»Welche Arbeit würden Sie wählen, wenn Sie noch einmal von vorne anfangen könnten?« Die Antwort auf diese Frage ist einer der zuverlässigeren Anzeiger für Zufriedenheit oder Unzufriedenheit am Arbeitsplatz. Große Zahlen von Angehörigen aller Berufsgruppen sind – vor allem in den Vereinigten Staaten – über ihre berufliche Situation befragt worden und haben sich unter anderem zu dieser Frage geäußert. Bei Geistesarbeitern liegen die Anteile derjenigen, die freiwillig noch einmal den gleichen Weg gehen würden, auffallend hoch. Bei Journalisten etwa sind es 82 Prozent, bei Firmenjuristen 85 Prozent, bei Biologen und Mathematikern rund 90 Prozent. Am höchsten liegen die Universitätsprofessoren mit 93 Prozent. Bei Verwaltungsangestellten liegt der Durchschnitt bereits nur noch bei 43 Prozent, und bei den Industriearbeitern ergibt sich das traurige Resultat von 24 Prozent. Am tiefsten liegen die ungelernten Automobilarbeiter mit 16 Prozent.

Die allgemeine Malaise in der Arbeitswelt hat im wesentlichen zwei Ursachen. Die extreme Arbeitsteiligkeit führt zu inhaltlich völlig einseitigen Einzelaufgaben. Die hierarchische Gliederung führt darüber hinaus zu einer Trennung von Denken und Tun, zu einer Abspaltung der Planung und der Kontrolle von der Ausführung der Arbeit – und damit zu völlig unselbständigen Tätigkeiten. Es geht also um mehr als einfach ein bißchen »Abwechslung«. Das Problem der geistigen und seelischen Entfremdung läßt sich nicht auf die Frage der »Monotonie« reduzieren.

Bedeutungslose, sinnentleerte und unselbständige Arbeit führt namentlich bei jüngeren Arbeitnehmern, die eine bessere Schulausbildung und höhere Erwartungen an das Berufsleben mitbringen als ihre Eltern, zu Unzufriedenheit und zu seelischem Streß. Die starre, undurchschaubare Arbeitsorganisation und die Unmöglichkeit eines persönlichen Erfolgserlebnisses in der Arbeit führen zu Gefühlen der Anonymität und der Ohnmacht. Bei anhaltender Unzufriedenheit nimmt mit der Zeit das Selbstwertgefühl Schaden. Das Resultat ist Apathie oder Aggression. Wir haben es also bei der sogenannten Entfremdung im Grunde mit einer persönlichen Identitätskrise des Individuums zu tun, mit tiefgreifenden seelischen Veränderungen, deren Auswirkungen auf das Verhalten und auf die Gesundheit des einzelnen nicht ernst genug genommen werden können.

Daß die Arbeit für den Menschen nicht nur Broterwerb bedeutet, sondern etwas mit seiner persönlichen Identität zu tun hat, zeigt sich ebenfalls bereits in ganz einfachen Befragungen. Wenn man jemanden fragt »Was sind Sie?«, lautet die Antwort nicht »Ich bin Katholik« oder »Ich bin Familienvater«, sondern »Ich arbeite bei IBM«, »Ich bin Versicherungsberater«, »Ich bin Anwalt«. Die Menschen neigen dazu, das zu »werden«, was sie tun – acht Stunden pro Tag, Woche für Woche, Jahr für Jahr.

Auch im Leben eines einfachen Arbeiters ist die Arbeit die zentrale Institution. Sie rangiert in Befragungen noch vor der Familie, vor der Freizeit und vor allen anderen gesellschaftlichen Aktivitäten. Aber nur jeder vierte würde denselben Beruf wieder wählen. Drei von vier nehmen Schaden am Selbstwertgefühl, weil die Bedingungen, unter denen sie ihre Arbeitszeit verbringen, unaufhörlich zu Mißerfolgserlebnissen und zu Frustrationen führen – weil sie, wie ein Wissenschaftler es einmal formuliert hat, »keine Möglichkeiten bieten, das Fortschreiten auf ein ersehntes Ziel zu beobachten, das ein unentbehrliches Element der Identität des Menschen als wertvolles Individuum geworden ist«.

Krankes Berufsleben, krankes Privatleben

Zufriedenheit oder Unzufriedenheit, das zeigt sich in Untersuchungen immer wieder, erfaßt den ganzen Menschen. Mit jedem Arbeitnehmer, der sein seelisches Gleichgewicht verliert, verliert auch ein Ehemann oder eine Ehefrau, ein Sohn oder eine Tochter, ein Konsument oder eine Konsumentin, ein Staatsbürger oder eine Staatsbürgerin das innere Gleichgewicht.

Millionen sinken abends erschöpft in den Sessel und sind zu nichts anderem mehr fähig, als teilnahmslos in die Fernsehröhre zu stieren. Kontaktfreude, Liebesfähigkeit und Willenskraft erlahmen. Die Folge: Das Privatleben verläuft genauso eintönig und ereignislos wie das Arbeitsleben.

Aber nicht alle Unzufriedenen werden apathisch. Viele werden aggressiv. Massen von Arbeitnehmern lassen die Wut, die sie am Arbeitsplatz aufgestaut haben, an ihrer Frau, an den Kindern, an den Nachbarn oder auch an völlig Fremden aus – etwa an den anderen Verkehrsteilnehmern. Die Konsequenzen sind Familienzerrüttung, Alkoholismus, Drogenmißbrauch und Kriminalität.

Dies ist ein Auszug aus einem Interview mit einem amerikanischen Automobilarbeiter:

»Wie lange sind Sie schon in dieser Kneipe? Eine Stunde?«

»Ja. Als ich noch nicht verheiratet war, ging ich immer in die Hillbilly-Bars und stürzte mich in jede Schlägerei.«

»Warum haben Sie sich an Schlägereien beteiligt?«

»Ach, einfach um Dampf abzulassen. Ich mußte einfach Dampf ablassen.«

»Spielen Sie mit Ihren Kindern?«

»Wenn ich nach Hause komme, wissen Sie, was ich dann in den ersten 20 Minuten mache? Ich spiele Theater. Ich lächle, aber mir ist nicht danach zumute. Ich habe ein kleines Mädchen, dreieinhalb Jahre alt. Manchmal fragt sie: Daddy, wo bist du gewesen? Und ich antworte: auf Arbeit. Genausogut hätte ich antworten können: in Disneyland. Was weiß eine Dreijährige schon von Arbeit? Wenn ich mich mies fühle, kann ich das doch nicht an dem Kind auslassen – und an der Frau auch nicht. Deshalb geht man in die Kneipe. Weil man es lieber da los wird als zu Hause. Was macht ein Schauspieler, wenn er einen schlechten Film machen muß? Ich mache jeden Tag einen schlechten Film.«

Saat der Gewalt

Auch dies ist eine neue Erkenntnis: Unzufriedenheit am Arbeitsplatz führt nicht nur zu Gleichgültigkeit und Müdigkeit, sondern auch zu Gewalt. Die Aggression kann sich im Privatleben entladen, aber auch im Betrieb. Vom lauten Wort sind es nur Schritte bis zur tätlichen Auseinandersetzung mit Kollegen, Vorgesetzten oder auch leblosen Gegenständen. Die in ihrer Einfachheit erschütternde Aussage eines jungen amerikanischen Stahlarbeiters macht dies deutlich:

»Manchmal, wenn ich etwas herstelle, schlage ich aus purer Gemeinheit Beulen hinein. Weil ich etwas tun möchte, das wirklich einmalig ist. So schlage ich mit dem Hammer darauf, absichtlich, um zu sehen, ob es durchgeht – damit ich sagen kann: Das habe ich gemacht.«

Bei Chrysler in Detroit führte der Aufstand gegen die Arbeitsbedingungen und gegen eine Tätigkeit, die einer der Arbeiter als »langweilig, sinnlos und automatisch« bezeichnete, nicht nur zu mutwilligen Zerstörungen von Neuwagen auf dem Montageband, sondern auch zu tagelangen wilden Streiks und Prügeleien mit dem Wachpersonal und der Polizei.

»Work in America«

»Work in America« ist der Titel einer Großuntersuchung in der amerikanischen Industrie, die seinerzeit unter der Nixon-Administration vom Gesundheits- und Erziehungsministerium in Auftrag gegeben und 1973 veröffentlicht wurde. In Zusammenarbeit mit 60 führenden Köpfen aus Wissenschaft und Wirtschaft haben die Autoren – ein 10-Mann-Projektteam – während eines Jahres alles zusammengetragen und ausgewertet, was medizinische, psychologische, soziologische und betriebswirtschaftliche Studien in den letzten 15 Jahren an neuen Erkenntnissen im Arbeitsbereich gebracht haben. Die Studie ist eine in ihrem Zuschnitt monumentale und bisher einmalige Bestandsaufnahme, die vieles bestätigt hat, was vorher nur vermutet werden konnte.

Seit dieser Studie weiß man über die amerikanische Arbeitswelt genauer Bescheid als über jede andere. Das Fazit: Die Mehrzahl der Arbeiter und Angestellten bis hinauf auf die unteren und mittleren Führungsstufen ist unzufrieden. Diese Unzufriedenheit hat in den letzten Jahren stark zugenommen, und die weitere Entwicklung läßt für die absehbare Zukunft nichts Gutes erwarten. Am deutlichsten zeigt sich das allgemeine Unbehagen in den Fließbandstraßen, etwa in der Automobilindustrie. Hier zeigen rund 40 Prozent der Arbeiter seelische Krankheitserscheinungen, und bis zu 25 Prozent sind Arbeitsalkoholiker oder Konsumenten harter Drogen.

Die Bedeutung dieser Studie reicht in zweierlei Hinsicht weit über die besonderen Verhältnisse in der amerikanischen Industrie hinaus. Einmal hat sie zum ersten Mal in so fundierter und damit unmißverständlicher Art und Weise deutlich gemacht, daß Humanisierung nicht nur eine Frage der Sozialethik ist. Aufgrund der vielen ausgewerteten Untersuchungen und zwischenbetrieblichen Vergleiche kommt sie zum Schluß, daß eine menschengerechte Gestaltung der Arbeit sowohl in betriebs- als auch in volkswirtschaftlicher Hinsicht ein Anliegen erster Ordnung darstellt. »Alle Beweise deuten darauf hin«, so der Wortlaut, »daß eine Befriedigung der gesteigerten Bedürfnisse des Arbeitnehmers die Produktivität vielleicht von fünf Prozent auf 40 Prozent erhöhen könnte, wobei die zweite Zahl jene ›latente‹ Produktivität der Arbeitnehmer einschließt, die zur Zeit noch nicht angezapft wird.«

Ein zweiter Zusammenhang ist durch diese Studie erstmals so deutlich aufgezeigt worden: Unzufriedenheit am Arbeitsplatz beeinträchtigt nicht nur die geistige und seelische, sondern auch die körperliche Gesundheit. Der Bericht kommt zum Schluß, daß die soziale Rolle, die der einzelne im Arbeitsleben spielt, die Bedingungen, unter denen er arbeitet, sowie andere soziale Faktoren rund 75 Prozent der Risikofaktoren für Herz- und Kreislaufkrankheiten ausmachen. Einer der Forscher schreibt dazu: »Obwohl sich die Ärzte über den starken Einfluß der nicht auf den ersten Blick erkennbaren Faktoren im klaren sind, haben sie als Berufsstand eine Gruppe von einflußstarken, unsichtbaren toxischen Agenzien noch immer nicht erkannt: die Gefühle. Es scheint extrem schwierig zu sein, sich mit dem Gedanken vertraut zu machen, daß Gefühle an Verhaltensweisen primär beteiligt und Hauptursachen von Krankheit und Gesundheit sein können.«

Die Ausführungen gipfeln in der Feststellung, daß die Lebenserwartung stark von der Arbeitszufriedenheit abhängig ist. Psychosozialer Streß als wichtiger Faktor bei der Entstehung vieler Krankheiten, die unsägliches Leid in Millionen von Familien tragen und den Staatshaushalt mit horrenden Summen belasten – das war 1973 noch recht neu, und es ist auch heute noch nicht in seiner vollen Bedeutung erkannt.

ANATOMIE DES STRESSES

Nostalgische Tagträume – die Schleichwerbung des Unbewußten – sind nicht das Privileg des Fließbandarbeiters. Das Busenmädchen, die Südseeinsel und die Schaffarm in Australien flimmern auch zwischen Budgetkonferenzen über die inneren Bildschirme. Die Sehnsucht nach Ferien vom Ich, das heißt vom Leben, das wir führen, ist nicht an hierarchische Stufen gebunden. Entfremdung und Managerkrankheit sind nur zwei verschiedene Varianten desselben Leidens: unseres Konfliktes mit der Welt, in der wir leben.

Krieg zwischen Wunsch und Wirklichkeit

Die Belastungen im Arbeitsbereich sind heute weitgehend erforscht. Der weitaus größte Schaden entsteht durch seelisch bedingten Streß. Dieser läßt sich aufgrund unseres heutigen Informationsstandes wie folgt definieren: Streß ist das Resultat eines Konfliktes zwischen Wollen und Können, zwischen Wunsch und Wirklichkeit, zwischen Zielvorstellungen und Realisierungsmöglichkeiten. Was uns kaputtmacht, sind unbefriedigte seelische Bedürfnisse, unerfüllbare Erwartungen unserer Mitmenschen, überhöhte Forderungen, die wir selbst an uns stellen.

Bei diesen Konflikten geht es meist um unsere Beziehungen zur Umwelt, das heißt um die Rolle, die wir in der Gemeinschaft spielen – oder spielen möchten. Der Streß, unter dem wir leiden, ist nur die Spitze eines Eisberges. Was darunter liegt, ist sehr oft eine Identitätskrise – ein Existenzkonflikt, der sehr ernst zu nehmen ist. Er führt häufig genug zum Tod.

Seelische Ursachen, körperliche Folgen

Unser Körper reagiert auf seelischen Streß mit vielfältigen Veränderungen. Betroffen sind unter anderem der Schlaf, der Appetit, die Sexualkraft, der Puls, der Blutdruck, die Hautfeuchtigkeit, der Hormonhaushalt, der Blutfettspiegel. Diese Symptome können gemessen und in Beziehung gesetzt werden zu Informationen über das Arbeitsleben des einzelnen. Umfangreiche statistische Untersuchungen in verschiedenen Ländern ergeben nun einen erstaunlichen Zusammenhang. Bei Arbeitnehmern, die

- eine als interessant, das heißt »qualifiziert« empfundene Tätigkeit ausüben,
- durch Mitsprachemöglichkeiten an der Gestaltung und Kontrolle der Arbeitsvorgänge beteiligt sind,
- über gute und lebhafte menschliche Beziehungen am Arbeitsplatz berichten und
- sich in einer stabilen beruflichen Situation befinden,

werden auch bei erhöhter Leistung in verhältnismäßig geringem Umfange Streßsymptome registriert. Statistisch auffallend erhöht sind pathologische Veränderungen dagegen bei Arbeitnehmern aller Stufen, die

- eine als langweilig empfundene Tätigkeit ausüben,
- keinen Einfluß auf die Planung und Kontrolle der Arbeitsabläufe besitzen,
- über ein unbefriedigendes Betriebsklima und zwischenmenschliche Konflikte am Arbeitsplatz berichten oder
- als Folge von Versetzung, Beförderung oder Stellenwechsel in einer als »fremd« empfundenen Umgebung arbeiten.

Es ist also nicht von vornherein die heute so vielgeschmähte »Leistung«, die uns krank macht, sondern vielmehr die

Summe der Randbedingungen, unter denen wir sie oft erbringen müssen.

Lähmungsgift »Ohnmacht«

Die wissenschaftliche Forschung der letzten Jahre hat unsere Vorstellungen über Streß und seine Ursachen über den Haufen geworfen.

Streß ist nicht einfach die Folge einer quantitativen, sondern praktisch immer auch (und sehr oft in erster Linie) einer qualitativen Überforderung. Nicht die Aktenberge, die Überstunden oder die vielen Termine sind das Problem, sondern die unerreichbaren Ziele, die unbewältigten Konflikte. Die quantitative Überlastung ist meist nicht die Ursache, sondern bereits eine Folge des Problems: Wir fangen an, schlecht zu planen und uns mit Unwichtigem zu beschäftigen, wenn und weil wir es nicht geschafft haben, das Wichtige erfolgreich anzupacken.

Geradezu paradox aber erscheint eine weitere Erkenntnis: Streß ist nicht einfach die Folge einer Überforderung, sondern praktisch immer auch (und sehr oft in erster Linie) eine Unterforderung. Es sind nicht von vornherein »falsche« oder »zu hoch gesteckte« Ziele, die zum Konflikt führen. Sehr oft sind unsere Wünsche und Bedürfnisse absolut natürlich, ja vielleicht die einzigen, für die zu arbeiten es sich wirklich lohnen würde – und es sind die tatsächlichen oder scheinbar fehlenden Einfluß- und Realisierungsmöglichkeiten, die Sachzwänge und die Unmöglichkeit, die eigenen Fähigkeiten sinnvoll einzusetzen, die zum Konflikt, zu Frustration und damit zu Streß führen.

Das charakteristische Element psychischen Stresses ist die Ohnmacht. Wenn die Situation einmal überblickbar ist, vor allem aber, wenn die Möglichkeit zu handeln wieder besteht, löst sich der Streß auch unter anhaltend belastenden äußeren Umständen praktisch in nichts auf. Das weiß jeder Automobilist, der unter Inkaufnahme komplizierter Umwege das Warten in einem Verkehrsstau vermieden hat.

Die Ohnmacht im Arbeitsbereich ist die Unmöglichkeit, einen sinnvollen Beitrag zu leisten. Wer Probleme sieht oder spürt, aber nichts dagegen unternehmen kann, erleidet auf die Dauer Schaden am Selbstwertempfinden. Er fühlt sich zur sozialen Bedeutungslosigkeit verdammt – unabhängig davon, ob er am Fließband steht oder in der Vorstandsetage sitzt.

Angst und wie ihr begegnet wird

Ohnmacht ist einer der klassischen Auslösefaktoren von Angst. Ohnmacht heißt Ausweglosigkeit, heißt unberechenbare Zukunft, heißt Ausgeliefertsein. Angst wird auf dieser Welt – in der freien Natur und, wie es scheint, auch beim homo sapiens – grundsätzlich mit vier verschiedenen Verhaltensweisen beantwortet. Da ist einmal die Flucht. Im Arbeitsbereich führt sie weg von der Arbeit in die Krankheit oder in die Freizeitbeschäftigung. Oder sie führt weg vom Wichtigen in die Beschäftigung mit dem Nebensächlichen. Das Wichtige erkennt man im allgemeinen daran, daß nicht darüber gesprochen werden darf. Es sind dies die Tabus unserer Organisationen: die Gehaltsstruktur, das Verhalten des Chefs, das Mißmanagement der Geschäftsleitung, die große Fehlinvestition oder das Nachfolgeproblem an der Spitze.

Da ist als weitere Form der Angstbewältigung die Flucht nach vorn. Sie bedeutet Angriff, Kritik und damit Krieg in allen seinen innerbetrieblichen Varianten. Da ist ferner die Panik. Sie bedeutet Planlosigkeit und Desintegration der Entscheidungsprozesse. Dieses Zustandsbild hat die Hochkonjunktur der Seminare über »Arbeitstechnik«, »Entscheidungsgitter«, »Morphologie« und ähnliches ausgelöst. Mit ihnen glauben Heere von geplagten und überforderten Managern, Ordnung in ihre Gedankenwelt bringen zu können. Und da ist endlich der Totstellreflex. Ihn finden wir bei den vielen Menschen in unserer Wirtschaft, denen jede Kritiklust vergangen, die ganze Phantasie abhanden gekommen ist und die für jedermann, einschließlich ihrer engsten Mitarbeiter und Kollegen, unansprechbar sind.

Der »Ruf zu den Waffen«

Streß bedeutet dem Sinn des Wortes nach »Druck« oder »Belastung«. Der Begriff bezog sich ursprünglich im wesentlichen auf das Verhalten von Werkstoffen bei der Verformung. Der gebürtige Wiener H. Selye, Vater der medizinischen Streßforschung, hat ihn auf die physiologischen Vorgänge übertragen, die bei höher entwickelten Tieren und Menschen bei der Anpassung an Umwelteinflüssen ablaufen.

Nach allem, was wir heute wissen, ist Streß ein in Jahrmillionen durch natürliche Selektion »angezüchteter« Überlebensmechanismus, eine Alarmreaktion des Körpers bei Anzeichen möglicher Gefahren, ein automatisch ablaufender »Generalmobilmachungsplan« oder, wie Selye es gennant hat, der reflexartige »Ruf zu den Waffen«. Die Streßreaktion hatte ursprünglich den Sinn, das Tier oder den Menschen bei ersten Anzeichen einer drohenden Gefahr blitzschnell in optimale Bereitschaft für einen Angriff, eine Verteidigung oder eine Flucht zu versetzen – in Situationen, in denen auch ein intelligentes Wesen keine Zeit mehr hatte zum Nachdenken. In der freien Natur ist dies auch heute noch der Sinn des Streßmechanismus.

Biologisch geschieht hierbei folgendes: Wenn über die Sinnesorgane erste Anzeichen einer möglichen Gefahr registriert werden, geht vom Zwischenhirn über die Nervenbahnen ein Signal an die Nebenniere. Hier werden augenblicklich die zur Gruppe der Katecholamine gehörenden Hormone Adrenalin und Noradrenalin aktiviert und in die Blutbahn abgesondert. Folge: Innerhalb von Sekunden steigen Puls und Blutdruck, Zucker- und Fettreserven werden abgerufen und in die Muskeln transportiert, damit diese für erhöhte körperliche Leistung, für Kampf und Verteidigung »aufgeladen« sind.

Gleichzeitig wird über die Hirnanhangdrüse ein weiteres Hormon, Hydrocortison, aktiviert. Die Verdauungsvorgänge und die Sexualfunktion werden blockiert, damit die Energie ungeteilt auf die Abwehr der Gefahr konzentriert werden kann. Rote Blutkörperchen überschwemmen das Gefäßsystem und versorgen den Muskelapparat mit Sauerstoff. Der Blutgerinnungsfaktor wird erhöht, damit der Organismus bei möglichen Verletzungen nicht gleich verblutet.

Programmierte Selbstvergiftung

Die Streß auslösenden Faktoren – die sogenannten »Stressoren« – sind teils körperlicher Natur wie Hetze, Lärm oder Giftstoffe, teils geistiger Art wie etwa andauernde Konzentration oder ihr Gegenteil, nämlich Monotonie. Am stärksten aber schlagen seelische Stressoren zu Buche: unbewältigte Konflikte, Erniedrigung und persönliche Kränkungen am Arbeitsplatz, Mangel an zwischenmenschlichen Kontaktmöglichkeiten, allgemeine Zukunfts- und Lebensangst. Streß ist also eine allgemeine Vorsorgemaßnahme des Körpers bei jedem »Zuviel« oder »Zuwenig« an Umwelteinflüssen.

Ein typisches Beispiel einer teuflischen Kombination von Stressoren – zuviel Lärm, zuviel optische Reize, zuviel Giftstoffe, zuviel Hetze bei gleichzeitig zuwenig Kommunikation und zuwenig Bewegung – ist das Autofahren. Am Steuer schütten wir bis zu zehnmal mehr Katecholamine in unser Blut aus als unter normalen Bedingungen.

Dieser eingebaute Alarmplan kann zwar auch heute noch eine sinnvolle Funktion haben – etwa bei einer tätlichen Auseinandersetzung oder in einer brenzligen Situation auf der Autobahn. Doch dies sind eher seltene Ausnahmen. Die Regel ist, daß wir mit Reizen, mit physischen und psychischen Gefahrensignalen förmlich überflutet werden. In der modernen Zivilisation ist der Streßmechanismus von der »Notbereitschaft« zu einem »Daueralarm« entartet. Wir befinden uns in einem Zustand permanenter Erregung – und haben keine Möglichkeit, uns, wie dies für den Ernstfall in der Natur eigentlich vorgesehen wäre, durch Angriff oder Flucht abzureagieren.

Menschen, die unter starkem Streß stehen, ohne ihn abreagieren zu können, verhalten sich nicht mehr »normal«. Wer in einer Konferenz von seinem Chef bloßgestellt wird, wer plötzlich einen unangenehmen Kollegen »vor die Nase gesetzt« kriegt oder als Folge der Rezession befürchten muß, daß seine Stelle »wegrationalisiert« wird – dem brennen leicht die »Sicherungen« durch. Als Folge der Verunsicherung beginnt er, »Fehler« zu machen. Mal sagt er etwas zuviel, mal etwas zu wenig, mal das Falsche. Kurz, die Kommunikation ist gestört. Und da er ohnehin bereits unter »verschärfter Beobachtung« stehen mag, ist damit oft ein Teufelskreis in Gang gesetzt, der so gut wie unausweichlich zu einem Debakel führt.

Doch dies sind nur die unmittelbaren Folgen von Streß. Wenn jemand über längere Zeit unter starkem Streß steht, kommt es zu einer systematischen Selbstvergiftung des Organismus mit unabsehbaren, oft irreversiblen gesundheitlichen Schäden. Die verheerende Wirkung, die von Dauerstreß ausgeht, ist heute durch umfangreiche statistische Untersuchungen erhärtet. Sie zeigt sich interessanterweise aber auch bei Experimenten mit Tieren.

Es gibt nun einige Stressoren, die sowohl in der freien Natur als auch beim Menschen eine große Rolle spielen – in der menschlichen Gesellschaft im allgemeinen und in der Arbeitswelt im besonderen: die soziale Dichte, die soziale Isolierung, die Erwartungsangst – und die soziale Rangordnung.

Soziale Dichte, soziale Isolierung

Wenn zu viele Lebewesen von der gleichen Sorte sich zu nahe auf der Pelle sitzen, hat das einzelne nicht mehr genügend eigenen Bewegungs- und Lebensraum. Es entsteht Streß.

Streß entsteht zum Beispiel im Verkehrsgewühl, am Billigwarenstand im Ausverkauf, in den überfüllten Mietkasernen und Wohnsilos unserer Städte. Und er entsteht in Großraumbüros, Werkstätten und Labortrakten. Das Resultat: Man geht sich gegenseitig auf die Nerven, man tritt sich – im wörtlichen und im übertragenen Sinn – auf die Füße. Dies ist nicht nur bei Menschen so, sondern auch bei Tieren, die man zu Versuchszwecken auf zu engem Raum zusammenpfercht. In einer übervölkerten Mäusepopulation fängt beispielsweise bald jeder gegen jeden zu kämpfen an. Es entstehen Knäuel von sich beißenden Tieren. Es gibt Verletzte, mit der Zeit auch immer mehr Tote. Die Überlebenden fangen an, seelisch und körperlich zu »verwahrlosen«. Magengeschwüre und bösartige Geschwülste nehmen epidemische Ausmaße an.

Aber auch das Gegenteil der Übervölkerung, nämlich Einsamkeit, kann zu Streß führen. Der Mangel an körperlichem und emotionalem Kontakt mit Artgenossen führt bei Tieren, die in Gruppen leben, zu einer biochemischen Fehlsteuerung des Zentralnervensystems, zu Hormonstörungen und, als Folge, zu extremer Aggressivität. Bei Mäusen, die man nicht in natürlichen sozialen Gruppen, also in Familien, sondern von allen Artgenossen getrennt in totaler Einsamkeit leben läßt, werden meßbare Veränderungen der Gehirn- und Nervenfunktionen beobachtet.

Beim Menschen verhält es sich nicht anders. Wir haben nur sehr lange gebraucht, um zu begreifen, wie wichtig »Kommunikation« für uns ist – und was wir anrichten mit Organisationsformen, in denen der einzelne zunehmend auf sich selbst zurückgeworfen ist.

»Soziale Dichte« und »soziale Isolierung« – hinter diesen nüchternen wissenschaftlichen Begriffen verbirgt sich die ganze Tragik unserer Zivilisation, die Überforderung und gleichzeitige Vereinsamung des Menschen mit all ihren menschlichen und wirtschaftlichen Konsequenzen. Soziale Dichte und soziale Isolierung sind nämlich nicht Gegensätze, die sich wechselseitig ausschließen. Im Gegenteil: In unserer modernen Industriegesellschaft treten sie nur allzuoft gleichzeitig als Stressoren auf und potenzieren sich gegenseitig. Zu viele Menschen zu nahe beieinander bei gleichzeitiger Anonymität des einzelnen, zu wenig Kommunikation, zu wenig Wärme – die Einsamkeit in der Masse: Dies ist die Situation des Menschen im Großstadtverkehr, in der Massensiedlung und nicht zuletzt im Großbetrieb. Heere von Berufstätigen verrichten mitten unter vielen anderen an Einzelarbeitsplätzen eine Arbeit, die kaum oder gar keinen zwischenmenschlichen Kontakt beeinhaltet. Sie stehen acht Stunden pro Tag unter dem doppelten Streß der »sozialen Dichte« und der »sozialen Isolierung«.

Die Erwartungsangst

Vor vielen Jahren wurde von Teilnehmern einer Afrika-Expedition folgender Vorfall berichtet. Die Forscher hielten sich bei einem Negerstamm auf, bei dem das Verhalten der Menschen durch besonders strenge Vorschriften geregelt war. Eines der Tabus betraf das Essen von Schweinefleisch. Die Forscher, die einige Zeit bei diesem Stamm verbracht hatten, wollten mehr über die herrschenden Sitten und Gebräuche erfahren. Ohne sich etwas Böses dabei zu denken, machten sie mit einem Eingeborenen, der bei ihnen zu Besuch war, ein Experiment. Nach dem gemeinsamen Essen eröffneten sie dem Gast, nun hätten sie gerade gemeinsam Schweinefleisch verspeist; er sehe doch nun selbst, daß Schweinefleisch nichts »Giftiges« sei, wie hier alle Leute behaupteten. Der Eingeborene erstarrte vor Schreck, fiel in einen Krampfanfall und war innerhalb einiger Minuten tot. Die Runde hatte in Wirklichkeit Rindfleisch gegessen. Die Forscher hatten nur die »Reaktion« des Eingeborenen testen wollen.

Eine zweite berühmte Geschichte handelt von einem zum Tode Verurteilten, der sich auf seine bereits festgesetzte Hinrichtung vorbereitet. Nach einer schlaflosen Nacht und schweren inneren Krisen wartet er gefaßt auf die Wärter, die ihn zu seinem letzten Gang abholen werden. Zur festgesetzten Zeit erscheint jedoch sein Anwalt. Dieser teilt ihm mit, daß ein letztes Gnadengesuch geprüft werde. Am kommenden Morgen zur gleichen Zeit werde er entweder hingerichtet werden oder begnadigt sein. Der Gefangene ist wieder allein. Am nächsten Morgen stürmt der Anwalt in die Zelle, um seinem Klienten mitzuteilen, daß er begnadigt worden ist. Doch der Gefangene ist tot. Er hat 24 Stunden der Ungewißheit nicht durchgestanden.

Diese beiden Geschichten illustrieren nur besonders anschaulich, was wir aus unserem eigenen täglichen Leben wissen: Seelische Einflüsse können unseren Körper in vielfältigster Weise in Mitleidenschaft ziehen – und fast nichts ist so schwer zu ertragen wie die Ungewißheit. Es gibt nichts Schlimmeres als die Ohnmacht. Dies zeigt sich schon bei den einfachsten Dingen. Wir wissen es zum Beispiel längst aus persönlicher Erfahrung, aber nun ist es auch wissenschaftlich erhärtet: Der Streß auf dem Beifahrersitz ist wesentlich größer als derjenige am Steuer. Das Unvermögen »im Falle eines Falles« selber aktiv eingreifen zu können, erhöht den Spannungszustand ganz erheblich. Nichts ist krankmachender, als einem unberechenbaren Geschehen hilflos und ohne Möglichkeit, selbst etwas zu tun, ausgeliefert zu sein. Dies ist eine scheinbar banale Erkenntnis, deren Tragweite wir noch nicht annähernd erfaßt haben. Ohnmacht und Ausgeliefertsein ist ein wesentliches Element der Situation des Menschen in jedem hierarchischen und bürokratischen Großbetrieb.

Daß »Ausgeliefertsein« Streß erzeugt, scheint übrigens so etwas wie ein Naturgesetz zu sein. Ohnmacht bei drohenden Gefahren führt auch bei Tieren zu schwersten, streßbedingten Veränderungen im Organismus. Dies zeigt sich unter anderem in zwei berühmt gewordenen Experimenten mit Ratten, über die seinerzeit auch im deutschen Fernsehen berichtet worden ist.

Beim ersten Experiment wird in größeren Versuchsserien

jeweils drei Ratten am Schwanzende ein Stromanschluß befestigt. Die erste Ratte erhält in unregelmäßigen Abständen kleine, ungefährliche, aber schmerzhafte Stromstöße. Diese Ratte hat die Möglichkeit, durch Drehen eines Laufrades die Folge der Stromstöße zu unterbrechen. Die zweite Ratte erhält genau die gleichen Stromstöße, hat ebenfalls ein Laufrad, kann aber die Stromstöße damit nicht beeinflussen. Die dritte Ratte ist ein »Kontrolltier«. Sie wird zum Vergleich genauso vorbereitet wie die beiden anderen, erhält jedoch keine Stromstöße. Nach dem Experiment werden die Ratten getötet, seziert, und ihre Magenschleimhaut wird untersucht. Resultat: Die nicht gestreßte Ratte hat eine gesunde Magenschleimhaut. Bei den beiden anderen Ratten dagegen zeigen sich deutliche Entzündungsherde – und zwar bei der hilflosen Ratte im Durchschnitt doppelt so stark wie bei dem Tier, welches das Gefühl hatte, etwas gegen den Schock unternehmen zu können. Beide erhielten die gleiche Menge Stromstöße. Der Unterschied lag einzig und allein in der psychologischen Einstellung zum Streßauslöser.

Im zweiten Experiment erhält eines der Tiere die Möglichkeit, den Schock vorauszusehen: Man läßt jeweils kurz vor dem Stromstoß ein Lämpchen aufleuchten. Diese Ratte lernt nun bald, daß sie keine Angst zu haben braucht, solange keine Lampe aufleuchtet. Aber auch wenn sie aufleuchtet, gibt es für sie keine Ungewißheit: Sie stellt sich momentan auf den zu erwartenden Schmerz ein und hat dann wieder für einige Zeit Ruhe. Die nicht vorgewarnte Ratte dagegen lebt in einer ständigen Erwartungsangst vor dem nächsten elektrischen Schlag, von dem sie nicht weiß, wann er kommt. In diesem Experiment zeigen die ungestreßten Kontrolltiere wiederum keine, die vorgewarnten Ratten vereinzelt kleine Entzündungsherde. Die ohne Vorwarnung gestreßten Tiere dagegen werden sechsmal stärker von Magengeschwüren befallen.

Es mag anstößig erscheinen, in einer Betrachtung über die Begleiterscheinungen menschlichen Zusammenlebens Tierversuche zum Vergleich heranzuziehen. Dies ist in der Tat nicht ganz unproblematisch. Man muß sich selbstverständlich vor voreiligen Analogieschlüssen hüten, auch wenn sie scheinbar naheliegen. Auf der anderen Seite gibt es aber keinen Grund, weshalb wir uns durch Beobachtungen an anderen Lebewesen nicht mindestens zum Nachdenken über uns selbst sollten anregen lassen. Wir können dies durchaus mit einem zwinkernden Auge tun. Dies ist der Sinn einer dritten und letzten kleinen Rattengeschichte.

In einem Käfig sitzen zwei Ratten. Die eine fragt die andere: »Weißt du eigentlich, was ›Konditionierung‹ ist?« – »Nein, keine Ahnung.« – »Also, paß mal auf, ich werde dir das kurz demonstrieren. Siehst du diese komische Type da draußen im weißen Mantel? Der ist konditioniert. Du wirst jetzt gleich erleben, wie ich den programmiert habe: Sowie ich hier auf diese Taste drücke, gibt er mir Futter.«

Die soziale Rangordnung

Einer der wichtigsten Auslösefaktoren von Angst und Streß ist »Hierarchie«. Hierarchie bedeutet Macht – und Macht bei den einen bedeutet immer zugleich Ohnmacht bei anderen. Der psychische Druck, der in hierarchischen Organisationen von Vorgesetzten auf die Untergebenen ausgeht, ist enorm. Dieser Druck ist in einer hierarchisch gegliederten Organisation allgegenwärtig und nur zum Teil von der Person und vom Verhalten des einzelnen Vorgesetzten abhängig. Der Vorgesetzte übt Macht aus, unabhängig davon, ob er sich dessen bewußt ist oder nicht, ja unabhängig davon, ob er dies will oder nicht. Macht, Ohnmacht und Angst sind in einer Hierarchie gleichsam »systembedingt«. Sie gehören zum Wesen der sozialen Rangordnung.

Dies zeigt sich auch bei Tieren. Bei Tupajas beispielsweise, einem in Ostasien lebenden Baumspitzhörnchen, können die durch »Hierarchie« ausgelösten Gefühle der Beklemmung, der Unterdrückung und der Angst zum Tode führen. Sperrt man eine Gruppe von Tupajas in einen zu engen, abgegrenzten Raum, kommt es allein durch die Gegenwart eines ranghohen Tieres bei allen anderen, die keine »Sicherheitsdistanz« mehr einhalten können, zu einem Dauerstreß. Da sie sich unterlegen fühlen, können sie nicht angreifen, und da der Käfig geschlossen ist, können sie auch nicht fliehen. Obwohl das überlegene Tier sich in keiner Weise um seine Artgenossen kümmert, bleiben deren Haare permanent in auffälliger Weise gesträubt. Bereits nach wenigen Stunden kommt es zu Schädigungen des Kreislauf- und Nervensystems, und einzelne Tiere gehen ein.

Es ist aber nicht immer der Unterlegene, der durch die Gegenwart oder das Verhalten des Vorgesetzten in Streß gerät. Innerhalb einer Rangordnung müssen hierarchische Positionen nicht zuletzt nach unten hin abgesichert und verteidigt werden. Es gehört zu den großen Problemen unserer Hierarchien, daß viele Vorgesetzte aller Stufen sich zu schwach fühlen, um ihre Untergebenen zu unterstützen und zu fördern. Aus Angst, daß ihnen jemand »über den Kopf wachsen könnte«, tun sie sogar das genaue Gegenteil: Sie enthalten ihren Mitarbeitern die wichtigsten Informationen vor und schädigen damit den ganzen Betrieb.

Auch dazu finden sich auffallende Parallelen im Tierbereich, beispielsweise in einem Experiment mit Totenkopfäffchen. Zwei Tiere, wovon eines »dominiert«, werden in einen Käfig gesperrt. Von den Forschern wird festgestellt und statistisch ausgewertet, in welchem Umfange jedes der beiden Tiere besondere Verhaltensweisen des anderen beobachtet, aufnimmt und beantwortet. Hierbei zeigt sich etwas ganz Erstaunliches: Der »Boß« registriert weit mehr Informationen, die vom »Untergebenen« ausgehen als umgekehrt. Er ist nachgerade krankhaft bemüht, alles zu erfahren, was der Untergebene tut: Ob er gerade frißt, döst, turnt, sitzt oder herumspaziert. Rund ein Drittel all dessen, was der Untergebene tut, wird vom Boß registriert. Der Untergebene dagegen nimmt nur rund ein Dreißigstel, also zehnmal weniger von dem auf, was der andere ihm durch sein Verhalten mitteilt. Aus ständiger Anst, seine Vormachtstellung zu verlieren – so läßt sich vermuten –, muß also der »Boß« sich weit mehr um seinen Artgenossen kümmern als der »Untergebene«.

Fast überall in der Natur tritt besonders starker Streß dort auf, wo Rangordnungen im Entstehen begriffen sind, sich in einem labilen Gleichgewicht befinden oder sich verändern – immer dort also, wo Zweifel bestehen, wer der »Boß« sein wird und wo diese Zweifel durch Auseinandersetzungen beseitigt werden müssen. Wissenschaftliche Untersuchungen, aber auch die praktische Erfahrung im betrieblichen Alltag legen die Vermutung nahe, daß der Mensch hier keine Ausnahme macht. Nichts bewegt die Menschen in hierarchisch geführten Betrieben so sehr, nichts kann sie so glücklich, aber auch so unglücklich machen wie das Wechselspiel in den hierarchischen Positionen. Für viele ist der Aufstieg auf dieser Stufenleiter noch heute das Kriterium persönlichen Erfolges im Leben und wichtigste Grundlage ihres eigenen Selbstverständnisses. Auf dem Altar der Hierarchie opfern sie, wenn es sein muß, ihre moralische Integrität, ihre Lebensfreude – und ihre Gesundheit.

»Nein, ich vermenschliche nichts mit dieser Ausdrucksweise, hat man nur begriffen, daß das sogenannte Allzumenschliche fast immer das *Vor*-Menschliche ist, und daher das, was wir mit den höheren Tieren gemeinsam haben. Man mag mir glauben: Ich projiziere menschliche Eigenschaften ganz sicher nicht in das Tier. Eher tue ich das Gegenteil: Ich zeige, wieviel tierisches Erbe auch heute noch im Menschen steckt.« So Konrad Lorenz vor rund 30 Jahren in einem Bericht über das hierarchische Verhalten von Dohlen. An diese Sätze sollten wir uns immer erinnern, wenn wir Gefahr laufen, ärgerlich zu werden, weil wir im Verhalten von Tieren uns selbst wiedererkennen müssen.

Streß ist nicht von vornherein schädlich. Wenn wir uns genügend häufig entspannen, körperlich abreagieren, unsere Gefühle äußern, einer sinnvollen Tätigkeit nachgehen können – dann ertragen wir den Streß, in dem wir leben, ohne Schaden zu nehmen. Wenn aber die in unserem Körper mobilisierten Brennstoffe nicht abgebaut werden, verwandeln sich die Fettsäuren in Cholesterin. Dieses wird an den Gefäßinnenwänden abgelagert und bildet die Grundlage der Arteriosklerose. Es beginnt ein Teufelskreis, an dessen Ende der Herzinfarkt oder der Hirnschlag steht. Verschiebungen im Hormonhaushalt führen zu Störungen des vegetativen Nervensystems und zum Zusammenbruch des körpereigenen Immunabwehrsystems.

Vegetative Störungen sind noch verhältnismäßig harmlos. Sie werfen uns nur vorübergehend und ohne bleibende Schäden zu hinterlassen aus der Bahn. Bei Störungen der Immunabwehr dagegen hört der Spaß auf: Wir werden anfällig für bakterielle und Virusinfektionen sowie für alle diejenigen Krankheiten, die neben den Herz- und Kreislaufkrankheiten am häufigsten menschliche Existenzen zerstören: Krebs, Rheuma, Allergien.

Dauerstreß, darüber besteht heute kein Zweifel mehr, führt zu Impotenz, zu vorzeitigem Abbau der geistigen Fähigkeiten, zu Krankheit – und zum Tod. Eine nüchterne Statistik besagt, daß Fließbandarbeiter und Berufslastwagenfahrer eine um 15 Jahre geringere Lebenserwartung haben als Pfarrer oder Hochschulprofessoren. »Streß«, meint ein führender deutscher Sozialmediziner, »ist der Inbegriff dessen, was unser Leben verkürzt.«

Psychosomatik im Vormarsch

Es ist bereits eine Reihe von Jahren her, seit der Amerikaner Roseman mit seiner Behauptung Aufsehen erregte, daß es so etwas wie ein »Psychoprofil des Infarktgefährdeten« gebe: geistige und motorische Unruhe, Ungeduld und Impulsivität, ausgeprägtes Streben nach Erfolg und sozialem Prestige.

»Heute wissen die Psychoanalytiker definitiv«, so Horst E. Richter, Leiter des Zentrums für Psychosomatische Medizin der Universität Gießen, »daß zu den wichtigsten Risikofaktoren bei der Herzkranzadererkrankung bestimmte seelische Merkmale gehören.« Und der Leiter einer Rehabilitationsklinik, durch die im Laufe der letzten zehn Jahre 38 000 Infarktgefährdete und Infarktpatienten gegangen sind, sieht im psychosozialen Streß den »gemeinsamen Nenner der Infarktrisikofaktoren« und ein »gesundheitserzieherisches, medizinpsychologisches und soziologisches Problem ersten Ranges, dessen praktische Bedeutung die meisten Ärzte noch nicht erkannt haben«.

Richter weist in seinem Buch »Lernziel Solidarität« auf den Zusammenhang zwischen dem in unserer Leistungsgesellschaft herrschenden Männlichkeitsideal und dem Herzinfarktprofil hin. Die Infarktgefährdeten sind speziell leistungsorientierte Menschen: »Sie zeigen ein besonders intensives und ausdauerndes Erfolgsstreben. Sie halten hartnäckig an selbstgewählten Zielen fest, sind besonders ehrgeizig, hungrig nach Erfolg und sozialer Bestätigung. Sie stehen unter fortgesetztem Aktivitätsdruck, sind daher ungeduldig und immer bemüht, in der Zeiteinheit ein großes Pensum zu schaffen.« Richter kommentiert dies wie folgt: »Studiert man das Merkmalsbild der Herzinfarkt-Persönlichkeit genau, so fällt auf, daß es eigentlich ziemlich exakt mit dem Idealbild des supermännlichen Mannes der Leistungsgesellschaft übereinstimmt.

Es ist nahezu identisch mit dem Inbegriff derjenigen Eigenschaften, die Aufstieg und maximales Prestige verheißen und fortwährend in der Erziehung des Jungen verherrlicht werden.«

Im Bereich der Stadtverwaltung Heidelberg wurden in den letzten Jahren umfangreiche wissenschaftliche Untersuchungen durchgeführt, deren Resultate kürzlich in Buchform erschienen sind. Die Studie beruht auf einer im Abstand von drei Jahren zweimal durchgeführten Querschnittuntersuchung der gesamten männlichen Belegschaft, einer einmaligen Untersuchung aller Frauen zwischen 40 und 59 Jahren sowie einer zu Vergleichszwecken durchgeführten Erhebung bei allen 40- bis 59jährigen der Stadtverwaltung Mannheim. Neben kardiologischen Daten und dem körperlichen Allgemeinzustand wurden durch Fragebögen persönliche und familiäre Daten sowie Angaben über den sozialen Status und bisherige Krankheiten erhoben. Der Titel des Buches enthält auch gleich die Kernaussage: »Herzkrank durch psychosozialen Streß.«

Strandgut der Gesellschaft

In der genannten Studie zeigt sich einmal mehr, daß zu geringe Auslastung genauso zu Streß führen kann wie Überforderung. Langeweile, Monotonie, Mangel an Anerkennung, Konflikte im Betrieb, aber auch das Vorenthalten von Informationen, die der Arbeitnehmer benötigen würde, um seine Aufgabe optimal erfüllen zu können – all dies führt zu Unsicherheit, zu Spannungen, zu Angst. Die Folgen sind Streß und, bei anhaltender Belastung, körperliche Erkrankung.

Besonders gefährdet sind Männer mit ausgeprägtem Ehrgeiz, aber geringem Erfolg. Die Heidelberger Wissenschaftler kommen zu folgendem Schluß: »Ehrgeiz und Konkurrenzbereitschaft, Verantwortungsbewußtsein und Arbeitseifer sind unsere Garanten des Erfolges, die Ruhelosigkeit und Zeitnot nach sich ziehen. In Industriestaaten werden diese Charaktereigenschaften geradezu gezüchtet. Wir bezahlen also mit unserer verkürzten Lebenserwartung für die Form unserer gesellschaftlichen Ideale.«

Großangelegte statistische Untersuchungen lassen erkennen, daß auch bei der Entstehung der Krebskrankheit psychische und soziale Faktoren eine wichtige Rolle spielen. Einsame, unauffällige, gehemmte Menschen sind, so scheint es, um ein Vielfaches stärker krebsgefährdet als andere. So beschreibt die psychosomatische Medizin die »Krebspersönlichkeit«: ein Mensch, der sozial besonders angepaßt, gewissenhaft und verantwortungsbewußt ist, moralisch integer mit einer Neigung zu Religiosität und einem eher armen Geschlechtsleben; ein Mensch, der kaum aggressive Neigungen verspürt, geschweige denn zeigt, und der sich Autoritäten und Konventionen besonders leicht unterordnet.

So stellen wir uns den tüchtigen Beamten, den allzeit bereiten Mitarbeiter vor, und so finden wir ihn auch massenhaft in unseren Großbetrieben: unauffällig und etwas humorlos, aber vernünftig, realistisch, brauchbar – ein Mensch, der tadellos »funktioniert«. Jeder Personalchef und jeder Personalberater weiß es: Massen von Vorgesetzten wünschen sich diesen und keinen anderen Mitarbeiter. »Er muß nicht unbedingt kreativ sein«, heißt es etwa, »nicht einmal besonders initiativ. Im Gegenteil, die Stelle hier bei uns ist eher für einen ruhigen Mann geeignet. Das Wichtigste ist, daß er zuverlässig seine Arbeit macht und daß man sich nicht zuviel mit ihm herumschlagen muß. Alles andere machen wir schon.« Keine Scherereien machen, den Vorgesetzten keine Zeit stehlen, brav seiner Arbeit nachgehen – dies sind in vielen Betrieben nach wie vor die gesuchtesten Qualifikationen. Doch wer so ist, für den hat der Weg in die Krebsstation möglicherweise schon begonnen.

Es geht nun nicht darum, wertvolle menschliche Eigenschaften wie Ausgeglichenheit, Vernunft oder Verantwortungsbereitschaft als solche in Frage zu stellen. Womit wir uns aber vertraut machen müssen, ist der Gedanke, daß die moderne Industriegesellschaft – das Erziehungssystem, die sozialen Normen, die Arbeitswelt – vielen Menschen ein Maß an Anpassung abverlangt, das die Entwicklung einer gesunden, starken Persönlichkeit unmöglich macht. Ihr eigenes »Ich« und ihre Vitalität verkümmern. Die Unterordnung unter andere, die kritiklose Anpassung an die Umwelt ist programmiert. An die Stelle der Einsicht tritt der Automatismus.

Dies ist die bittere Konsequenz: Die psychisch Geschädigten unserer Gesellschaft finden sich nicht nur im Gefängnis, in der Heilanstalt und in der Drogenklinik, sondern unsichtbar mitten unter uns in Büros, Werkhallen und Chefetagen.

Kollektive Selbstzerstörung

Streß und Entfremdung führen aber nicht nur zu psychosomatischen Erkrankungen, sondern auch zu gesundheitsschädigendem Konsumverhalten. Die Selbstzerstörung der Menschen in den hochentwickelten Industrieländern hat bedenkliche Ausmaße angenommen.

47 Prozent der Männer in der Bundesrepublik sind Zigarettenraucher, 14 Prozent inhalieren mehr als 20 Stück pro Tag – und dies, obschon laut Befragungen über 80 Prozent der Raucher die Risiken kennen, die sie eingehen: Lungenkrebs, Kehlkopfkrebs, Atembeschwerden, Durchblutungsstörungen, Kreislaufschäden. In Ländern wie Deutschland oder der Schweiz nehmen mehr als die Hälfte der Männer und rund 20 Prozent der Frauen täglich oder fast täglich Alkohol zu sich – und rund drei Prozent der Bevölkerung liegt über der medizinischen Gefährdungsgrenze. Drogen sind auf dem Wege, ein fester Bestandteil des Lebens unserer Jugend zu werden (1975 hatten 54 Prozent der amerikanischen Collegestudenten bereits mit Drogen Bekanntschaft gemacht), und mehr als die Hälfte der Bevölkerung nimmt rezeptfreie Medikamente ein, elf Prozent mit großer Regelmäßigkeit.

Das Konsumverhalten des Menschen hängt mit seiner Lebenssituation zusammen. Dies zeigt eine Untersuchung der Sozialforschungsstelle der Universität Zürich. Niedergeschlagenheit, Unruhe, Unverstandensein, Sich-allein-Fühlen, Gelangweilt- und Unausgefülltsein führt zur Flucht vor sich selbst – in die Krankheit oder in den Überkonsum. Unzufriedene Menschen bleiben auf die Dauer nicht gesund: 39 Prozent essen über den Hunger, 36 Prozent nehmen Schlaf- und Beruhigungsmittel, 31 Prozent greifen zur Flasche, 20 Prozent rauchen übermäßig, zwölf Prozent haben Selbstmordphantasien, zwölf Prozent schlucken Schmerzpillen, drei Prozent nehmen Weckamine, fast zwei Prozent greifen zur Droge.

Der Größenordnung und Tendenz nach sind solche Zahlen seit vielen Jahren bekannt. Aber man muß sie sich von Zeit zu Zeit in Erinnerung rufen; man verliert sonst leicht den Blick für die Realitäten unserer Gesellschaft und läuft dann Gefahr, jeden, der grundsätzlich Kritik anmeldet, als »Nestbeschmutzer« oder »Umstürzler« abzuqualifizieren.

Der Sozialpsychologe und Soziologe G. Schmidtchen kommentiert die Resultate der erwähnten Untersuchungen wie folgt:

»Die Massenhaftigkeit der bedenklichen selbstschädigenden Verhaltensweisen in der Bevölkerung zeigt, daß unsere soziale Organisation real nicht so aussieht, wie man sie in Sonntagsreden beschreibt. Unsere Sozialisations- und Erziehungssysteme entlassen mehr psychische Krüppel, als in Anstalten behandelt werden können. Die Fähigkeit zur produktiven Selbstgestaltung, hinter der so viele zurückbleiben müssen, ist eine Frage der Erziehungsstile und der gesellschaftlichen Lebenssituation.« Und er fährt fort: »Viele beruhigen sich bei dem Gedanken, daß es sich bei Drogenkonsum oder schädlicher Selbstmedikation um externe Einflüsse handelt, welche die schöne rationale Gesellschaftsordnung stören. Zu gern verweisen sie auf die bösen Drogenproduzenten und -händler im Orient. Die Probleme unserer Gesellschaft wird man aber nicht dadurch kurieren können, daß man den

Mohnanbau in der Türkei kontrolliert ... Wenn wir genauer wissen, was in Kindergärten, Schulen und Betrieben mit dem Schicksal von Millionen von Persönlichkeitssystemen geschieht, wären wirksamere Ansatzpunkte für eine präventive Politik zu gewinnen, als durch papierene, plakative Aufklärung und schärfere Drogenkontrollen auf den Flughäfen.«

Ökologisches Denken

Streß hat es immer gegeben. Jüngeren Datums ist lediglich seine Entartung – und ganz neu ist unser beginnendes Verständnis der komplizierten physiologischen und psychosozialen Zusammenhänge. Mit unseren Mitmenschen lebhaft kommunizieren, Gefühle erleben und ausleben, einer sinnvollen Tätigkeit nachgehen – all das brauchen wir, um gesund zu bleiben. Ob wir dazu in der Lage sind, hängt zwar zum Teil von uns selbst ab – davon, was für Erfahrungen wir während der Kindheit vom Elternhaus mit auf den Weg bekommen haben. Zum Teil hängt es aber von den äußeren Umständen ab, in denen wir leben – etwa von der Rolle, die wir im Arbeitsprozeß spielen, von der Art und Weise, wie die Aufgaben verteilt sind, und davon, wie im Betrieb miteinander umgegangen wird.

Ganz früher hat man Streßgeschädigte als Simulanten abgetan. Später und bis heute hat man in ihnen Minderwertige, nicht normal Belastbare, also »Gehandikapte« gesehen, die auf das Normale inadäquat reagieren. Dann aber kamen die ersten bedeutenden sozialwissenschaftlichen Untersuchungen – und es kam die ungeheure Zunahme streßbedingter Funktionsstörungen. Das »Handikap« war auf dem Wege, zur statistischen Norm zu werden.

Dies hat zu einer differenzierten und damit realistischeren Betrachtungsweise geführt: die Neurose als »normale« Reaktion auf inadäquate Umwelteinflüsse – Krankheit nicht als Konstruktionsfehler im Erbgut des einzelnen, sondern als

Alarmsignal bei mißglückter Bewältigung eines Konfliktes mit der Umwelt. Dies ist etwas grundlegend Neues: Wir stellen nicht mehr einseitig die Tauglichkeit des einzelnen Individuums, sondern auch die Tauglichkeit unserer herkömmlichen Formen sozialen Zusammenlebens in Frage.

Es ist wie beim physischen Umweltschutz: Wenn wir überleben wollen, dürfen wir den Dreck nicht nur dort bekämpfen, wo er herauskommt und am meisten Geld kostet, nämlich bei den Mülltonnen und Kloaken. Wir müssen ihn vielmehr dort bekämpfen, wo er entsteht, nämlich bei den Produkten, die wir herstellen und in Umlauf bringen. Wir müssen also total umdenken, allzu simple Denkmodelle revidieren, komplizierte Wechselwirkungen verstehen lernen.

Soziale Verantwortung

Die Industrie befindet sich heute in einem schwierigen Lernprozeß. Sie hat gelernt, haftbar zu sein für die Produkte, die sie herstellt, für die Abwässer, die sie in die Kanalisation einspeist, und für die Art und Weise, wie sie mit der Energie umgeht. Doch das Schwierigste steht ihr noch bevor. Sie wird lernen müssen, nach dem gleichen Verursacherprinzip haftbar zu sein für die Qualität des Arbeitslebens, das sie anbietet.

Viele Unternehmer und Manager zerbrechen sich heute den Kopf über die Ursachen dessen, was sie eine »grassierende Industrie- und Wirtschaftsfeindlichkeit« nennen. Sie vermuten eine geheimnisvolle Verketzerung breiter Bevölkerungsschichten durch eine Minderheit politisch »subversiver Elemente«. Was sie vergessen, ist der simple Umstand, daß der Großteil der Bevölkerung selbst berufstätig ist und in der Arbeitswelt von heute persönliche Eindrücke und Erfahrungen sammelt. Nichts, was irgendwo geschrieben oder referiert werden kann, vermag auch nur ansatzweise zu korrigieren, was von den Menschen in der realen Arbeitswelt erlebt wird. Die persönlichen Erlebnisse des Menschen, so subjektiv sie im

Einzelfalle bewertet werden mögen, bilden die Grundlage seiner Meinungsbildung. Darüber sollten wir uns immer Rechenschaft geben, wenn wir über die Zukunft unserer Wirtschaft nachdenken.

3. KAPITEL: DIE HEILIGE ORDNUNG

SAND IM GETRIEBE

Die Problematik im Arbeitsbereich hat zwei Seiten. Das Leiden an der Arbeit mit allen seinen Konsequenzen für die Gesundheit des einzelnen, für die Kosten der Sozialmedizin, für unser aller Wohlbefinden in der Gesellschaft – dies ist die eine. Die Frage nach der Produktivität und damit nach der Wirtschaftlichkeit unserer heutigen Formen der Betriebsführung ist die andere.

Zu Zeiten des Booms, als das Geld nur so herumlag, wäre so etwas in den Wind gesprochen gewesen. Aber heute wird es offenkundig: Unsere Organisationen leiden an einer progressiven Sklerose. Das menschliche Zusammenwirken vor allem im Bereich der öffentlichen Hand, zum Teil aber auch der Privatwirtschaft, ist ineffizient geworden. Beamtenmentalität auf allen Stufen, bürokratische Praktiken, fehlender Innovationsgeist, verkrampftes Taktieren anstelle offener Verständigung, Doppelspurigkeiten als Folge mangelnder Koordination, verschleppte Entscheidungsprozesse, Desinteresse an der Arbeit, Krankenstand mit horrenden Arbeitsausfallraten, Personalwechsel mit entsprechendem Know-how-Verlust, übersteigerter Lohndruck, aktiver und passiver Widerstand gegen innerbetriebliche Umstellungen, von kostspieligen Pannen und Unfällen, spontanen und organisierten Bummelaktionen und Arbeitskonflikten gar nicht zu reden – all dies zusammengenommen zehrt in gravierendem Maße an der Substanz nicht nur der direkt betroffenen Betriebe, sondern unserer Volkswirtschaft als Ganzem.

Es gibt viele Theorien für die Ursachen unseres kollektiven

Versagens. Jeder hat sich ein Weltbild zurechtgelegt, in dem die »Schuldigen« klar definiert sind. Ob auf die Regierung, die Gewerkschaften oder die Unternehmer geschimpft wird, ist lediglich eine Frage des jeweiligen Standortes. Der systematischen Volksverdummung seitens einzelner Politiker durch nachgerade läppische Vereinfachung und Verallgemeinerungen scheinen gerade in Deutschland keine Grenzen gesetzt zu sein – ausgerechnet in einer Zeit, da unser aller Überleben möglicherweise davon abhängt, daß breitere Bevölkerungsschichten differenziert denken, das heißt komplizierte wechselseitige Abhängigkeiten verstehen und akzeptieren lernen.

Die heute wohl am meisten verbreitete Theorie besagt, daß die Wurzel allen Übels in der menschlichen Natur liegt: »Die Leute wollen nicht mehr arbeiten – nur immer mehr Geld verdienen.« Hier, so glauben viele, liege der Hund begraben. Dies ist nichts anderes als die Neuauflage des Taylorschen Menschenbildes: der Arbeitnehmer als egozentrischer, gleichgültiger und verantwortungsloser Materialist.

Doch hier werden Ursache und Wirkung verwechselt. Das Verhalten der Menschen ist die logische Konsequenz untauglicher Organisationsstrukturen. Was wir in Frage stellen müssen, sind unsere heutigen Formen der Arbeitsteilung und der Hierarchie.

Organisation ist Kommunikation

Man kann ein Unternehmen oder einen Betrieb als komplizierten Organismus betrachten. Gehirn und Nervensystem, der Apparat also, der die Informationen kanalisiert und verarbeitet, das ist die Organisationsstruktur. Durch sie wird das ganze Geschehen gesteuert. Organisation ist nichts anderes als die Art und Weise, wie wir die Zusammenarbeit, die Entscheidungsbildung und damit die Kommunikation im Unternehmen geregelt haben. Es ist keine grobe Vereinfachung, wenn man sagt: Organisation *ist* Kommunikation.

Störungen im betrieblichen Zusammenspiel der Kräfte sind nur scheinbar sachliche Konflikte. In Wirklichkeit sind es Kommunikationslücken – Barrieren in der gegenseitigen Verständigung. In arbeitsteiligen und hierarchischen Organisationen hat dieses Problem im wesentlichen drei Gesichter.

»Dienstweg«: Strategie des Umwegs

In unseren Organisationen werden die Dinge nicht vor Ort geregelt.

Dem Sachbearbeiter fehlt die Entscheidungsbefugnis, der Durchblick, die Information oder alles miteinander, um vor Ort vernünftig handeln zu können. Resultat: Wenn er sich mit einem Kunden, einem Lieferanten oder mit einem Kollegen aus einem anderen Ressort verständigen muß, wird eine Kettenreaktion ausgelöst, bei der die Information senkrecht hoch, auf irgendeiner hierarchischen Stufe quer und anschließend wieder hinunter läuft. Was die Zeit, die dabei vergeht, die qualifizierte Arbeitskraft, die auf den verschiedenen Stufen konsumiert wird, die Unselbständigkeit und die Gleichgültigkeit kosten, die dabei gezüchtet werden – darüber gibt sich überhaupt niemand Rechenschaft; denn erstens werden derartige Kosten von den bestehenden Informationssystemen nicht erfaßt, und zweitens überblickt keiner der unmittelbar Beteiligten die ganze Szenerie. Jeder – auch der oberste Boß – sitzt in seinem Kästchen und reagiert als Glied einer Kette einfach auf das, was an ihn herangetragen wird.

»Taktik«: Boykott der Verständigung

In unseren Organisationen wird taktiert anstatt offen kommuniziert und zusammengearbeitet.

Jedermann – vom Sachbearbeiter bis zum Ressortsvorstand – wird aufgrund seiner persönlichen Leistung als Einzelkämpfer bewertet und fühlt sich nur für seinen genau definierten Zuständigkeitsbereich verantwortlich. Niemand hat deshalb Zeit für die Verständigung mit dem anderen, keiner hilft dem anderen, keiner traut dem anderen. Jeder ist sich selbst der Nächste – und Konkurrent seiner Kollegen.

Taktieren gehört in den meisten Betrieben zur Kunst des Überlebens und wird zur Verhaltensnorm. Dies hat zur Folge, daß der Informationsfluß nach Kriterien der »politischen Opportunität« statt nach denen des gesunden Menschenverstandes und der sachlichen Zweckmäßigkeit kanalisiert wird. Ein Großteil der vorhandenen menschlichen Energie wird in die Sicherung der individuellen »Reviere« anstatt in die gemeinsame produktive Leistung investiert. Das Endergebnis sind Mißverständnisse, latente Konflikte und schleichender Reibungsverlust.

»Tabus« – programmierter Infarkt

In unseren Organisationen kommen die Probleme und Konflikte nicht auf den Tisch.

Niemand will sich in seine eigenen Karten schauen lassen, niemand mag dem Chef ein offenes Wort sagen; jeder aber läßt mit Vergnügen seine Kollegen »ins Messer laufen«. Ergebnis: Probleme und Konflikte werden zwar von den einzelnen erkannt und empfunden, kommen aber nicht offen zur Sprache. Es entstehen Tabuzonen. Wo aber Information und Diskussion unterdrückt sind, kommt es zur Bildung von Gerüchten. Intrigen werden gesponnen. Das gegenseitige Mißtrauen verstärkt sich, das Betriebsklima nimmt Schaden. Resultat: Das Problem- und Konfliktlösungspotential nimmt ab. Die Organisation verkrustet, der Entscheidungsprozeß erlahmt, die Leistung sinkt ab.

Es ist beinahe unglaublich, wie schlecht in der Regel Kollegen, die seit Jahren in der gleichen Abteilung oder im gleichen Vorstand »zusammenarbeiten«, einander persönlich kennen – wie wenig sie sich gegenseitig über den Weg trauen –, und was sie alles tun, um das stereotype Ritual kollegialen Fassadenverhaltens aufrechtzuerhalten. Unter dem Vorwand des Zeitdrucks, der Überlastung und der »Efficiency« wird ausgerechnet über all das nicht gesprochen, was eigentlich wichtig wäre, um die tatsächliche Effizienz zu verbessern. Meinungsverschiedenheiten und Interessenkonflikte werden nicht rechtzeitig offengelegt und konstruktiv ausgetragen, sondern verharmlost, verdrängt oder verleugnet, bis ein kostspieliges, nervenzerrüttendes Debakel unabwendbar ist.

In größeren Organisationen gehört das Austricksen von Kollegen und Vorgesetzten oft nachgerade zur Kunst des Überlebens. Dies zeigt sich etwa am Beispiel der Budgetplanung. Das geht in der Praxis im allgemeinen nach folgendem Muster vor sich: Derjenige, der das Jahresbudget für seinen Bereich erstellt, geht von vornherein davon aus, daß die von ihm vorgeschlagenen Beträge gekürzt werden – unabhängig davon, wie notwendig sie zur Erfüllung der gestellten Aufgaben gebraucht werden. Um den Erfolg im bevorstehenden Geschäftsjahr nicht zu gefährden – oder auch einfach, um sich möglichst viel Bewegungsspielraum zu sichern –, baut er in größerem oder geringerem Umfange »Reserven« ein. Derjenige aber, der das Budget zu genehmigen hat, geht von vornherein davon aus, daß dieses in einem nicht feststellbaren Umfang heimliche Reserven enthält, dem tatsächlichen Bedarf also nicht entspricht. Die Budgets werden deshalb mit oder ohne nähere Begründung gekürzt. Resultat: Einige haben am Ende dieses Rituals mehr oder weniger zufälligerweise in etwa das, was sie tatsächlich brauchen. Einigen fehlen von vornherein die Mittel, um ihren Bereich erfolgreich zu führen. Sie handeln sich schlechte Qualifikationen als Manager ein, weil sie zuwenig »überzogen« haben. Bei anderen dagegen bauen sich Reserven auf, die sachlich in keiner Weise gerechtfertigt sind und die sie auf irgendeine, mal sinnvollere, mal weniger sinnvolle Art und Weise wieder »loswerden« müssen, um für die nächste Budgetrunde glaubwürdig zu bleiben.

Dies ist nur einer von vielen Mechanismen, die auf fest institutionalisiertem, wechselseitigem Mißtrauen beruhen und in geradezu groteskem Ausmaß Geld kosten. Es übersteigt oft die Phantasie jedes nicht direkt Beteiligten, zu ermessen, in welchem Umfange die Arbeitskräfte aller Stufen einer Hierarchie durch interne Friktionen daran gehindert werden, ihre Zeit und ihre Intelligenz in die sachliche Aufgabe zu investieren und die gemeinsamen Probleme auch gemeinsam anzupacken.

ERBE AUS ALTER ZEIT

Die auf Arbeitsteilung und Rangordnung beruhende Organisationsform geht zurück auf die Frühzeit menschlicher Organisationen, und zwar auf das Seßhaftwerden der Menschen. Bis dahin hatten die Menschen als Nomaden in mehr oder weniger überschaubaren, selbstregulierenden Horden oder Stämmen gelebt, in denen jeder jeden kannte, jeder jede Tätigkeit beherrschte, die zur Selbstversorgung und zur Verteidigung erforderlich war, und in denen es zwar zeitweilige Hordenführer, aber keine festgefügte, abgestufte Rangordnung gab.

Verteidigung von Haus und Habe

Als die Menschen sich niederließen, um Ackerbau und Viehzucht zu betreiben, stellten sich mit einem Mal ganz andere Probleme. Lager mußten angelegt, Waren verschoben, Besitz verteilt und festgeschrieben, Haus und Habe gegen immer noch umherziehende Nomaden verteidigt werden. Die Menschen begannen sich zu spezialisieren. Während die einen das Land bebauten, befaßten sich andere mit der Herstellung von Werkzeugen oder mit dem Aufrechterhalten einer ständigen Verteidigungsbereitschaft. Es bildeten sich Berufsstände, Handel kam auf.

Verwaltung und militärische Organisation aber waren auf rein lokaler, dezentraler Basis nicht wirksam genug zu gestalten. Es kam zu ersten stufenweise organisierten Systemen. Einer Informations- und Befehlszentrale unterstanden mehrere Steuerungszentren mit regionaler oder lokaler Zuständigkeit. Durch diese zentrale Steuerung konnte das Territorium erfolgreicher verteidigt, das Überleben der Gemeinschaft gesichert werden. Im Zentrum saß der König. Dieser hatte als unmittelbare Untergebene seine Kurfürsten, diese wiederum ihre lokalen Statthalter. Die frühen Rangordnungen hatten zwar eine soziale, ökonomische und militärische Steuerungsfunktion, gleichzeitig aber meist auch eine ausgeprägte religiöse Bedeutung. Der Herrscher war nicht nur allmächtig, sondern auch allwissend und unfehlbar. Er war für seine Untertanen eine Art Gott oder mindestens mit göttlichen Eigenschaften ausgestattet. Das Wort Hierarchie bedeutet denn auch sinngemäß »Herrschaft der Heiligen« oder »Heilige Ordnung«. Monarchen mit göttlichen Attributen gab es in Europa noch bis in die jüngere geschichtliche Vergangenheit.

Die Magie der »Pyramide«

Diese Pyramidenstruktur kennzeichnet noch heute die meisten Organisationen. An die Stelle der »Könige« sind Präsidenten, Generaldirektoren, Vorstandsvorsitzende, Geschäftsführer getreten. Als »Fürsten« mit entsprechend kleineren Territorien fungieren Vorstände, Direktoren, Bereichsleiter. Von hier aus setzt sich die Rangfolge je nach Größe der Organisation über möglicherweise viele, viele Stufen nach unten fort – mit unzähligen größeren und kleineren Chefs, von denen jeder selbst auch seinen Chef hat. Die Befehlsgewalt ist nach wie vor fest institutionalisiert. Sie hat auch einen Namen: »Weisungsbefugnis«. Und wer schon einmal erlebt hat, wie etwa im Fahrstuhl einer Zentralverwaltung, wenn unvermutet ein höherer »Hierarch« zusteigt, gewöhnlichen Sterblichen das Gespräch auf den Lippen erstirbt, wie ganz normalen Menschen plötzlich die Stimme versagt, wie erwachsenen Frauen und Männern das Lachen im Halse steckenbleibt – der weiß, daß Hierarchie auch heute noch mehr ist als eine Frage organisatorischer Verbindungswege. Die Heiligkeit der klassischen Hierarchie hat sich ohne wesentliche Beeinträchtigung in unsere scheinbar aufgeklärten Tage hinübergerettet.

»Hackordnung« – notwendiges Übel?

Es gibt interessanterweise kaum jemanden, der Hierarchie grundsätzlich für wünschenswert hält oder gar als ideale Organisationsform propagiert. Gleichzeitig aber gibt es kaum jemanden, der etwas anderes als Hierarchie für »machbar« hält. Die Überzeugung, daß »es ohne Hierarchie nun mal nicht geht«, hat im wesentlichen zwei Wurzeln.

Die einen sagen: »Die Menschen sind, wie jedermann weiß, von Natur aus ungleich. Einige sind nun mal intelligenter, begabter und dynamischer als andere. Hierarchie ist deshalb ein Naturgesetz. Man sieht es ja schon bei den Tieren.« Auf dieses weitverbreitete Glaubensbekenntnis bezüglich der Absichten und Methoden des lieben Gottes bei der Erschaffung des Menschen wird im 5. Kapitel zurückzukommen sein. In diesem Kapitel möchte ich mich darauf beschränken, gewisse »regeltechnische« Zusammenhänge und Wechselwirkungen, d.h. Probleme der Kommunikation innerhalb einer Hierarchie aufzuzeigen.

Die anderen sagen: »Ohne Organisation gibt es keine Leistung. Organisation aber bedeutet Koordination, Steuerung, Kontrolle. Koordination, Steuerung und Kontrolle aber setzen nun mal irgendeine Form von übereinander gelagerten Ebenen voraus – und damit ist Hierarchie gegeben.« Nun, hier haben wir es nicht mit einem ideologischen, sondern mit einem Definitionsproblem zu tun. Hierarchie bedeutet nicht irgendeine, sondern eine ganz bestimmte Form von Steuerung und von übereinander gelagerten Ebenen. Hierarchie ist eine auf *Einzelverantwortung, Spezialisierung* und *Rangordnung* beruhende, in eine Ein-Mann-Spitze mündende Organisation mit mehreren, meist vielen Stufen von sogenannten »Vorgesetzten« und »Untergebenen«, von denen jeder innerhalb seines eigenen fest abgegrenzten Zuständigkeitsbereiches mehr oder weniger weitreichende, außerhalb seines Zuständigkeitsbereiches jedoch wenig bis gar keine Einflußmöglichkeiten hat.

Kriterium Nr. 1: Einzelverantwortung

Ob an der Spitze oder an der Basis der Organisation – es ist immer ein Mann einem bestimmten Zuständigkeits- und Verantwortungsbereich zugeordnet. Dies gilt nicht nur für Arbeiter und Angestellte an Einzelarbeitsplätzen. Jeder Inhaber einer leitenden Position wird von Vorgesetzten, Kollegen und Mitarbeitern als *»der Verantwortliche«* für den ganzen ihm unterstellten Bereich betrachtet – unabhängig davon, wie viele Menschen insgesamt darin tätig sind. In der Praxis werden Funktion und Person nicht selten gleichsam identisch. Man spricht dann nicht mehr von der »Abteilung Versand«, vom »Bereich Finanzen« oder vom »Betrieb in Hinterzarten«, sondern von der »Abteilung von Herrn Meier«, vom »Bereich Müller« und vom »Betrieb Schmidt«. Ein Angestellter arbeitet dementsprechend »bei Herrn Meier«, »für Herrn Müller« oder ist »einer von Schmidts Leuten«.

Dies ist das »Ein-Mann-ein-Job«-Prinzip, nach welchem jede hierarchische Organisation aufgebaut ist. Diesem Prinzip liegt – ausgesprochen oder unausgesprochen – die Annahme zugrunde, daß Gruppen von Menschen keine Entscheidungen treffen und keine Verantwortung tragen können und daß deshalb für jeden Aufgaben- oder Funktionsbereich eine Einzelperson vorhanden sein muß, die »zur Verantwortung gezogen« und in letzter Konsequenz »haftbar« gemacht werden kann. Doch damit ist vieles vorprogrammiert, was ein reibungsloses Arbeits- und Betriebsleben von vornherein unmöglich macht: die individuelle Anmaßung, der Alleingang, das Einzelkämpfertum – aber auch die Einsamkeit, das Alleingelassensein vieler Menschen, die als einzelne die Verantwortung tragen müssen für Aufgaben, die im Grunde nur gemeinsam gelöst werden können.

Kriterium Nr. 2: Spezialisierung

In einer hierarchischen Struktur herrscht strikte Arbeits- und Funktionsteilung. Jeder Mitarbeiter hat seinen fest, wenn möglich schriftlich umrissenen Aufgabenbereich. Alles, was in diesem Bereich gut oder nicht gut läuft, fällt auf ihn als »den Verantwortlichen« zurück – und nichts, was außerhalb dieses Bereiches gut oder nicht gut läuft, fällt auf ihn zurück. Jeder weiß genau (oder sollte es, nach den Grundsätzen hierarchischer Organisation, wissen), welches seine Pflichten und Obliegenheiten sind – aber auch, was alles ihn nichts angeht, um was alles er sich gefälligst nicht zu kümmern hat. *»Bis hierher und nicht weiter ...«*, sagt ihm seine Stellenbeschreibung. Sie bedeutet eine klare Abgrenzung und damit Beschränkung seines Interessen- und Handlungsspielraumes, seiner Aktivität und seiner Verantwortung. Dies ist die zweite Tragik hierarchischer Organisation: Jedermann wird bewertet, bezahlt, beschult und befördert für das, was er in seinem eng umgrenzten »Schrebergärtchen« tut – nicht für das, was er zur Funktionsfähigkeit des Gesamtsystems beiträgt.

Kriterium Nr. 3: Rangordnung

Menschen, die »oben« sind, haben eine bedeutungsvolle persönliche Identität. Sie erhalten mehr Information, haben mehr Einfluß, verdienen mehr Geld als Menschen, die »unten« sind. Rangordnung bedeutet *Herrschaft* – Herrschaft von Menschen über Menschen, unantastbare Macht von wenigen über viele. Die Identität und die Macht der einen sind aber immer zugleich die Anonymität und die Ohnmacht anderer. Das ist ganz natürlich, logisch, selbstverständlich. Und doch wird es von denen, die sich über die Massen unzufriedener Menschen in unserer Wirtschaft beklagen, immer wieder vergessen.

Das Prinzip der bilateralen Kommunikation

Einzelverantwortung, Spezialisierung und Rangordnung führen aber nicht nur zu »Kästchendenken« und zu »Einzelkämpfertum«, sondern auch zu einer ganz besonderen Form der Kommunikation. Da jedes Organisationsmitglied sich ausschließlich seinem direkten Vorgesetzten und niemand anderem gegenüber »zu Rechenschaft verpflichtet« fühlt, und da anderseits der Vorgesetzte jeden seiner Untergebenen nur für ein ganz bestimmtes »Segment« des Gesamtbereiches als zuständig betrachtet, findet Kommunikation innerhalb einer Hierarchie hauptsächlich auf dem Weg von Einzelgesprächen statt. Es gehört zu den Wesensmerkmalen hierarchischer Organisation, daß die grundsätzlichen, die schwierigen, die »politischen« Fragen nicht in der gesamten Runde der organisatorischen Familien offen zur Sprache kommen, sondern in vielfältigen Vier- und Mehraugengesprächen »vorbehandelt«, wenn nicht entschieden werden.

Es gibt Betriebe, die so etwas wie gemeinsame Konferenzen überhaupt nicht kennen. Die Kommunikation vollzieht sich ausschließlich durch zufällig oder »ad hoc« stattfindende bilaterale oder mulitlaterale Gespräche. Dann gibt es Betriebe, in denen gemeinsame Zusammenkünfte zwar geplant sind, aber nicht regelmäßig oder nur in akuten Krisensituationen stattfinden, weil kaum je alle Teilnehmer zur gleichen Zeit an einen Tisch zu bringen sind.

Und dann gibt es eine dritte, heute weit verbreitete Art von Betrieben. Hier finden Konferenzen statt, möglicherweise sogar regelmäßig. Aber es wird nicht offen und nicht über die wirklich wichtigen Dinge gesprochen. Es findet ein Austausch von Routineinformation statt, man koordiniert das laufende Geschäft. Sobald aber ein heikles personelles Problem, eine organisatorische Grundsatzfrage oder gar ein Meinungskonflikt im eigenen Kreise ansteht, findet ein Rückzug auf die »informellen« Kanäle statt. Die Frage wird verdrängt oder auf bilateralem Weg behandelt. Mal spricht der X mit dem Y darüber, mal der Y mit dem Z, wieder ein anderes Mal der Z mit dem X. Falls in der Sache eine Entscheidung getroffen werden muß, spricht der Vorgesetzte einzeln mit den verschiedenen Beteiligten, bildet sich seine Meinung und entscheidet dann. Dies ist das eherne Gesetz der Verständigung innerhalb einer Hierarchie: Die Vorherrschaft bilateraler, von Zufälligkeiten und Willkür abhängiger Kommunikation.

Informationsmonopol

Die erste wichtige Folge dieses Kommunikationsmusters ist die Konzentration von »Wissen« beim Vorgesetzten. Er als einziger erhält aus allen unterstellten Bereichen wichtige Informationen – und er als einziger erhält von seinem Vorgesetzten Vorabinformationen über Gesamtlage und »Umweltsituation«. Mit anderen Worten: Nur der Vorgesetzte verfügt über die für das Verständnis der Zusammenhänge notwendige Information.

In einer mehrstufigen Hierarchie verdichtet sich nach oben hin alle wichtige Information, nach unten hin dagegen nimmt der Informationsstand stufenweise ab – und ganz unten sind die Menschen nur noch über das informiert, was sie selbst tun oder was sie mit eigenen Augen von der Arbeit ihrer unmittelbaren Nachbarn zu sehen bekommen.

Entscheidungsmonopol

Da nur der jeweilige Vorgesetzte eines Bereiches über alle wichtigen Informationen verfügt, kann auch nur er einigermaßen situations- und problemgerechte Entscheidungen treffen.

Er kann zwar im Zweifelsfalle die Meinungen seiner Mitarbeiter abfragen. Da diese Meinungen aber auf unvollständigen Informationen und auf ungenügendem Durchblick in bezug auf die Gesamtzusammenhänge beruhen, weichen sie zum Teil stark voneinander ab – und keine trägt allen wichtigen Einflußfaktoren Rechnung. Der Chef muß deshalb eine »qualifiziertere« Entscheidung treffen. Nur er kann das, und zwar zunächst einmal nicht dank seiner Intelligenz, sondern aufgrund seines privilegierten Informationsstandes.

Daß derjenige, der immer wieder in die Lage versetzt wird, komplexe Zusammenhänge zu analysieren und Entscheidungen zu treffen, mit der Zeit Erfahrung in der Beurteilung von Situationen und Problemen entwickelt, steht auf einem anderen Blatt.

Abhängigkeit von Vorgesetzten

Und dies ist die Konsequenz: Da der Vorgesetzte mehr weiß und besser entscheidet, sind seine Untergebenen in ihrem Denken, Fühlen und Handeln weitgehend von ihm abhängig – genauso, wie etwa ein Kind von seinen Eltern abhängig ist. Hierarchie bedeutet eine umfassende Abhängigkeit der Menschen von anderen, ihnen übergeordneten, mit mehr Wissen und mehr Einfluß ausgestatteten Menschen. Diese Abhängigkeit kann bis zur vollständigen Verfügbarkeit gehen. Welche Aufgaben jemand zugewiesen erhält, wieviel Geld er für seine Arbeit bekommt, mit wem er zusammenarbeitet, welche Informationen er erhält, mit wem er darüber sprechen darf, ja ob er Mitglied dieser Organisation bleibt oder nicht – all dies bestimmt oder beeinflußt in letzter Konsequenz der Vorgesetzte, und zwar im wesentlichen kraft seiner besonderen Kenntnisse und der damit verbundenen Einflußmöglichkeiten. Die Macht des Vorgesetzten ist systembedingt und allgegenwärtig – unabhängig davon, ob er sich ihrer bewußt ist oder nicht, ja sogar unabhängig davon, wie »autoritär« oder »nicht autoritär« er von Natur aus veranlagt sein mag und ob er von seiner formellen »Weisungsbefugnis« Gebrauch macht oder nicht.

Dies ist die »heilige Dreieinigkeit« der Hierarchie: Informationsmonopol, Entscheidungsmonopol und Abhängigkeit von Vorgesetzten. Sie bedeutet nach oben hin zunehmende Macht, nach unten hin zunehmende Ohnmacht. »Wir kennen die Gesamtlage nicht. Es bleibt uns deshalb nichts anderes übrig, als zu gehorchen.« Dies sagte Generaloberst Paulus, Kommandeur der bei Stalingrad eingekesselten 6. deutschen Armee, als Antwort auf das Drängen seiner Offiziere, entgegen den Befehlen des Führerhauptquartiers einen Ausbruchversuch zu wagen. Das Schicksal von Zehntausenden von Soldaten war damit besiegelt.

DAS HIERARCHISCHE SYNDROM

Wo Information und Einfluß sich konzentrieren, da konzentrieren sich auch Verantwortung – und Engagement. Hier liegt die Ursache für zwei der ganz großen Probleme unserer modernen Organisationen: das weitverbreitete Desinteresse der Mitarbeiter und die notorische Überbelastung der Vorgesetzten. Das eine ist die geistige und seelische Lähmung derer, die mangels Information, mangels Durchblick, mangels Gelegenheit und mangels Befugnis weder Entscheidungen treffen können noch wollen. Ihre Aufgabe ist es, auszuführen, was andere geplant haben. Sie werden bevormundet, überwacht und kontrolliert, fühlen sich bloß noch als »Nummer« und können in ihrer beruflichen Tätigkeit keinen Sinn mehr erkennen – es sei denn, Geld zu verdienen. Das andere ist das logische Gegenstück: die quantitative und qualitative Überforderung derer, deren Aufgabe es ist, für andere zu denken und die Entscheidungen zu treffen. Unzählige kleine und große »Macher« befinden sich in einem Dauerzustand höchster Betriebsamkeit und akuter Zeitnot. Vor lauter Krisenmanagement kommen sie überhaupt nicht mehr dazu, nachzudenken. Sie finden keine Gelegenheit mehr, sich mit Kollegen und Mitarbeitern zu verständigen, sind den Problemen und Konflikten in ihrem Bereich nicht mehr gewachsen und fühlen sich mit einer überschweren Verantwortungslast allein gelassen. Und bei vielen, vielen Menschen unterer und mittlerer Führungsstufen kommt gleich beides zusammen: eine unzumutbare Abhängigkeit von oben und eine unzumutbare Verantwortung nach unten.

Aber das ist nicht alles. Die Besonderheiten der Verständigung innerhalb einer klassisch hierarchischen Organisation haben noch andere Konsequenzen, durch welche die Leistungsfähigkeit des Gesamtsystems zusätzlich beeinträchtigt wird.

Chancenungleichheit

Theoretisch sollten alle Personen auf einer hierarchischen Ebene »gleichgestellt« sein, also gleich viel Einfluß haben. Da nun aber die Information, die die verschiedenen Untergebenen dem Vorgesetzten aus ihren Bereichen zuleiten, für diesen nicht alle gleich interessant sind, und da außerdem aufgrund persönlicher Sympathien die Verständigung mit dem einen Untergebenen leichter fällt als mit dem anderen, spricht der Chef gewollt oder ungewollt nicht mit allen Untergebenen gleich häufig – und vor allem nicht zur gleichen Zeit über die gleichen Fragen. Es entwickeln sich individuell verschieden starke Beziehungen zu den einzelnen Untergebenen. Die einen stehen dem Vorgesetzten näher und haben mehr Einfluß auf ihn als andere. Sie haben dementsprechend Zugang zu wichtigeren Informationen, können ihre Bereiche erfolgreicher steuern und erhalten wichtigere Aufträge als ihre Kollegen. Die Folge dieses Kommunikationsmusters war seit jeher und ist auch heute noch in praktisch jedem Betrieb eine mehr oder weniger krasse Diskrepanz zwischen »Organigramm« und »Soziogramm«: Die verschiedenen Untergebenen können in höchst unterschiedlichem Maße auf wichtige Entscheidungen Einfluß nehmen. Je nach ihrer persönlichen Beziehung zum Vorgesetzten haben sie größere oder kleinere Erfolgschancen, sind sie sehr stark oder überhaupt nicht an der »Politik« des Bereiches beteiligt. Dadurch aber wird nicht die horizontale Verständigung im Unternehmen gefördert, sondern ihr Gegenteil: Der Konkurrenzkampf, das Ressortdenken, der Abteilungskrieg.

Die wohl verhängnisvollste Konsequenz der bilateralen Kommunikation aber ist die allgemeine Verwirrung: Da niemand weiß, wer mit wem bereits über was gesprochen hat, weiß auch niemand, wo er was sagen darf. Resultat: Im Zwiegespräch mit Kollegen und in gemeinsamen Konferenzen hält sich jeder bewußt zurück. Jeder überlegt sich alles dreimal, bevor er den Mund aufmacht, jeder tastet jeden vorsichtig nach »Wissen« und »Nichtwissen« ab. Mit der Zeit werden sogar Dinge zu »Geheimnissen«, die eigentlich gar keine sind, das heißt, es wird auch über Dinge nicht offen gesprochen, die im Grunde längst allen bekannt sind. Sobald nun einer merkt, daß ein anderer etwas als Geheimnis behandelt, das gar keines ist, empfindet er ihn als »unehrlich«. Er unterstellt ihm unlautere Gesinnung und hinterhältige Machenschaften. An die Stelle offener Verständigung treten im allergünstigsten Falle »normale diplomatische Beziehungen«, im ungünstigeren und häufigeren Falle ein Katz-und-Maus-Spiel um Informationen und Einflußmöglichkeiten. Dem individuellen Mißtrauen, dem gegenseitigen Austricksen, der Cliquenbildung und den Intrigen sind Tür und Tor geöffnet. Gemeinsame Konferenzen, wenn sie überhaupt noch stattfinden, entarten zu sinnlosen Zeremonien. Der Entscheidungsprozeß erlahmt.

Querelen und Rivalitäten unter Gleichgestellten führen zu einem enormen Reibungsverlust. Die hierarchische Struktur wird aber dadurch nicht etwa zersetzt, sondern im Gegenteil gefestigt: Die Funktion des Vorgesetzten als »Klammer«, als »Integrationsfigur« und damit als zentrale Einflußgröße erhält erst recht Gewicht. Vielen Vorgesetzten würde nachgerade die Existenzgrundlage entzogen, wenn ihre Untergebenen gut miteinander auskommen würden. Dies ist mit ein Grund, weshalb so viele Chefs – bewußt oder unbewußt – immer im richtigen Moment das Falsche tun, um eine echte Verständigung unter ihren Mitarbeitern herbeizuführen.

Da jedermann seinem Vorgesetzten und seinen Untergebenen nur Informationen weitergibt, von denen er annehmen kann, daß sie seine Stellung, sein persönliches Image und seinen Einfluß nicht gefährden, ist in einer Hierarchie niemand vollumfänglich über alles Wichtige informiert. Je weniger Vertrauen vorhanden ist und je abhängiger von ihren Vorgesetzten die Menschen sich fühlen, desto unwahrscheinlicher ist es, daß die internen Probleme auf den Tisch kommen und gemeinsam besprochen werden. Jeder sagt nur noch das, wovon er annimmt, daß es »gut ankommt«. Die zwischenmenschlichen Konflikte und die organisatorischen Probleme werden nicht mehr rechtzeitig erkannt und gelöst, sondern verewigt. Es beginnt ein Prozeß der progressiven Sklerose. Je mehr hierarchische Stufen sich zwischen der Spitze und der Basis befinden, desto stärker wird die Information, die von unten nach oben oder von oben nach unten fließt, verdünnt, verzerrt und entstellt. In größeren Organisationen kann dies zu einer totalen Entfremdung der Spitze von der Basis führen. Hierarchische Organisationen werden nicht zuletzt deshalb mit zunehmender Größe immer schwerer regierbar. Die Mitarbeiter verstehen nicht mehr, »was die dort oben eigentlich tun« – und die Geschäftsleitung hat keine Ahnung von den Problemen, von den Einstellungen und von der Stimmung bei den Mitarbeitern.

In Märchen und Legenden kommt es etwa vor, daß ein König sich als gewöhnlicher Sterblicher verkleidet unters Volk mischt, um die Realitäten in seinem Lande nicht aus den Augen zu verlieren. Es scheint, daß dies auch heute noch die einzige Methode wäre, um die in großen Hierarchien bestehenden Kommunikationslücken zu überbrücken. Es wäre in der Tat dringend notwendig, daß die Strategen ab und zu einmal aus den höheren Sphären, in denen sie sich normalerweise bewegen, herabsteigen und sich in Ruhe mit den Menschen, deren Schicksal sie leiten, unterhalten würden. Aber die meisten Topmanager haben »wichtigere Dinge« zu tun, als mit dem »Volk« zu sprechen. Viele haben im Laufe ihrer Karriere die Sprache des einfachen Mannes schon so weit verlernt, daß eine direkte Verständigung auch gar nicht mehr möglich wäre. Dazu kommt, daß in hierarchischen Betrieben – genau wie in alten Königreichen – das Denk- und Sprechvermögen vieler einfacher Menschen durch die bloße Gegenwart »hoher Tiere« derart beeinträchtigt, wenn nicht ausgeschaltet wird, daß der unmittelbare Kontakt mit der »Basis«, wenn er noch bewußt gesucht und hergestellt wird, in ein leeres Zeremoniell ausartet.

Eine historische Lektion

Zu was für fundamentalen Fehleinschätzungen und Fehlverhalten es an der Spitze einer Hierarchie als Folge von Informationsverdünnung kommen kann, wurde uns anfangs 1979 im Iran vorexerziert. Ein monarchistisches Regime, das weltweit als »politisch besonders stabil« galt und sich auf eine der bestausgerüsteten Armeen der Welt stützte, wurde innerhalb von Wochen durch einen blutigen Volksaufstand weggefegt – weil der Monarch, nach Jahrzehnten unumschränkter Herrschaft, über die tatsächliche politische Situation in seinem Lande nicht informiert war. Die Realitäten an der »Basis« waren zwar auf den unteren und mittleren Rängen ministerieller Bürokratien seit Jahren bekannt, drangen aber nicht bis zum Zentrum der Macht durch. Das Resultat der »Blindheit« an der Spitze war eine bis in die letzten Stunden fehlgeleitete Politik und eine Revolution mit unabsehbaren weltpolitischen und weltwirtschaftlichen Konsequenzen.

Es gibt Topmanager, die weite Teile des Unternehmens, das sie leiten, noch nie von innen gesehen haben. Der Grund ist der gleiche, der viele Menschen davon abhält, eine Nervenheilanstalt oder ein Altersheim zu betreten: die Angst vor beklemmenden Realitäten. Manager sind im allgemeinen wohlerzogene Menschen. In den Chefetagen, wo sie unter sich sein können, geht es in der Regel ruhig und gesittet zu und her. Verglichen damit, herrschen an der betrieblichen Front oft noch Verhältnisse wie im Kasernenhof. Manche hohe Manager haben abgrundtiefe Hemmungen, sich dieser Realität zu stellen. Nach dem Motto »Was ich nicht weiß, macht mich nicht heiß« vermeiden sie es von vornherein, mit ansehen, mit anhören, mit fühlen zu müssen, wie die Menschen auf den unteren Stufen ihres eigenen Unternehmens arbeiten, leben und miteinander umgehen.

Wenn dann die Geschäftsleitung trotzdem wissen will, was im Betrieb los ist, muß sie Heere von internen Spezialisten und externen Beratern einsetzen, welche mittels gezielter »Interviews« herauszufinden versuchen, was die Mitarbeiter denken und fühlen – was sie von der Firma halten, ob sie mit ihrer Arbeit zufrieden sind oder nicht und wo sie der Schuh drückt.

Die Hierarchie ist also mit einer ganzen Reihe von Mängeln behaftet, mit Barrieren in der horizontalen und vertikalen Kommunikation, die teils durch die Struktur selbst vorgegeben sind, teils als Folge psychologischer Wechselwirkungen nachträglich entstehen. Diese Mängel sind systembedingt. Sie lassen sich deshalb nicht dadurch beheben, daß das System perfektioniert wird. Wenn in einem Betrieb die Dinge aneinander vorbeizulaufen beginnen, besteht das Heil in der Regel nicht darin, die Aufgaben und Verantwortlichkeiten der einzelnen Mitarbeiter noch klarer zu definieren und noch schärfer voneinander abzugrenzen – auch dann nicht, wenn im Sinne der »Delegation von Verantwortung« mal hier und mal da eine Entscheidungsbefugnis nach unten geschichtet wird. Wichtig ist vielmehr, daß diejenigen, deren Aufgaben direkt zusammenhängen, ja ineinandergreifen – nämlich der Vorgesetzte und seine direkten Mitarbeiter –, regelmäßig konferieren, das heißt, alle zur gleichen Zeit am gleichen Ort über die gleichen Dinge reden; daß sie offen miteinander reden; und daß sie über die wichtigen Dinge miteinander reden. Nur wenn alle den gleichen, umfassenden Informationsstand haben, alle ihre Bedürfnisse und Ideen einbringen und sich am Entscheidungsprozeß beteiligen können, sind die Voraussetzungen geschaffen, daß alle die gleiche Sprache sprechen, am gleichen Strick ziehen – und gemeinsam die Verantwortung tragen für eine Aufgabe, die ohnehin nur gemeinsam gelöst werden kann. Mit offener, gemeinsamer Verständigung aber ist das eiserne Gesetz der klassischen Hierarchie durchbrochen. Es ist ein erster, wichtiger Schritt getan in Richtung auf demokratische Meinungs- und Willensbildung.

Organisationen auf dem Computer-Prüfstand

Die Funktionsprinzipien einer bestimmten Organisationsform können auf zwei verschiedene Weisen studiert werden: zum einen durch praktische Beobachtung existierender Organisationen, zum zweiten durch das Nachvollziehen der ihnen zugrunde liegenden Gesetzmäßigkeiten im mathematischen Modell. Man kann die Kybernetik – das heißt die Gesamtheit der ineinandergreifenden Steuerungs- und Reglungsprozesse – einer bestimmten Organisationsform durch Computerberechnungen simulieren.

Die Vor- und Nachteile der klassischen Hierarchie sind heute sowohl aufgrund praktischer Erfahrung als auch aufgrund theoretischer Systemuntersuchungen bekannt. Das Pyramidenmodell ist vor allem geeignet für die Steuerung von großen Massen von Elementen – zum Beispiel Menschen –, die möglichst einfache und gleichbleibende Funktionen auszuüben haben. Solange die Außeneinflüsse, das heißt die Umweltbedingungen, sich nicht verändern und im Inneren keine organisatorischen Umstellungen vorgenommen werden müssen, erweist sich die klassische Hierarchie als wirksamste, weil schnellste Form der Steuerung und Kontrolle von Arbeits- und Entscheidungsvorgängen.

Die Stärken dieser Organisationsform, nämlich Stabilität und Kontinuität, sind aber gleichzeitig auch ihre Schwächen:

Anpassungen an neue Einflüsse, also Veränderungen von Strukturen und Abläufen, vollziehen sich nur sehr langsam und schwerfällig. Die zentrale Steuerung, die schwachen Querverbindungen, die reduzierten Interaktionsmöglichkeiten der Basiselemente sowie die Lücken in der Informationsrückkoppelung wirken als Trägheitsmomente.

Ideal ist diese Organisationsform nur für massenhaft anfallende, langfristig nach dem gleichen Muster ablaufende Routinevorgänge – und auch das nur, solange sich entsprechend anspruchslose »Basiselemente« als Menschen finden. Denkbar ungeeignet dagegen ist sie für wechselnde Aufgaben, für rasche Anpassung an neue Umwelteinflüsse, für strukturelle Umstellungen – kurz, für Innovation oder Veränderung schlechthin. Und für Menschen, die mehr sein wollen als Automaten.

Die Welt hat sich verändert

Bei den Inkas, im alten Ägypten, im Römischen Reich und bis hinein in die industrielle Pionierzeit war die hierarchische Pyramide die »logische«, die einzig mögliche Organisationsform, um mit einfachsten technischen Mitteln und ungebildeten Menschen, die kaum eine gesicherte Existenz und keine persönliche Identität in der sozialen Gemeinschaft hatten, technische und administrative Leistungen im Großmaßstab zu vollbringen – in Zeiten, in denen die politischen, wirtschaftlichen und sozialen Verhältnisse langfristig stabil blieben. Wenn etwa in Ägypten ein kleiner Pharao zur Welt kam und die Errichtung eines Grabmals für ihn beschlossen wurde, dann begann man in einem Jahrzehnt mit den Arbeiten – und wenn alles gutging, konnte der Bau des Monuments ein paar Jahrzehnte später abgeschlossen werden. In der Zwischenzeit hatte sich null und nichts verändert: die Staatsform, die politische Situation, die Wertvorstellungen der Menschen, die Sitten und Gebräuche, die Werkzeuge und Organisationsmittel auf der Baustelle – alles war noch genauso wie zur Zeit des Baubeginns.

Heute ist alles anders.

Die Arbeits- und Entscheidungsprozesse haben sich als Folge der technologischen Entwicklung grundlegend geändert. Sie sind derart komplex geworden, daß ein geregelter Ablauf nur noch möglich ist, wenn auch auf der untersten Stufe selbständig gedacht, fachmännisch entschieden und vor Ort koordiniert, das heißt über Arbeitsplatz-, Abteilungs- und Ressortgrenzen hinweg kommuniziert und kooperiert wird.

Die Umweltbedingungen sind nicht mehr stabil, sondern hochgradig instabil. Die Fähigkeit zum sofortigen Reagieren auf Markteinflüsse, technologische Entwicklungen und personelle Veränderungen ist heute das A und O organisatorischer Leistung. Flexibilität ist zur Existenznotwendigkeit, die Fixierung der Mitarbeiter an bestimmte Tätigkeiten und bestimmte Vorgesetzte zu einem lebensgefährlichen Handikap geworden.

Aber auch die Menschen selbst haben sich verändert. Sie haben heute eine weitgehend gesicherte Existenz. Sie müssen nicht mehr verhungern – beinahe schon unabhängig davon, ob sie arbeiten oder nicht. Sie haben ferner einen vergleichsweise hohen Informations- und Bildungsstand – und sie haben das Selbstverständnis stimmfähiger, wahlberechtigter und steuerzahlender Bürger. Diese Menschen wollen nicht mehr nur für die nächsten Tage oder Wochen »über die Runden kommen«. Im Vordergrund steht die Identität in der Gemeinschaft, die Würde als menschliches Individuum. Die Menschen wollen in ihrer Arbeit einen sinnvollen Beitrag erkennen, umfassend informiert und persönlich an Entscheidungen beteiligt sein, regen Kontakt mit anderen pflegen und – last not least – nicht »stehenbleiben«, sondern sich fachlich und persönlich entwikkeln, die eigenen Wachstumsmöglichkeiten ausloten, die eigenen Fähigkeiten ausweiten können. Wir brauchen also Organisationsformen, die direkte Zusammenarbeit, Selbststeuerung und Rollentausch ermöglichen.

Vor allem aber: Die Menschen sind immer weniger bereit, Ohnmacht und Ausgeliefertsein hinzunehmen, sich in ein ungewisses, unberechenbares Schicksal zu fügen. Die bei Einzelpersonen konzentrierte Macht und die Verdünnung der Information von Stufe zu Stufe führen jedoch innerhalb einer Hierarchie unausweichlich zu einer Entfremdung zwischen denjenigen, die das Schicksal bestimmen, und denjenigen, die davon betroffen sind. Dies ist die Achillesferse der klassischen Hierarchie: Die Menschen sind auf Gedeih und Verderben von einzelnen abhängig, auf die sie keinen Einfluß ausüben können, ja die sie zum Teil überhaupt nicht mehr kennen. Und im Gegensatz zu früher, als die Träger hierarchischer Macht mit einer Aura magischer Immunität umgeben waren, erkennt heute jeder einfache Bürger, daß auch hohe und höchste »Hierarchen« Menschen sind – Menschen mit besseren oder weniger guten geistigen Fähigkeiten, Menschen von hoher oder weniger hoher moralischer Integrität, Menschen, die im Interesse der Gemeinschaft handeln – oder solche, die ausschließlich an sich selbst denken. Jeder erlebt fast täglich in seinem Beruf die menschlichen Unzulänglichkeiten überforderter Vorgesetzter, und wenn er die Zeitung aufschlägt, wird er buchstäblich überflutet mit Meldungen über »Mißmanagement«, über Firmenpleiten und über Finanzskandale. Solche und andere unerfreuliche Nachrichten führen ihm tagtäglich vor Augen, wie oft sogenannte »Autoritäten« versagen, wie wenig Verlaß ist auf die Träger der Macht in unserer Wirtschaft. Skepsis und Unsicherheit treten an die Stelle des früher kaum eingeschränkten Vertrauens in die »Obrigkeit«.

Tod eines florierenden Unternehmens

Es war einmal eine sehr erfolgreiche, weltweit tätige amerikanische Unternehmensberatungsgesellschaft mit Namen Fry Consultants Inc. Sie gehörte zwar noch nicht zur Spitzengruppe der damals »großen Drei« des Beratungsgeschäftes – Booze, Allen & Hamilton, Arthur D.Little und McKinsey –, hatte aber Niederlassungen in mehr als einem Dutzend amerikanischer und europäischer Geschäftsmetropolen und operierte in allen klassischen Beratungssektoren. Der Erfolg und das kontinuierliche Wachstum der Firma beruhten auf einem erstklassigen professionellen Image, auf einer relativ hohen Selbständigkeit der einzelnen Niederlassungen in ihrer Geschäftstätigkeit sowie – last not least – auf dem unternehmerischen Konzept: Die Firma gehörte den Mitarbeitern. Eine kontrollierende Mehrheit der Anteile befand sich in den Händen der fünf Mitglieder der Gruppenleitung. Der Rest war unter den übrigen Mitarbeitern verteilt, die sich je nach Umfang der Verantwortung und Dauer der Firmenzugehörigkeit für eine kleinere oder größere Anzahl von Anteilen qualifizieren konnten. Wer in den Ruhestand trat, mußte seine Anteile der Firma zurückverkaufen.

Eines Tages klopfte ein namhafter Konzern an die Tür der Geschäftsleitung und machte ein außerordentlich lukratives Übernahmeangebot. Das betreffende Unternehmen ist auf dem Gebiet des Automatenverkaufs und im Betrieb von Großverpflegungsstätten tätig. Der Jahresumsatz betrug damals 500 Millionen Dollar, der Gewinn nach Steuern 50 Millionen Dollar, die Aktie war an der Börse traumhaft hoch bewertet. Die Überlegung war folgende: »Wir verdienen mehr Geld, als wir in unserem angestammten Geschäft für ein sinnvolles Wachstum investieren können. Wir wollen und müssen diversifizieren. Wir sind eine Dienstleistungsfirma und wollen ausschließlich im Dienstleistungssektor tätig bleiben. Innerhalb dieses Rahmens sind wir aber für alles offen. Da wir selbst von nichts anderem etwas verstehen als von unserem eigenen Geschäft, wollen wir – als erster Schritt der Diversifikation – eine Beratungsfirma kaufen, die professionelles Know-how in der Beurteilung von Märkten und Firmen einbringt. Booze, Little und McKinsey sind nicht zu haben. Jetzt sind wir bei euch. 50 Millionen Dollar fallen jedes Jahr bei uns an – und ihr könnt uns helfen, damit eine diversifizierte Unternehmensgruppe im Dienstleistungsgeschäft aufzubauen.«

Es kam eine kurze Zeit heftiger Kontroversen im Management von Fry Consultants. Diejenigen, die große Aktienpakete in ihren Händen hielten, sahen die Möglichkeit, über Nacht reich zu werden und für den Rest ihres Lebens finanziell ausgesorgt zu haben. Sie versuchten, die anderen von den Vorteilen eines Verkaufs zu überzeugen. Sie sprachen von der großen Sicherheit im Schoße einer so finanzstarken Mutter und von der einmaligen Chance, im großen Stil Konzernarchitektur zu betreiben. Wer aber bei dem Handel wenig oder gar kein Geld zu gewinnen hatte, sah vor allem diesen einen großen Verlust: Die Aufgabe der Unabhängigkeit – die nicht mehr vorhandene Möglichkeit, Mitunternehmer zu sein. Doch die Diskussion dauerte nicht lange. Die besseren »Argumente« hatten diejenigen, die die Aktienmehrheit besaßen. Bei ihnen war die Macht. Die Firma wurde verkauft.

Was dann kam, ist rasch erzählt. Das Topmanagement war nun nicht mehr autonom in seinen Entscheidungen. Es mußte sich plötzlich mit den Meinungen, Wünschen und Zielvorstellungen Außenstehender auseinandersetzen. Da die Mitglieder der Spitzengruppe nun aber alle finanziell unabhängig geworden waren, hatten sie es nicht mehr nötig, sich anzupassen. Einer nach dem anderen zog aus. Es kam zunehmend zu Querelen, zu Intrigen, zu unaufhörlichen Rangeleien um Nachfolgepositionen. Langjährige Spezialisten und Manager gingen oder wurden gegangen – und mit ihnen meist ein ganzer Rattenschwanz von Kunden. Die Firma geriet immer tiefer in die roten Zahlen und wurde innert kürzester Frist zum ersten großen Verlustposten des sonst so erfolgreichen Konzerns. 1974, rund drei Jahre nach der Übernahme, wurde Fry Consultants liquidiert. Die noch vorhandenen Berater suchten sich eine andere Stelle oder arbeiteten auf eigene Rechnung weiter für ihre Kunden. Die Firma konnte nicht einmal mehr verkauft werden. Sie löste sich buchstäblich in nichts auf.

Ich war selbst zehn Jahre bei Fry Consultants und bin einer von denjenigen, die sich im Zuge der geschilderten Entwicklung selbständig gemacht haben. Rückblickend muß ich sagen: Es hätte mir nichts Erfreulicheres widerfahren können. Da gibt es also nichts zu klagen, es sei denn auf seiten der damaligen Adoptivmutter, die bei dem Geschäft eine ansehnliche Summe Geld verloren hat. Aber die Geschichte zeigt, was hierarchische Macht bedeuten kann. Einige wenige Personen konnten eine Entscheidung durchsetzen, die im Grunde nur ihrem eigenen Interesse entsprach, und die ganz klar im Widerspruch stand zu einer alten, geheiligten und seit vielen Jahren allseitig akzeptierten Maxime: Eine Unternehmensberatungsfirma von hohem professionellem Standard ist praktisch nur auf der Basis der Unabhängigkeit sowie einer partnerschaftlichen Struktur lebensfähig. Hochqualifizierte Berater können nämlich auf die Dauer nur durch Mitunternehmerschaft bei der Stange gehalten werden.

Eskapaden eines Managers

Im Jahre 1977 erschütterte ein Skandal die schweizerische Finanzwelt. »Der Fall Chiasso«, über dessen Hintergründe bereits ein Buch mit gleichlautendem Titel vorliegt, wird in die Wirtschaftsgeschichte eingehen. Ein Manager der Filiale Chiasso des angesehenen Großbankhauses Schweizerische Kreditanstalt hatte im Laufe von Jahren teils mit Kundengeldern, teils mit bankeigenen Mitteln, durch teils legale, teils illegale Manipulationen sowie unter massiver Hinterziehung von Steuergeldern ein nicht gerade kleines Wirtschaftsimperium von völlig ungenügender Kapitalbasis aufgebaut. Als die Angelegenheit im Hauptsitz ruchbar wurde, mußte die Staatsanwaltschaft eingeschaltet werden. Die Untersuchungen über den angerichteten Schaden dauerten viele Monate. Im Frühjahr 1978 wurde dann offiziell bekanntgegeben, die Schweizerische Kreditanstalt müsse für 1,2 Milliarden Schweizer Franken aufkommen. Damit war erstmals eine untere Grenze des möglichen Gesamtschadens beziffert.

Das Bankhaus hat den Verlust erstaunlich leicht, um nicht zu sagen: ohne weiteres verkraftet. Nur ein Teil der offensichtlich immensen stillen Reserven mußten aufgelöst werden. Die Aktionäre wurden sogar mit einer unveränderten Dividende überrascht. Aber der Vorfall zeigt, mit was für Risiken hierarchische Organisation verbunden ist. Die Konzentration von »Wissen« und »Einfluß« bei Einzelpersonen, die Lücken in der Kommunikation und das Fehlen natürlicher Kontrollmechanismen, wie sie bei demokratischen, auf offener Information und ineinandergreifenden Gruppen beruhenden Formen der Führung und der Organisation von vornherein gegeben sind, haben einen Alleingang möglich gemacht, dessen Gesamtkosten gut und gerne den Jahreseinkommen von 50 000 Arbeitern entsprechen.

Dies sind nur zwei besonders drastische Beispiele von Vorgängen, die zeigen, wie in hierarchischen Organisationen einzelne für viele Schicksal spielen können. Die Beispiele ließen sich beliebig vermehren. Sie gehören – im Kleinen wie im Großen – zum Alltag in der Wirtschaft. Wenn mal hier und mal da Menschen plötzlich ausgewechselt werden, wenn mal hier und mal da eine Abteilung plötzlich »reorganisiert« oder aufgelöst wird, wenn mal hier und mal da ein ganzer Betrieb plötzlich geschlossen wird, ohne daß die Mitarbeiter dies haben kommen sehen und ohne daß die Gründe ihnen plausibel gemacht werden können – immer sind mit solchen Eingriffen »Schlüsselerlebnisse« vieler Menschen verbunden. Die negativen persönlichen Erfahrungen ungezählter Arbeitnehmer sind es – vielmehr als die Überredungskünste revolutionärer Agitatoren –, die längerfristig zu einer echten Gefahr für unser freiheitliches Wirtschaftssystem werden könnten. In letzter Konsequenz kommt es nämlich nicht darauf an, was den Menschen gepredigt wird, sondern was sie glauben.

Es geht hier nicht darum, die Hebelwirkung hierarchischer Macht pauschal zu verteufeln. Funktionsteilung, zentrale Steuerung, aber auch die Gestaltungskraft herausragender, mit umfassender Entscheidungsgewalt ausgestatteter Einzelpersönlichkeiten haben in der Geschichte unserer Wirtschaft, der wir unseren heutigen Wohlstand verdanken, eine entscheidende Rolle gespielt – und sie tun es zum Teil heute noch. Dies darf uns aber nicht daran hindern, die zunehmenden Nachteile und Risiken zu erkennen, mit denen hierarchische Organisation in der veränderten Welt von heute verbunden ist. Ob man psychologische oder regeltechnische, humanitäre oder betriebswirtschaftliche Überlegungen anstellt – wir können uns der Einsicht nicht verschließen, daß Arbeitsteilung und Hierarchie in ihrer klassischen Form den zukünftigen Anforderungen an menschliche Organisationen immer weniger genügen werden.

EINGEBAUTE SCHIZOPHRENIE

Der Mensch lebt heute wie früher in »Pyramiden«. Wir sind in praktisch allen Bereichen unseres Zusammenlebens und Zusammenwirkens arbeitsteilig und hierarchisch organisiert. Es läßt sich jedoch nicht übersehen, daß in den letzten Jahren ein Wandel stattgefunden hat. Die Grundstruktur unserer Organisationen ist zwar noch immer die gleiche. Was wir aber von morgens bis abends tun – wie wir arbeiten und Entscheidungen treffen –, vollzieht sich zum Teil nach neuen, fundamental anderen Prinzipien. Diese neuen Prinzipien sind mit einer »sauberen Arbeitsteilung« und mit einer »klaren Hierarchie« unvereinbar – zum Teil direkt gegenläufig. Es kommt zu strukturellen Ungereimtheiten, zu Rollenkonflikten, zur programmierten Verwirrung.

Eine ganze Reihe von Schwierigkeiten, mit denen wir im betrieblichen Alltag zu kämpfen haben, sind auf diese Schizophrenie zurückzuführen: auf den Konflikt zwischen unserer arbeitsteiligen und hierarchischen Struktur und der Art und Weise, wie wir tatsächlich arbeiten und kommunizieren müssen, damit wir überhaupt noch zu vernünftigen Entscheidungen und zu einer akzeptablen Leistung gelangen.

Diese Schizophrenie, der innere Widerspruch im Aufbau und in der Funktionsweise unserer Organisation, läßt sich an verschiedenen »Symptomen« direkt ablesen.

Zum Beispiel: »Matrix-Organisationen«

Ein erstes wichtiges Zeichen für die Krise der klassischen Hierarchie ist die in größeren Unternehmen immer häufiger anzutreffende sogenannte »Matrix-Organisation«, eine Organisationsstruktur, bei welcher zwei verschiedene Gliederungen sich in Form eines Rasters gegenseitig durchdringen. Sie ist der Versuch, durch zusätzliche Querverbindungen ein Grundübel herkömmlicher Gliederung ungeschehen zu machen: Informationslücken, Kommunikationsstörungen und Entscheidungsschwäche als Folge von Abteilungs- und Ressortdenken.

»Matrix«, das bedeutet für viele Führungskräfte die Mitgliedschaft in mehreren Planungs- und Entscheidungsgremien, eine Vervielfältigung der internen und externen Kontakte, aber auch die Notwendigkeit, sich auf mehr als ein einziges Steuerungszentrum auszurichten. Die Interessen des einen sind mit denjenigen des anderen nicht immer unter einen Hut zu bringen. Es kommt zu Konflikten zwischen den Anliegen etwa der Projektleitung und denjenigen des Linienvorgesetzten – und diese müssen ausgetragen werden. Dies aber bedeutet nichts anderes als das Ende der Alleinautorität der hierarchischen Linie. Es bedeutet eine breitere Verteilung von Managementinformation im Unternehmen und eine Verlagerung von Bewegungsspielräumen von oben nach unten. Damit ist ein erster, scheinbar kleiner, aber wichtiger Schritt getan in Richtung auf eine pluralistische Meinungsbildung und damit auf eine Demokratisierung der Entscheidungsprozesse.

Zum Beispiel: »Projektgruppen«

Wenn irgendwo im Unternehmen besonders kreativ, besonders innovativ, besonders effizient gearbeitet, ein neues Konzept entwickelt, eine grundsätzlich neue Lösung gefunden werden muß, ist die Bildung einer Projektgruppe sehr oft der beste, manchmal der einzig gangbare Weg. Das Zusammenbringen vielfältiger Sachkompetenz, das direkte Zusammenwirken von Menschen mit den unterschiedlichsten persönlichen Kapazitäten, das Wegfallen von hierarchischen Barrieren und administrativen Zwängen, der direkte und freie Erfahrungs- und Ideenaustausch in einer überschaubaren Gruppe – all dies führt zu hohem persönlichen Engagement der Mitarbeiter und zu einer optimalen Leistungsfähigkeit der Gruppe. Es ist interessant: Wenn wir eine außergewöhnliche Leistung erzielen wollen, müssen wir unsere »normale« Organisationstruktur verlassen, die Trennung nach hierarchischen Ebenen und Fachbereichen aufheben, vom Prinzip der Einzelverantwortung abgehen. Wir müssen eine interdisziplinäre, selbststeuernde Arbeitsgemeinschaft bilden und sie in einem hierarchiefreien Raum arbeiten lassen.

Wir wissen es alle: Projektgruppen funktionieren bei weitem nicht immer. Warum, wird noch zu besprechen sein. Aber auch wenn sie funktionieren, handeln wir uns Probleme ein. Die Befreiung von Routineaufgaben und die Beschäftigung mit Fragen von möglicherweise unternehmenspolitischer Tragweite verleihen dem Projektteam einen Sonderstatus. Vor allem aber gewinnen die Mitglieder solcher Teams im Laufe ihrer Arbeit einen durch niemand anderen mehr aufholbaren Informationsvorsprung und die für spätere Managemententscheidungen ausschlaggebende Sachkompetenz. Dies bedeutet nichts anderes als eine Umverteilung von Macht. Es ist deshalb nicht weiter verwunderlich, daß es in Unternehmen, die Projektgruppen einsetzen, früher oder später zu Klagen des Linienmanagements über den »Aufbau einer Parallelhierarchie« und über das »Aushöhlen der etablierten Führungsverantwortung« kommt.

Zum Beispiel: »Konferenzen«

Jedes Unternehmen, jeder Betrieb hat einen Organisationsplan. Dieses sogenante »Organigramm« ist nichts anderes als die optische Darstellung der vorgezeichneten Informations- und Entscheidungswege. Es sollte eigentlich die Fragen beantworten, wer für welchen Bereich die Entscheidungen zu treffen und die Verantwortung zu tragen hat – und wer mit wem kommuniziert. Tatsache ist nun, daß dieser »Dienstweg« in der Praxis von vornherein nicht konsequent eingehalten werden kann. Wie kommen die Entscheidungen zustande? Die Führungskräfte verbringen einen zunehmenden Teil ihrer Arbeitszeit in Konferenzen. Wer in diesen Konferenzen mit wem zusammenkommt, richtet sich immer weniger nach der hierarchischen Stellung und immmer mehr nach der Kompetenz in bestimmten Sachfragen. Angesichts der vielfältigen Abhängigkeiten können sinnvolle Entscheidungen nur noch aufgrund wechselseitiger Abstimmung unter allen betroffenen Bereichen erarbeitet werden. Die Folge ist, daß immer mehr Mitarbeiter verschiedenster Abteilungen, aber auch immer mehr Mitarbeiter unterer Stufen in die Entscheidungsprozesse einbezogen sind.

Diese Entwicklung ist logisch und unausweichlich. Sie hat jedoch ihre ganz eigenen Tücken. Da ist einmal die weitverbreitete Klage, daß man »nur noch in Konferenzen herumsitzt und keine Zeit mehr hat für seine eigentliche Aufgabe«. Was der Manager heutzutage tut, tun muß, ist also eine Sache – was er, zu Recht oder zu Unrecht, für seine »eigentliche Aufgabe« hält, offensichtlich eine andere.

Zum zweiten beschleicht viele ein Gefühl der Ohnmacht. Sogenannte »Sachzwänge« und »Fremdeinwirkungen« lassen den Einfluß des einzelnen auf die Entscheidungen derart schwinden, daß sich kaum jemand noch wirklich als »Herr im eigenen Hause« fühlt.Mit anderen Worten: Es kommt zu einem wachsenden Widerspruch zwischen den Verantwortlichkeiten, wie sie im Organisationsplan festgelegt sind, und den tatsächlichen Entscheidungsvorgängen.

Quadratur des Kreises?

Konferieren als Hauptbestandteil moderner Führungsarbeit, Matrix-Organisation, Projektmanagement – dies sind nur drei Beispiele markanter, teils geplanter, teils unwillkürlicher Veränderungen in unseren Arbeits- und Entscheidungsstrukturen. Die Veränderungen sind alle auf die zwingende Notwendigkeit vermehrter und direkter Verständigung, vermehrter und direkter Zusammenarbeit, vermehrter und direkter Mitwirkung der Mitarbeiter zurückzuführen und weisen den Weg in die Zukunft: in Richtung Entspezialisierung und Enthierarchisierung. Das ist die große, die zentrale Innovation, die uns bevorsteht, und mit der wir uns zur Zeit so schwer tun: die Entwicklung hin zur Arbeit, Entscheidungsbildung und Verantwortung in Gruppen.

Die tägliche Erfahrung in der betrieblichen Praxis von heute läßt es nun allerdings als höchst fraglich erscheinen, daß Selbststeuerung und gemeinsame Verantwortung in Gruppen jemals praktikable Organisationsprinzipien darstellen können. Gut funktionierende Gruppen sind in der Praxis nicht die Regel, sondern eher die Ausnahme. Wie ist das zu erklären?

Falsch programmiert ...

Das erste, worüber wir uns Rechenschaft geben müssen, ist die organisatorische Schizophrenie, in der wir leben. Auf der einen Seite müssen wir alle immer mehr in Gruppen arbeiten und entscheiden. Auf der anderen Seite betreiben wir mit unserer organisatorischen Struktur und mit unserem gesamten Führungsinstrumentarium – mit den Stellenbeschreibungen, dem Lohn-und Gehaltssystem, den Arbeits-und Leistungsbewertungskriterien – nichts anderes als einen Kult der Einzelleistung. Das ist das Paradoxe: Den Mitarbeitern wird Kooperation abverlangt – doch bewertet, bezahlt, beschult und befördert werden sie für ihre persönliche Leistung als Einzelkämpfer. Das ist der Grund, weshalb Gruppen heute so selten wirksam arbeiten, so viel reden und entscheiden: Da sitzen Menschen zusammen, von denen jeder nur ein Ziel hat, nämlich sich selbst als Person zu profilieren und, wenn er ein ganz großer Menschenfreund ist, vielleicht noch die Interessen des von ihm vertretenen Bereichs durchzusetzen: gegen die Interessen der anderen Gruppenmitglieder – wie die Stellenbeschreibung, der Vorgesetze oder die Mitarbeiter dies von ihm verlangen. Es ist genau so schizophren, wie es tönt: Wir predigen Kooperation – und organisieren in Wirklichkeit Konkurrenz.

Falsch konditioniert ...

Das zweite, worüber wir uns Rechenschaft geben müssen , ist ein Naturgesetz: Verhalten wird gelernt. Dies ist bereits bei den Tieren so, und zwar desto ausgeprägter, je höher entwikkelt sie sind. Dazu ein kleines Beispiel. Wenn man eine Schar junger Hühner, die sich gegenseitig fremd sind, zusammen in einen Stall sperrt, gibt es Probleme. Um jedes Korn, jeden Wurm und die besten Ruheplätze wird erbittert gekämpft – so lange, bis endgültig geklärt und allseitig akzeptiert ist, wer das stärkste ist, wer das zweitstärkste und so fort. Von da an herrscht Ruhe. Jedermann weiß genau, nach wem (und vor wem) er drankommt, wenn es ums Essen geht, wen er hacken darf (und wen nicht) und wer zuoberst auf der Leiter sitzt und wer zuunterst.

Nimmt man nun ein Huhn, das lange den ersten Rang eingenommen hat, und bringt es in einen anderen Stall, zusammen mit Hühnern, die in ihrem bisherigen Leben untere und mittlere Ränge bekleidet haben, dann kommt es gar nicht erst zu Scherereien. Es ist praktisch von Anfang an klar, wer die erste Geige spielt. Dies hat nichts zu tun mit der Größe, nichts mit der Stärke und nichts mit der Intelligenz, sondern ausschließlich mit dem, was man »Selbstvertrauen« oder »Selbstwertgefühl« nennen könnte – mit der durch bisherige

Erfolgs- oder Mißerfolgserlebnisse geprägten Selbsteinschätzung und dem entsprechenden Verhalten anderen gegenüber.

Nun sind zwar Menschen keine Hühner. Aber das Prinzip ist das gleiche. Auch die Menschen sind geprägt durch die soziale Rolle, die sie in ihrem bisherigen Leben gespielt haben. Sie sind es sogar noch wesentlich stärker als alle anderen, weniger entwickelten Lebewesen.

Wir leben in einer Welt mit »oben« und »unten«. Oben wird gedacht, geplant, entschieden und kontrolliert. Unten wird das, was andere angeordnet haben, ausgeführt. Dies ist bereits in der Familie so, es ist in der Schule so, es ist im Wehrdienst so, es ist in der Politik so – und es ist ganz besonders im betrieblichen Bereich so. Gleichzeitig leben wir in Organisationen, in denen jeder sich selbst der Nächste ist, in denen keiner »fremde« Einmischung in seine »inneren Angelegenheiten« duldet, niemand sich um etwas zu kümmern hat, sich für etwas verantwortlich fühlen mag, für das er nicht ausdrücklich, wenn möglich in schriftlicher Form, »zuständig« erklärt worden ist. Wir leben sowohl im privaten als auch im beruflichen Bereich wie in einem Meer von Schrebergärtchen. Jeder hat um sein Territorium einen Zaun gebaut, und jeder sitzt in seinem kleinen Häuschen.

Mit der Zeit wird Nichteinmischung zur Grundhaltung. Die Lebensphilosophie des Menschen, der in bürokratischen und hierarchischen Verhältnissen aufgewachsen und geprägt worden ist, kulminiert in dem Satz »Das ist nicht mein Bier«. Wenn der Kollege am Arbeitsplatz Schwierigkeiten mit dem Chef hat, ist dies sein Bier. Wenn einer auf der Straße zusammengeschlagen wird oder einen Unfall hat, ist das Sache der Polizei. Wenn die Großmutter pflegebedürftig ist, soll der Staat sich darum kümmern. Dafür bezahlt man Steuern.

So stehen wir heute da – mit Menschen, die zusammenarbeiten, gemeinsam Probleme lösen, sich für übergeordnete Zusammenhänge interessieren und für die Belange der Gemeinschaft solidarisch verantwortlich fühlen sollten – und die nichts anderes gelernt haben, als mit geschlossenem Visier für sich selbst zu kämpfen.

Wenn es einen Unterschied gibt zwischen dem Huhn und dem Menschen, dann diesen: Das Huhn kann nicht über die Gründe seines Verhaltens nachdenken. Der Mensch kann es. Er kann über sein eigenes Verhalten und über das Verhalten seiner Artgenossen nachdenken. Mehr noch: Wir wissen heute, daß das Verhalten der Menschen und die Strukturprinzipien unserer Organisationen in einer engen Wechselbeziehung stehen; daß beide zusammen unser kulturelles Erbe aus einer jahrtausendealten Vergangenheit sind – und daß beide gleichzeitig der Innovation bedürfen, wenn wir zu einem wirtschaftlicheren und ersprießlicheren Zusammenleben kommen wollen – in der Familie, in der Schule, aber eben auch und vor allem im Betrieb. Mit ein bißchen Schulung der Vorgesetzten in Menschenbehandlung ist es da nicht gemacht. Auch nicht damit, daß man sich selbst etwas vorgaukelt: »Bei uns gibt es schon lange keine Vorgesetzten und Untergebenen mehr – nur noch Mitarbeiter« – als ob Hierarchie eine Frage des Vokabulars wäre. Die Bereitschaft zu persönlichem Engagement und zum Mittragen von Verantwortung kann nur in dem Maße entwickelt werden, als es gelingt, hierarchische Entscheidungsmechanismen und bürokratische Arbeitspraktiken abzubauen.

ALTERNATIVEN

Historisch betrachtet kann man drei verschiedene Formen der Hierarchie unterscheiden, die in etwa auch drei verschiedenen Phasen in der Entwicklung einzelner Organisationen entsprechen. In der Frühphase kann man von einer patriarchalischen Hierarchie sprechen. Die Untertanen oder Untergebenen sind auf mächtige, charismatische Vater- und Führerfiguren hin orientiert. Im Laufe der zunehmenden Technisierung und mit dem Größerwerden der Organisationen müssen jedoch immer mehr hierarchische Zwischenstufen gebildet werden. An die Stelle von persönlicher Ausstrahlung und persönlichen Bindungen treten vielfältige, personenunabhängige, schriftlich festgelegte Spielregeln und Verhaltensnormen. Die bürokratische Hierarchie breitet sich aus. Die Entpersönlichung macht jedoch die Organisation für den einzelnen nicht durchschaubarer, nicht kontrollierbarer. Im Gegenteil: Die Schaltzentren entziehen sich durch ihre Anonymität erst recht einem Zugang. Ihre Allmacht wird noch unheimlicher.

In einer dritten Phase, die heute teilweise erreicht ist, kann man von demokratischen Hierachien sprechen: Die Schaltzentren sind durch demokratisch legitimierte Instanzen kontrolliert. Sie verfügen nicht mehr über unumschränkte Macht. Das Grundproblem ist aber nach wie vor ungelöst: Die Kontrolle wird ihrerseits durch eine Hierarchie von gewählten Vertretern ausgeübt. Das Geschehen ist deshalb für den einzelnen nach wie vor »unbegreifbar«. Auch an seiner Abhängigkeit von Vorgesetzten hat sich nicht viel geändert. Arbeitsinhalt, Informationsstand und Handlungsspielraum sind wie eh und je eng begrenzt. Durchblick und direkte Einflußmöglichkeiten bleiben minimal.

Hier liegt der Hauptgrund für das mangelnde Engagement der Menschen und mithin für die zunehmende Unregierbarkeit und Unwirksamkeit unserer Organisationen – im betrieblichen wie im staatsbürgerlichen Bereich. Man muß kein politscher Extremist sein, um vorauszusagen, daß wir mit unseren derzeitigen Formen des Zusammenlebens und Zusammenwirkens noch nicht am Ende unserer sozialen Entwicklung angelangt sind – daß wir in der Zukunft neue, differenziertere und menschengerechtere Formen der gegenseitigen Verständigung und der Zusammenarbeit brauchen werden, als die Pyramide der Hierarchie sie uns bietet.

Aber haben wir denn Alternativen?

Diskussionen über diese Frage enden fast gesetzmäßig mit einem ideologischen Streit darüber, was mit den Menschen – mit gewöhnlichen, normalen Menschen »wie der liebe Gott sie nun mal geschaffen hat« – überhaupt machbar sei und was nicht. Und da sich die meisten Leute ihr Urteil über die Menschen aufgrund von Erfahrungen bilden, die sie in hierarchischen und bürokratischen Organisationen machen, hält kaum jemand etwas anderes als strikte Arbeitsteilung und straffe Hierarchie für machbar.

Mitbestimmung beginnt am Arbeitsplatz

Einer, der schon vor 20 Jahren etwas anderes für machbar gehalten hat, ist der norwegische Sozialpsychologe Einar Thorsrud, einer der bedeutendsten Wegbereiter der sogenannten Wirtschaftsdemokratie. Das Konzept selbständiger Arbeitsgruppen ist untrennbar mit seinem Namen verknüpft. Thorsrud vereinigt in seiner Person nicht nur alle Qualitäten eines brillanten Wissenschaftlers, sondern auch diejenigen eines großen Diplomaten. Er hat in seinem Leben Kunststücke fertiggebracht, die ihresgleichen suchen. Zwei davon sind für seine spätere wissenschaftliche Arbeit von besonderer Bedeutung gewesen.

Zum einen hat er führende Forscher des Londoner Tavistock Institutes für Human Relations nach Norwegen geholt. Diese Forscher hatten erstmals konkrete Mittel und Wege gefunden, um durch direkte Beteiligung der Mitarbeiter am Planungs- und Entscheidungsprozeß die betriebliche Leistungskapazität zu steigern. Eine ihrer Pionierarbeiten – die Kohlenbergbaustudie – ist im vierten Kapitel dieses Buches beschrieben. Die Wissenschaftler waren jedoch mit ihren Lösungsvorschlägen auf wenig Interesse seitens der britischen Wirtschaft gestoßen. Thorsrud konnte seine britischen Kollegen nun für Projekte in norwegischen Betrieben gewinnen und sicherte sich dadurch die Mitarbeit der damals führenden Köpfe auf dem Gebiet sozialwissenschaftlich fundierter Arbeitsorganisation.

Zum zweiten aber gelang es ihm, Arbeitgeber, Gewerkschaften und Regierung in Norwegen an einen Tisch zu bringen und mit ihnen die Trägerschaft für ein langfristiges Forschungsprojekt zu bilden. Dies weist ihn als Mann von überragender integrativer Kapazität aus. Die Gewerkschaften konnten dafür gewonnen werden, einen bereits vorliegenden Gesetzesentwurf zurückzustellen, welcher die Mitbestimmung im wesentlichen durch Vertretung der Arbeitnehmer auf Aufsichtsratebene regeln wollte. Thorsrud vertrat die Ansicht, daß die Mitwirkung am Arbeitsplatz beginnt. Er sah sich mit seinen Mitarbeitern in verschiedenen europäischen Ländern um, studierte eingehend die herkömmlichen Formen der Mitbestimmung und legte 1964 einen Bericht über seine Befunde vor.

Im Gegensatz zu anderen, meist von psychologischen Laien durchgeführten Erhebungen über Mitbestimmung kam dieser Bericht ganz klar zum Schluß, daß die Vertretung der Arbeitnehmer im Aufsichtsrat im Sinne wirklicher Demokratisierung mehr Nachteile als Vorteile bringt. Der Hauptvorwurf Thorsruds läuft ziemlich genau auf das hinaus, was wir heute zunehmend auch im staatsbürgerlichen Bereich als Problem erkennen: Die sogannte demokratische Meinungs- und Entscheidungsbildung wird immer mehr zu einer Angelegenheit einer kleinen Elite professioneller Politiker, während die große Masse völlig unbeteiligt und desinteressiert im Abseits steht oder sich zumindest in eine Rolle abgedrängt sieht, die etwa mit derjenigen eines Zuschauers auf dem Fußballplatz vergleichbar ist.

Was in den Aufsichtsratssitzungen diskutiert wird – so argumentierte Thorsrud – ist für den einzelnen Arbeitnehmer in der Regel weder unmittelbar interessant noch geistig nachvollziehbar. Die meisten Arbeitnehmer bleiben deshalb von vornherein unbeteiligte Außenstehende. Aber auch den wenigen, die als Vertreter in den Aufsichtsrat gewählt werden, fehlt oft genug die notwendige Ausbildung und Erfahrung, um auf Unternehmensebene wirklich mitreden zu können. Dadurch ist, unabhängig vom arithmetischen Kräfteverhältnis, der Manipulation durch die Ratskollegen Tür und Tor geöffnet.

»Wenn die demokratische Beteiligung Wirklichkeit werden soll«, so Thorsrud, »erscheint es absolut notwendig, daß sie auf einer Ebene beginnt, wo die Mehrheit der Beschäftigten zur Beteiligung willens und in der Lage ist. Nach unserer Auffassung heißt das, daß wir bei der Arbeitssituation des einzelnen ansetzen und dort die Bedingungen für die persönliche Beteiligung verbessern müssen.« Dies ist der Geist, in dem die Forschungsarbeiten in verschiedenen norwegischen Unternehmungen, die sich freiwillig zur Teilnahme an Experimenten bereit erklärt hatten, aufgenommen wurden.

Abschied von der Vergangenheit

Eines der bemerkenswertesten Beispiele betrieblicher Demokratisierung findet sich in der norwegischen Handelsmarine. Das Beispiel ist aus zwei Gründen besonders interessant.

Erstens, weil es die Schiffahrt betrifft – einen Wirtschaftszweig, der aus alter Tradition besonders straff hierarchisch und bürokratisch organisiert ist. Und zweitens, weil es die Alternativen zeigt, die wir haben: flexible, mehrdimensionale Formen der Organisation.

Anfangs der siebziger Jahre sahen sich die Reedereien veranlaßt, die Situation auf den Schiffen grundsätzlich zu prüfen. Es wurde immer schwieriger, Nachwuchs für die Schiffsbesatzungen zu finden. Der Arbeitsmarkt in Norwegen war angespannt. Gleichzeitig wurde die Schulbildung immer besser. Sie dauerte über das Alter hinaus, in dem junge Leute früher auf See zu gehen pflegten. Aber auch auf den Schiffen hatte sich die Situation verändert. Die normale Schiffsbesatzung hatte sich als Folge der technologischen Entwicklung stark reduziert. Die einzelnen Abteilungen wurden so klein, daß sie als geschlossene Einheiten nicht mehr lebensfähig waren. Gleichzeitig wurde es immer schwieriger, die modernen, hochautomatisierten Schiffe mit den beruflich wenig qualifizierten Matrosen alter Schule sicher zu führen. Dazu kam, daß die norwegischen Seeleute vor allem der jüngeren Generation immer weniger bereit waren, sich in eine quasi militärische Arbeitsorganisation mit einem starren Statussystem von bis zu neun hierarchischen Rängen innerhalb einer einzelnen Abteilung einzuordnen. Und endlich herrscht auf See eine besondere Situation: Die Schiffsbesatzung ist eine 24-Stunden-Gemeinschaft. Die Menschen verbringen nicht nur ihren Arbeitstag, sondern auch die Freizeit an Bord. Die privaten Interessen der jungen Leute aber hatten sich ebenfalls verändert – und die Schiffskultur mußte dieser Veränderung Rechnung tragen.

Das Institut für Arbeitspsychologie in Oslo unter der Leitung von Einar Thorsrud wurde eingeladen, die Situation zu untersuchen. Die Forscher machten ihre Mitarbeit von einer Bedingung abhängig: Es sollte keine Tabus geben. Das Reedereimanagement mußte sich bereit erklären, auch die Führungsstruktur auf den Schiffen zu verändern, also die Hierarchie abzubauen, wenn sich dies als sinnvoll und notwendig erweisen sollte – und dies war mehr als wahrscheinlich. Des weiteren machten sie von Anfang an klar, daß sie, die Forscher, das Projekt lediglich begleiten würden. Es mußte also eine Trägerschaft gefunden werden – jemand, der mit der Situation auf See vertraut war und das Projekt leiten konnte. In der Person eines bestimmten Kapitäns fand sich ein Mann, der die notwendigen Voraussetzungen mitbrachte. Mit ihm nahm alles seinen Anfang, was später dem Bordbetrieb auf vielen Schiffen ein völlig neues Gesicht geben sollte.

Projektschiff »Balao«

Auf mehreren Projektschiffen wurden im Laufe einiger Jahre Sozialexperimente durchgeführt. Eines davon war die »Balao«. Der erste Schritt bestand darin, daß die Forscher anheuerten und während Wochen und Monaten das Leben von Matrosen lebten. So lernten sie die Arbeit und das soziale Leben an Bord »von innen« kennen. Und mehr als Kollegen denn als Experten halfen sie im weiteren Verlauf des Projektes der Schiffsbesatzung, ihre Situation kritisch zu überdenken und neue Lösungen für die alten Probleme an Bord zu entwikkeln.

Eines war von Anfang an klar: Wenn ein Demokratisierungsprozeß stattfinden sollte, dann mußten nicht nur hierarchische Schranken, sondern auch die traditionellen Barrieren zwischen dem Deckbetrieb, dem Maschinenraum und dem Innendienst (Unterkunft, Verpflegung etc.) abgebaut werden. Die Schiffsbesatzung mußte zu einer Arbeits- und Lebensgemeinschaft integriert werden. Dazu war eine wesentlich bessere Ausbildung der Seeleute erforderlich. Nun war aber an Bord ein ständiges Kommen und Gehen. Viele Seeleute blieben nur für eine Fahrt oder allenfalls für ein Jahr an Bord – bis zum nächsten längeren Urlaub. Nach den Ferien heuerten sie auf irgendeinem anderen gerade vor Anker liegenden Schiff wieder an. Leute, die nur kurzfristig mit von der Partie sind, kann man aber nicht systematisch aus- und weiterbilden. Es mußten also grundlegend neue personalpolitische Konzepte entwickelt werden.

An Bord der »Balao« kam zunächst eine Zeit ausgedehnter und manchmal schwieriger Diskussionen. Zuerst glaubte die Crew, das Wichtigste sei die Freizeitgestaltung. Wenn die allgemeinen Lebensbedingungen an Bord verbessert werden könnten, würde sich dies automatisch auch auf die »Arbeitsmoral« auswirken. Eine der wesentlichen Neuerungen, die eingeführt wurden, war ein gemeinsamer Aufenthaltsraum. Doch diese Strategie sollte sich nur teilweise als richtig erweisen. Der Kapitän erklärt dazu rückblickend: »Wir haben gelernt, das Schwergewicht immer mehr von der Wohlfahrt auf die Arbeit selbst zu verlagern, um die Qualität des Lebens an Bord zu verbessern.« Schrittweise wurden die einzelnen Arbeiten und Abläufe kritisch durchleuchtet. Neue Lösungen wurden diskutiert, ausprobiert und, wenn sie sich bewährten, eingeführt. Das Ganze war ein langer Prozeß. Aber durch die intensiven gemeinsamen Diskussionen sowohl in Arbeitssitzungen als auch in der Freizeit entwickelte sich eine völlig neue Art der Beziehung zwischen der Schiffsleitung und der Mannschaft: gegenseitiges Vertrauen anstatt Befehl und Gehorsam. Dies wiederum förderte auf beiden Seiten die Bereitschaft, neue Wege zu gehen.

Die straffe Hierarchie und die Trennung nach den herkömmlichen drei Abteilungen mit »Spezialisten«, die ihr Eigenleben führten, wurden schrittweise abgebaut. Das Ziel war, die Arbeit so zu organisieren, daß die tägliche Routine von einzelnen Arbeitsgruppen völlig selbständig erledigt werden konnte. Dazu waren universell einsetzbare Matrose notwendig, die sowohl auf der Brücke als auch im Maschinenraum ihren Dienst versehen konnten. Die Seeleute wurden teils an Land, teils durch ihre eigenen Vorgesetzten auf dem Schiff systematisch für die neuen Aufgaben geschult. Aus diesen Anfängern entwickelte sich das, was heute ein neues

Berufsbild ist: der »Schiffsmechaniker« mit einer soliden Grundlage sowohl in Maschinentechnik als auch in Navigation. Der Schiffsmechaniker ist zur Berufsbezeichnung geworden für den modernen, gut ausgebildeten Seemann, der nicht nur auf See, sondern auch zu Lande interessante berufliche Entwicklungsmöglichkeiten hat.

Mit dem Gruppenkonzept, der vielseitigen Einsetzbarkeit des einzelnen Seemannes und der späteren Einführung des festen Monatsgehaltes waren nun alle Voraussetzungen für eine flexible Mannschaftsplanung geschaffen. Dienstzeit und Urlaub konnten so disponiert werden, daß jeder nach seinen Ferien wieder auf »sein« Schiff zurückkehren konnte. Damit hatten nicht nur die oft schier unlösbaren Personalprobleme ein Ende. Es kam auch zu einer nie zuvor gekannten Stabilisierung der sozialen Beziehungen auf dem Schiff.

Selbständigkeit wird zur Lebensform

Das Leben an Bord der »Balao« hat sich im Laufe der Zeit grundlegend geändert. In Planungsgruppen wird alles gemeinsam diskutiert, was für einen reibungslosen Ablauf und für die Sicherheit des Schiffes erforderlich ist. Alle sind bereit, gemeinsam die Verantwortung für das Schiff zu tragen. So finden zum Beispiel regelmäßig und unter sehr realistischen Bedingungen Rettungsboot- und Feueralarmübungen statt. Diese Übungen werden von der Mannschaft völlig selbständig geplant und durchgeführt.

Auch das Freizeitleben hat sich grundlegend geändert. Freizeit bedeutet nicht mehr in erster Linie »Erholung durch Nichtstun in der Kabine«. Die ganze Mannschaft ist aktiv. Es wird intensiv Sport getrieben – alles, was auf See möglich ist: Schwimmen, Schießen, Tischtennis und anderes mehr. Es wird eine eigene Bordzeitung herausgebracht, und es finden laufend kulturelle und Bildungsveranstaltungen verschiedenster Art statt, die größtenteils von der Mannschaft selbst geplant und durchgeführt werden.

Der tägliche Normalbetrieb des Schiffes wird von der Mannschaft praktisch selbständig sichergestellt. Unfälle und Krankheiten sind äußerst selten geworden. Das Management konzentriert sich auf Fragen der Langfristplanung. Wöchentlich einmal kommt die ganze Mannschaft zusammen, um aufgrund der zunehmenden Erfahrung die Arbeitsorganisation zu diskutieren und zu verbessern. Der Kapitän kommentiert das wie folgt: »Da ist nicht ein System über Bord geworfen und ein anderes eingeführt worden. Da ist organisatorische Kapazität in das Schiff und seine Besatzung eingebaut worden.«

Es herrscht allgemein ein experimentierfreudiges Klima. In der Praxis bedeutet dies nicht selten, daß ein Mitglied der Schiffsleitung – auch der Kapitän – in die Rolle eines Seemanns schlüpft – und umgekehrt. Rollentausch wird überhaupt groß geschrieben. Es gibt heute keine »Abteilungen« und keine »Spezialisten« mehr. Dies heißt nicht, daß die Verantwortlichkeiten nicht klar definiert wären oder daß die Seeleute ihre berufliche Identität verloren hätten. Sie übernehmen vielmehr von Fall zu Fall immer wieder andere Rollen – entsprechend den betrieblichen Anforderungen an Bord und entsprechend ihren eigenen beruflichen Interessen und Karriereplänen. In der einen Arbeitssituation erwerben sie irgendwelche speziellen Kenntnisse und Fertigkeiten, in einer anderen dagegen weiten sie ihre Übersicht und ihren allgemeinen Horizont aus.

Flexible, mehrdimensionale Organisation

Wer sein ganzes Berufsleben in straff hierarchisch und bürokratisch gegliederten Betrieben zugebracht hat, fragt sich natürlich, wie so etwas überhaupt funktionieren kann. Entsteht da nicht ein in kritischen Situationen gefährliches Chaos? Setzt denn ein geregelter Betrieb auf einem Schiff nicht eine klare organisatorische Struktur voraus? Die Antwort lautet: Es gibt auf der »Balao« nicht eine, sondern mehrere – im Prinzip drei – verschiedene Organisationsformen, die je nach Situation in Kraft treten.

Die erste besteht aus verschiedenen selbständigen Arbeitsgruppen, die ihren Dienst ohne formelle Aufsicht, also ohne verantwortliche Vorgesetzte versehen. Sie regelt den normalen betrieblichen Alltag, der ungefähr 90 Prozent der Zeit ausmacht. Die zweite ist eine Art Matrix-Organisation, in der mehrere Steuerungszentren vorhanden sind und in der die Mitarbeiter zwischen einem angestammten und mehreren zusätzlichen Arbeitsplätzen rotieren. Sie tritt bei speziellen Manövern, etwa bei Hafenein- und -ausfahrten in Kraft. Die dritte beruht auf fester Zuteilung genau umgrenzter Einzelaufgaben und straff hierarchischer, beim Kapitän zentralisierter Führung. Sie wird nur im Rahmen von Sicherheitsübungen für den Katastrophenfall geprobt.

Eine fest vorprogrammierte Struktur auf der Basis von Spezialisierung und Hierarchie ist also noch vorhanden – aber nur als Trockenübung für mögliche Ausnahmesituationen, in denen es auf Sekunden ankommen mag. Im täglichen Leben an Bord sind die fachlichen und hierarchischen Schranken weitgehend aufgehoben. Die Schiffsbesatzung besteht nicht mehr aus verschiedenen getrennten organisatorischen Einheiten und Statusebenen, sondern aus sich gegenseitig überlappenden Gruppen, die eine integrierte Arbeits- und Lebensgemeinschaft bilden. Dies zeigt sich auch in der Art und Weise, wie die Menschen an Bord der »Balao« miteinander umgehen. Alle speisen im gleichen Raum, und niemand legt Wert auf einen angestammten Sitzplatz. Das soziale Leben spielt sich in offenen, wechselnden Gruppierungen ohne Statusgrenzen ab – beim Kartenspiel, beim Sport, beim Fernsehen, beim Musikmachen, beim Studieren oder beim Landgang. Man kümmert sich umeinander und schließt Freundschaften entsprechend den persönlichen Interessen und Eigenarten.

Die Offenheit der Kommunikation zeigt sich aber nicht nur nach innen, sondern auch nach außen. Die Mitarbeiter der

»Balao« sind sehr aktiv in allen möglichen sozialen Vereinigungen, ganz besonders aber in Berufsverbänden sowie in beruflichen Aus- und Weiterbildungsinstitutionen. Viele Teilzeitlehrkräfte der Schulen, in denen die »Schiffsmechaniker« ausgebildet werden, rekrutieren sich aus der Mannschaft der »Balao« oder eines der anderen Projektschiffe.

Von den Pionierschiffen sind inzwischen weitreichende Impulse zu strukturellen Reformen in der norwegischen Handelsmarine ausgegangen. Es gibt heute wesentlich bessere und für junge Leute wieder attraktive berufliche Ausbildungs- und Entwicklungsmöglichkeiten. Auf der anderen Seite werden die Erfahrungen an Bord der Projektschiffe systematisch anderen Schiffen zugänglich gemacht. Das Bemerkenswerte an diesem langfristig angelegten Reformprogramm liegt jedoch darin, daß jedes Schiff als selbständige soziale Gemeinschaft betrachtet wird, die ihren eigenen Weg zu neuen Formen der Zusammenarbeit und des Zusammenlebens finden muß. Die »Balao« ist deshalb nicht zu einem »Modell« geworden, das man einfach auf andere Schiffe zu übertragen versucht. Statt dessen finden in regelmäßigen Abständen intensive Workshops statt, in denen die Besatzung der »Balao« mit der eines anderen Schiffes zusammenkommt, um über die Arbeit und das Leben auf See zu diskutieren und Erfahrungen auszutauschen. Das Programm läuft unter dem Titel »Ship meets Ship« und bezweckt die systematische Entwicklung demokratischer Organisationsformen in der norwegischen Handelsmarine.

4. KAPITEL:
DIE VERWIRRUNG UM DAS LEISTUNGSPRINZIP

ARBEIT – WEG ZUM GLÜCK?

An der Idaho State University wurde vor einiger Zeit eine Untersuchung über die Ursachen der zunehmenden Selbstmorde junger Menschen durchgeführt. Insgesamt 60 Suizidfälle bei Studenten wurden durch eingehende Gespräche mit Freunden und Angehörigen der Verstorbenen genau abgeklärt. In 85 Prozent dieser Selbstmordfälle wurde ein und dasselbe Motiv ermittelt: Die Studenten hatten sich umgebracht, wei sie in ihrem Leben keinen Sinn mehr finden konnten. Das besonders Irritierende an den Untersuchungsergebnissen aber war folgendes: Mit Ausnahme einiger ganz weniger, die als möglicherweise milieugeschädigt eingestuft wurden, waren die Selbstmörder alle seelisch gesund, in das soziale Leben integriert, in ihrem Studium erfolgreich und hatten keine wirtschaftlichen Probleme.

Auf der Suche nach Sinn

»Worin siehst du eigentlich den Sinn deines Lebens?« Diese Frage hat mir kürzlich einer meiner Söhne in aller Gemütlichkeit und scheinbar beiläufig während des Abendbrots gestellt. Vielleicht versuchen Sie einmal, diese Frage für sich zu beantworten. Ich jedenfalls mußte erst einmal leer schlucken und anschließend bekennen, daß mir auf Anhieb nichts Befriedigendes einfiel. Eine dumme Frage? In keiner Weise. Eine sehr berechtigte sogar. Nur: Wir sind verbildet. Wir sind hoffnungslose Pragmatiker. Das Leben hat uns abgewöhnt, über uns selbst, unsere Ziele und unsere Wertvorstellungen nachzudenken. Wir leben in den Tag hinein und unterwerfen uns – leidend oder nicht leidend – all dem, was wir im Nachhinein als Schicksal, als Sachzwänge, als höhere Gewalt bezeichnen. Ob das, was wir tun, und wie wir es tun, auch wirklich das ist, was wir mit unserem Leben anfangen wollen – diese Frage verdrängen wir so lange, bis unser eigenes Unbewußtes uns zwingt, Bilanz zu ziehen. Das Resultat ist dann die »Krise in der Mitte des Lebens« oder gar die Krise im Alter.

Nach Jahrzehnten der Zerstörung und des Wiederaufbaus, nach einem Vierteljahrhundert des Fleißes und des Sparens nach einer Hochblüte kleinbürgerlicher Wohlstandsphilosophie, stehen wir heute vor einer Generation junger und nicht mehr ganz junger Menschen, die sich in dieser Welt nicht mehr zurechtfinden – Menschen, die sich nicht mehr einordnen können, die alles lästig hinterfragen und die sich nicht mit halbherzigen Antworten abspeisen lassen. Wir stehen vor Millionen von Menschen, die ausbrechen – aus der Familie, aus der Schule, aus dem Betrieb, in die Scheinwelt der Drogen, in die Depression, in die Kriminalität – nicht weil sie »verrückt« sind, sondern weil sie in ihrer Existenz nichts finden können, wofür zu leben es sich lohnt. Sie sind in ihrem tiefsten Innern unerfüllt und wenden sich, jeder auf seine Weise, ab – von der Umwelt, von der Gesellschaft oder gar vom eigenen Leben.

Der »Wille zum Sinn« – wie der Psychoanalytiker Viktor Frankl es genannt hat – entpuppt sich heute immer mehr als ein zentrales Motiv menschlichen Strebens. Es gibt arme Menschen, die glücklich sind – und reiche, die sich aus Verzweiflung am Leben, das sie führen, umbringen. Was der Mensch braucht, um mit sich selbst und seinem Leben zufrieden sein, ist die Möglichkeit, etwas zu tun, worin er selbst und andere einen wertvollen Beitrag sehen. Nur wenige wollen und suchen nichts anderes als ihren eigenen unmittelbaren Vorteil. Die meisten möchten nicht zuletzt ein nützliches Mitglied der Gesellschaft sein. Der Mensch, so scheint es, ist in der Tiefe seiner Seele sehr viel moralischer als sein Ruf.

Aber es ist eine Sache, aus den Trümmern einer durch Krieg zerstörten Welt eine neue Existenz aufzubauen – und eine andere, in die Welt von heute hineingeboren zu werden, in welcher der Wohlstand für alle praktisch vorgegeben, fast nur noch eine Frage der Verteilung ist. Wer heute als junger Mensch Pionier sein, etwas Neues schaffen möchte, befindet sich in einer schwierigen Lage. Alles ist bereits da. Verlangt wird Dankbarkeit – und verlangt wird Anpassung. Der junge Mensch von heute muß sich abfinden mit Formen des Zusammenlebens und der beruflichen Arbeit, die eigentlich für Menschen mit einer ganz anderen Erziehung und einem sehr viel engeren Bildungshorizont geschaffen worden sind – für Menschen, die nichts anderes kannten, als sich in ein von anderen gesteuertes Schicksal zu ergeben und in der Erfüllung einfacher, vorgegebener Aufgabe ihren Beitrag zum Gemeinwohl zu sehen.

Wertsysteme geraten durcheinander

Zwischen dem, was die Menschen, vorab die jüngeren Menschen, suchen, und dem, was die Arbeitswelt von heute ihnen bietet, befinden sich Welten. Wie unüberbrückbar dieser Graben ist, kann man nicht besser veranschaulichen, als es der Bericht eines Mannes tut, der seit Jahrzehnten als Meister in einem alteingesessenen deutschen Unternehmen der Maschinenbaubranche tätig ist und heute die mechanische Teilefertigung mit rund 200, vorwiegend gelernten Facharbeitern leitet – ein reifer, hochkarätiger, betriebs- und lebenserfahrener Mann. Sein Hauptproblem ist der Nachwuchs. Er verfügt über einen soliden Stamm ausgezeichneter, langjähriger Mitarbeiter. Es wird jedoch immer schwieriger, junge Mitarbeiter zu finden – und noch schwieriger, sie zu behalten.

»Diese jungen Leute haben eine ganz andere Mentalität – eine ganz andere Einstellung zur Arbeit, als wir sie gelernt haben. Ich weiß wirklich nicht, wo das noch hinführt. Nehmen wir nur das jüngste Beispiel. Da kommt ein Neuer, an sich ein intelligenter und sympathischer junger Mann. Aber der hat gleich von Anfang an Probleme gemacht. Die Arbeit schien ihn nicht sonderlich zu interessieren. Er hat sich vielmehr überall umgesehen und immer wieder versucht, mit seinen Kollegen ins Gespräch zu kommen. Aber die wollten sich nicht bei der Arbeit stören lassen. Am zweiten Tag gab es bereits Knatsch. Er wurde plötzlich laut: ›Seid ihr denn alle vollständig bekloppt!? Jetzt sehe ich euch seit zwei Tagen zu, wie ihr dasteht, jeder an seiner Maschine, vom Morgen bis am Abend – wie die dressierten Affen. Macht ihr das eigentlich das ganze Jahr?‹ Das waren seine Worte – nicht gerade seine letzten, aber lange ging es nicht mehr. Ich mußte ihn entlassen. Dies ist nur ein Beispiel von vielen – das allerletzte. Irgend etwas stimmt da ganz grundsätzlich nicht mehr.« Und er erzählt weiter: »Kürzlich bin ich zu einem von der Gewerkschaft organisierten Seminar gegangen. Laut Prospekt war der Zweck der Veranstaltung der ›Dialog zwischen den Generationen‹. Das hat mich interessiert. Auf der einen Seite waren junge Leute da, vor allem Studenten und Studentinnen, auf der anderen Seite Leute aus Betrieben, hauptsächlich Führungskräfte. Was die da mit uns gemacht haben – so etwas hatte ich nicht erwartet. ›Warum habt ihr den Zweiten Weltkrieg nicht verhindert?‹ – das haben die uns beispielsweise gefragt. Ich wußte zuerst überhaupt nicht, was ich antworten sollte. Dann habe ich gesagt: ›Als einzelner konnte ich doch den Zweiten Weltkrieg nicht verhindern – keiner von uns.‹ Aber das wollten die überhaupt nicht gelten lassen. ›Das ist es eben‹, haben sie gesagt, ›wenn jeder schweigt, weil er Schiß hat, kann jede denkbare Schweinerei geschehen – und niemand ist dann schuld gewesen.‹ Die Mädchen waren die Aggressivsten. Wissen Sie, was eine von ihnen zu uns gesagt hat? ›Ihr habt drauflosgebumst, nur zu eurem eigenen Vergnügen – aber hat einer von euch sich auch nur einmal überlegt, in was für eine Welt er das Kind setzt, das da gezeugt wird?‹ Solche Dinge haben die uns um die Ohren gehauen. Ich wußte manchmal nicht, wo mir der Kopf stand. Aber das eine oder andere hat mir im Nachhinein doch zu denken gegeben. Die Jungen denken einfach ganz, ganz anders. Da kommen wir zum Teil gar nicht mit. Aber so ganz unrecht haben sie nicht bei allem, was sie sagen.«

Man mag einwenden, die Jungen hätten schon immer einen Hang zum »Philosophieren« gehabt. Oder man kann sagen, die Aussagen eines einzelnen seien nicht repräsentativ. Umfangreiche demoskopische Untersuchungen zeigen aber, daß sich im Laufe der letzten zehn bis zwanzig Jahre eine bemerkenswerte Veränderung in den Einstellungen der Menschen vollzogen hat. Sie haben immer mehr Mühe, ihrem Leben Sinn abzugewinnen. Und dies gilt erstaunlicherweise nicht nur für die Jungen.

Wohlstand ohne Zufriedenheit

»Zwei Männer unterhalten sich über das Leben. Der eine sagt: ›Jeder ist seines Glückes Schmied. Wer sich heute wirklich anstrengt, der kann es auch zu etwas bringen.‹Der andere sagt: ›Tatsächlich ist es so, daß die einen oben sind, und die anderen sind unten und kommen bei den heutigen Verhältnissen auch nicht hoch, so sehr sie sich auch anstrengen.‹ Was würden Sie persönlich sagen: Wer von den beiden hat eher recht – der erste oder der zweite?« Dies ist eine von vielen Testfragen aus Erhebungen, die das Demoskopische Institut in Allensbach zwischen 1963 und 1972 wiederholt durchgeführt hatte. Man sollte meinen, daß in diesen zehn Jahren in der deutschen Arbeiterschaft das Gefühl, auf das eigene Schicksal Einfluß nehmen zu können, zugenommen hat. Doch das Gegenteil ist der Fall. Es hat von 55 auf 51 Prozent, bei den jungen Arbeitern sogar von 56 auf 48 Prozent abgenommen.

Aber abgesehen von der Frage des eigenen Dazutuns – sind die Menschen wenigstens glücklicher geworden?

»Wenn jemand von Ihnen sagen würde, dieser Mensch ist

glücklich: Hätte er damit recht oder nicht recht?« Auf diese Frage antworteten 1954 25 Prozent mit »Hätte recht«. 1973 waren es 26 Prozent. Die Zahl der Glücklichen hat also in 20 Jahren praktisch nicht zugenommen.

Dies ist erstaunlich, denn gerade in dieser Zeitperiode sind viele der Ziele, für die in der Sozialpolitik gekämpft wurde, weitgehend erreicht worden: ein höherer Lebensstandard, die Sicherung in Notlagen, eine Zunahme der Freizeit. Eigentlich wäre zu erwarten gewesen, daß sich mit dem zunehmenden materiellen Wohlstand ein Gefühl der Freiheit, der Unabhängigkeit, der Selbstbestimmung entwickelt. Doch dem ist nicht so. Nicht nur die allgemeine Leistungsbereitschaft, auch das persönliche Wohlbefinden hat eher nachgelassen.

Elisabeth Noelle-Neumann, die Leiterin des Demoskopischen Instituts, schrieb 1975 in einem vielbeachteten Artikel in der Zeitschrift »Die Zeit«: »Erleichterung der Arbeit, Verbesserung der materiellen Lebensumstände und soziale Sicherung reichen nicht aus, um den Arbeitern ein Bewußtsein von mehr Glück, mehr Befriedigung, mehr Autonomie zu verschaffen. Der allzu einfache Gedanke, über soziale Errungenschaften lasse sich Lebensqualitäten erreichen, muß korrigiert werden.«

Daß Geld den Menschen nicht glücklich macht, ist in der Psychologie keine neue Erkenntnis. Aber es ist interessant, sie durch die Ergebnisse demoskopischer Untersuchungen bestätigt zu finden.

Das Prinzip Freiheit

Wenn es nicht der Wohlstand ist – was ist es dann, wonach wir streben? Diese Frage beantwortet Frau Noelle-Neumann aus der Sicht der Demoskopie wie folgt: »Bei der jahrelangen Suche, welche Art von Lebensumständen Menschen glücklich oder weniger glücklich macht, bin ich immer wieder auf eines gestoßen: den unglaublichen Unterschied im Lebensgefühl, Lebensglück und in der Arbeitszufriedenheit zwischen Arbeitern und Selbständigen, selbst bei der jungen Generation.« Nur 35 Prozent der jungen Arbeiter sagen von sich: »Ich habe große Freude an meiner Arbeit« – bei den jungen Selbständigen sind es 64 Prozent. Bei der älteren Generation ist der Unterschied noch geprägter: 43 Prozent der älteren Arbeiter haben Freude an ihrer Arbeit – und 81 Prozent der älteren Selbständigen. Die Erklärung, dies sei lediglich die Auswirkung höherer Einkommen, läßt sich widerlegen, und an Freizeit – von den meisten damals wie heute höher bewertet als das Geld – mangelt es gerade den Selbständigen. Wie also erklärt sich der hohe Grad ihrer Zufriedenheit?

Er erklärt sich aus dem Bewegungsspielraum des Selbständigen, aus der Möglichkeit der Selbstbestimmung, der Chance, die Dinge nach eigenem Urteil und aufgrund eigener Entscheidungen zu tun. Dies bestätigt sich wiederum durch Umfrageergebnisse. 1973 wurde einem repräsentativen Querschnitt der gesamten berufstätigen Bevölkerung die Frage gestellt, wie frei der einzelne sich fühlt. Der subjektiv empfundene Freiheitsgrad war durch eine Skala zu bewerten: »0 würde bedeuten, Sie hätten in Ihrem Beruf keine Freiheit, etwas zu entscheiden, und 10 würde bedeuten, Sie fühlen sich in Ihren beruflichen Entscheidungen ganz frei und unabhängig. Auf welcher Stufe würden Sie sich einordnen?« Von den Arbeitern mit großem Freiheitsraum in ihrer Arbeit wirkten nur 28 Prozent »eher unglücklich«, von denen mit mittlerem Freiheitsraum 34 Prozent, von denen mit wenig Freiheitsraum 41 Prozent. Andere Testfragen bestätigen das Ergebnis. Sogar bei Putzfrauen zeigt sich eine größere Lebensfreude, ein größeres persönliches Wohlbefinden, wenn das Gefühl besteht, in der Arbeit einen gewissen Spielraum für eigene Entscheidungen zu haben.

Freiheit – dies ist nicht gleichzusetzen mit hierarchischem Aufstieg. Das Statusdenken bestimmt längst nicht in dem Maße die Berufsvorstellungen des einfachen Arbeiters oder Angestellten, wie es die Vorstellungen derjenigen prägt, die sich über die Beweggründe anderer den Kopf zerbrechen – die

Unternehmer, die Manager und die Sozialwissenschaftler. Berufliche Zufriedenheit und Anreiz zu guten Leistungen versprechen sich die Menschen mehrheitlich von einer Tätigkeit, die ihren fachlichen Interessen entspricht und mit einem möglichst hohen Grad der Selbständigkeit verbunden ist. Und die meisten glauben, daß ihre Leistungsfähigkeit entscheidend von einem guten Betriebsklima und von offener Kommunikation, das heißt von partnerschaftlicher Zusammenarbeit mit Kollegen und Vorgesetzten abhängt. Dies ist der rote Faden, der sich durch alle neueren Untersuchungen zieht.

Sozialpolitik in der Sackgasse

Daß Menschen frei und selbständig sein möchten, ist an sich gar nichts Neues. Auch früher hat es laufend Anzeichen dafür gegeben. Aufgrund eines verzerrten Menschenbildes sind aber diese Zeichen immer wieder übersehen oder fehlgedeutet worden. Wenn der Arbeiter schon vor 30 Jahren lieber mehr Freiheit als mehr Geld haben wollte, dann schien der Beweis für seine Faulheit auf dem Tisch zu liegen – und wenn er sein Auto hegte und pflegte, dann sah da niemand eine geheime Sehnsucht nach Freiheit und Bewegungsspielraum; das Urteil lautete: Prestigesucht. 1975 wurden die Ergebnisse einer im Auftrag der Zeitschrift »Capital« durchgeführten Untersuchung veröffentlicht. In dieser Studie mit dem Titel »Die neue Arbeitsmoral. Der Wandel in der Leistungsbereitschaft der Deutschen« waren rund 2000 Bürger aller Schichten und Berufszweige nach ihrer Tätigkeit, ihrer Arbeitszufriedenheit, ihren Karrierevorstellungen und Fortbildungsaktivitäten sowie nach ihrem Freizeitverhalten und ihren allgemeinen Lebenswünschen befragt worden. Eine Kernfrage lautete: »Für welche Ziele sind Sie bereit, sich anzustrengen?« Eine Antwort lag mit Abstand an der Spitze: »Für persönliche Unabhängigkeit.« 85 Prozent der Bevölkerung sind dieser Ansicht. Konsum- und freizeitbezogene Ziele nehmen erst die dritte Position in der Rangliste ein. Die Verfasser der Studie kommentieren: »Das Verlangen nach einem individuellen Freiraum und das Bedürfnis, sinnvoll tätig zu sein, ist den meisten Deutschen noch weitaus wichtiger als der Wunsch nach sozialer Sicherheit.«

Frau Noelle-Neumann gelangt zu folgender These: »Sozialpolitik muß Phantasie entwickeln, wie für die Menschen in allen Lebensbereichen mehr Freiraum für persönliche Entscheidungen geschaffen werden kann. Die Vorstellung, nur Eliten wüßten Freiheit zu schätzen, ist aufzugeben. Menschen aller sozialen Schichten empfinden Möglichkeiten persönlicher Mitwirkung oder Entscheidung als Selbstverwirklichung, als Stärkung, als Lebensqualität.«

Unverarbeitetes »Wissen«

In der Sackgasse befindet sich aber nicht nur die Sozialpolitik, sondern auch das betriebliche Management. So unglaublich es klingt: Ein überwiegender Teil der Führungskräfte ist heute nach wie vor der festen Überzeugung, daß die meisten Mitarbeiter vorwiegend, wenn nicht ausschließlich an Geld interessiert sind. Dies ist eine ebenso alte wie fatale »optische Täuschung«. Geld heißt nicht nur »Kaufkraft«. Geld kann noch eine ganze Reihe anderer Bedeutungen haben. Eine der wichtigsten ist »Anerkennung«. Es gibt viele Menschen, die sich selbst und den »Wert« ihrer Person durch all das definieren, was sie im Beruf erreicht haben: die hierarchische Stellung, die Anzahl unterstellter Mitarbeiter – und die Höhe des Gehalts. Es ist hierbei nicht die Kaufkraft des Geldes, sondern vielmehr seine Aussagekraft, die dem einzelnen so viel bedeutet.

»Lohn« – dies ist auch für einen einfachen Arbeiter die Antwort auf viele Fragen. »Wie ist die Firma mit meiner Arbeit zufrieden?«, »Mag mich der Chef oder mag er mich nicht?«, »Hat der Meister den Unterschied zwischen meiner

Arbeit und derjenigen des Kollegen X bemerkt?« Viele scheinbar aggressive Lohnforderungen sind nichts anderes als ein verzweifelter Versuch, tatsächliche oder scheinbare »Ungerechtigkeiten« zu beseitigen, die der Mitarbeiter wahrgenommen hat. Der Maßstab ist nicht sein »Marktwert«, sondern seine Selbstbeurteilung im Vergleich zur Leistung anderer Mitarbeiter in seiner unmittelbaren betrieblichen Nachbarschaft.

Eine der wichtigsten unter den vielen Bedeutungen, die der Lohn oder das Gehalt für den einzelnen haben können, ist aber heute »Schmerzensgeld«. Der Arbeitnehmer will – und muß – buchstäblich »entschädigt« werden für all das, was ihm an seinem Arbeitsplatz an nicht materiellen Werten vorenthalten und manchmal auch an seelischem Schaden zugefügt wird.

Das Thema »Lohn und Gehalt« ist also außerordentlich vielschichtig – jedenfalls wesentlich vielschichtiger als die Überlegungen, die gemeinhin im Rahmen der Unternehmenspolitik und der Sozialpolitik dazu angestellt werden.

Abraham Maslow hat einmal gesagt: »Der Wunsch nach Eiskrem kann der indirekte Ausdruck für den Wunsch nach Liebe sein. Wenn dieser Fall eintritt, wird der Wunsch nach Eiskrem zu einer außerordentlich wichtigen Motivation.« Das war 1954. Eine etwa weniger poetische, aber immer noch klare und prägnante Formulierung stammt von Saul Gellerman: »Wenn Geld die Macht besitzt, die meisten Leute einen Teil ihrer Zeit und einen Teil der Leute die ganze Zeit zu beschäftigen, so ganz einfach deshalb, weil Geld an und für sich überhaupt keine Bedeutung hat. Es vermag deshalb die Rolle all dessen zu übernehmen, was den Leuten wirklich etwas bedeutet in ihrem Leben. Die Tatsache, daß Geld auch eine rationale ökonomische Funktion hat, trägt lediglich dazu bei, die tieferliegenden Quellen seiner Macht als Motivator zu verschleiern.« Das war Mitte der sechziger Jahre.

Aber ungeachtet psychologischer Erkentnisse und ungeachtet praktischer Erfahrungen in Betrieben, die die Konsequenzen aus diesen Erkenntnissen gezogen haben, befindet sich heute die Diskussion über das Thema »Motivation« fast unverändert auf dem gedanklichen Niveau von Frederic Winslow Taylor und Henry Ford I. Es gibt zwar in der Wirtschaft viele aufgeklärte, ja hochgebildete Führungskräfte und Spezialisten. Diese bewegen sich jedoch fast ausschließlich auf den oberen Stufen unserer Hierarchien – im Managementbereich. Die Realität unserer Arbeitswelt wird aber in erster Linie durch das Denken und Verhalten derjenigen geprägt, die an der betrieblichen Front stehen: der Meister, der Betriebsleiter, der Gruppenführer und Abteilungschefs. Auf diese Ebenen aber ist der Fortschritt der letzten Jahrzehnte nur sehr vereinzelt vorgedrungen.

Selbstverwirklichung – Privileg für Auserwählte?

Die ungenügende Qualifikation auf den unteren und mittleren Führungsstufen ist zwar vielerorts erkannt. In vielen Unternehmen wird heute auch auf diesen Stufen intensive Weiterbildung betrieben. Aber mit der »Schulung in Menschenbehandlung« ist das Problem nicht gelöst. Dieser eine wichtige Denkschritt – von der Wissenschaft vor Jahrzehnten getan – scheint für die Praktiker des Managements fast nicht nachvollziehbar zu sein: daß Motivation nicht eine Konstante, nicht angeboren und nicht ein für allemal gegeben, sondern vielmehr eine Variable, etwas Angelerntes, ja letzten Endes einfach eine Reaktion auf bestimmte Umwelteinflüsse darstellt. Mit anderen Worten: Die Bedürfnisse des Menschen verändern, verschieben, entwickeln sich je nach Situation, in der sich der einzelne befindet.

Was für Interessen ein Mitarbeiter hat, hängt zur Hauptsache davon ab, welche Bedürfnisse er in seiner derzeitigen Tätigkeit befriedigen kann – und welche nicht. Ein Mann, der seine ganze Arbeitszeit menschlich isoliert an einem Einzelarbeitsplatz verbringt, wird wenig Interesse für die Probleme seiner Kollegen oder für die Mitwirkung in betrieblichen Angelegenheiten bekunden – und neun von zehn Managern werden aus seinem Verhalten den Schluß ziehen, daß er ein Egozentriker ist, kein Kontaktbedürfnis hat und wenig Entwicklungspotential besitzt. In Wirklichkeit ist aber nicht der Mann das Problem, sondern seine Arbeit. Die in einem Menschen schlummernden Bedürfnisse sind eine Sache – seine Möglichkeiten, sie in der realen Arbeitssituation zu entwickeln, eine ganz andere.

Mit seinem Konzept der »Selbstverwirklichung« hat Maslow vor einem Vierteljahrhundert bereits erklärt, was der Mensch in letzter Konsequenz sucht: persönliches Wachstum, Entwicklung, Fortschritt. Der Mensch möchte an sich selbst Freude haben können. Und er möchte, daß andere Freude an ihm haben. Dies ist Selbstverwirklichung: das spannende Abenteuer der Selbstentdeckung. Leistung und Erfolg sind wichtige Vehikel dazu. Aber erst wenige Pioniere haben in ihren Betrieben organisatorische Strukturen und Arbeitsabläufe geschaffen, die praktisch allen Mitarbeitern die Möglichkeit zu einem fortlaufenden Entwickeln ihrer Fachkenntnisse, ihrer Fähigkeiten und ihrer Persönlichkeit bieten.

Dies ist die bittere Pille. Das Verhalten des Vorgesetzten ist zwar ein wichtiger Faktor im Arbeitsleben des einzelnen – aber nur einer von vielen, und meist nicht einmal der wichtigste. Das Problem läßt sich deshalb auch nicht durch Schulung lösen. Was wir in Angriff nehmen müssen, ist die Veränderung ungeeigneter organisatorischer Strukturen und Abläufe.

»Hygiene« und »Motivation«

»Participative Management is a visit up the hierarchy« – in freier Übersetzung: »Partizipative Führung ist eine Stippvisite beim Chef.« Der Mann, der diesen abgrundtief bösen, aber im Kern treffenden Satz geprägt hat, ist Frederick Herzberg, Schöpfer der Theorie von den »Motivatoren« und »Hygienefaktoren« und Urvater all dessen, was heute unter dem Sammelnamen »Job Enrichment« Fachleute und Laien verwirrt.

Die Theorie von Motivation und Hygiene geht zurück auf Untersuchungen, die Herzberg erstmals vor 20 Jahren durchgeführt hat. Er befragte damals Hunderte von Arbeitnehmern nach Erlebnissen im Beruf, die bei ihnen besondere Zufriedenheit oder Unzufriedenheit ausgelöst hatten. Es stellte sich heraus, daß echte Befriedigung und Engagement meist in Zusammenhang stehen mit dem Arbeitsinhalt: interessante Aufgaben, Leistung, Zunahme der Verantwortung sowie Lern- und Entwicklungsmöglichkeiten. Unzufriedenheit dagegen entsteht vorwiegend durch Faktoren, die die Arbeit »verpacken«: Lohn, äußere Arbeitsbedingungen, Betriebsklima, Beziehung zum Vorgesetzten, bürokratische Abläufe. Die Behebung von Mängeln in diesen Punkten vermag nur die Unzufriedenheit zu verhindern oder zu verringern, nicht aber echte Befriedigung und damit engagiertes Leistungsverhalten auszulösen. Mit Herzbergs Worten: »Die Abwesenheit von Schmerz ist noch nicht das Glück – sonst würde ich mir, um mich wohl zu fühlen, mit dem Vorschlaghammer eins überziehen und anschließend ein Aspirin nehmen.«

»Was die Menschen glücklich machen kann«, sagt Herzberg, »ist das, was sie tun. Was sie meistens sauer macht, sind die Umstände, unter denen sie es tun müssen. Aber ein Mann, der seine Aufgabe anspruchsvoll und spannend findet, erträgt sogar einen schwierigen Vorgesetzten.«

Hygienefaktoren sind die zu Selbstverständlichkeiten gewordenen Aspekte des Arbeitslebens. Wenn sie nicht stimmen – die Kasse zum Beispiel –, gibt es zwar Ärger. Aber wenn sie stimmen, macht einen das noch nicht glücklich. Motivatoren dagegen sind die noch nicht abgesättigten Bedürfnisse des Menschen auf seinem Weg von einem primitiven zu einem immer höher entwickelten Wesen.

Die erste Untersuchung hat Herzberg seinerzeit an Technikern und Buchhaltern vorgenommen. Dies wird immer wieder zum Anlaß genommen, die Allgemeingültigkeit von Herzbergs Aussage anzuzweifeln. Aber ausgerechnet diese häufigste Kritik ist nicht stichhaltig. Die Skeptiker weigern sich ganz einfach, all die unzähligen Untersuchungen zur Kenntnis zu nehmen, die im Laufe der letzten 15 Jahre Herzbergs Befunde in den wesentlichen Punkten für praktisch alle Arbeitnehmerkategorien bestätigt haben – unter anderem sogar in der Sowjetunion und in anderen Ostblockstaaten.

Einbau von Motivatoren

Nach Herzberg ist Entfremdung nicht einfach ein Problem der Monotonie, sondern vor allem der Unselbständigkeit und der Abhängigkeit. Es ist deshalb auch nicht damit getan, daß man durch reine Aufgabenvergrößerung – also durch das Aneinanderreihen mehrerer an sich eintöniger Tätigkeiten – für etwas Abwechslung sorgt: »Ein Mickymaus-Job plus ein Mickymaus-Job ist immer noch ein Mickymaus-Job.« Was in die Aufgabe eingebaut werden muß, sind Motivatoren: Entscheidungsspielraum, Verantwortung und Lernmöglichkeiten.

Herzberg ist aber kein Theoretiker. Er nennt die Punkte, auf die es seiner Meinung nach ankommt, ganz konkret.

Der Mitarbeiter muß direkt und nicht über seinen Chef mit seinen externen und internen Kunden, Dienstleistungsempfängern, Lieferanten oder Weiterverarbeitern verkehren. Die quantitativen und qualitativen Ergebnisse seiner Arbeit müssen direkt an ihn und nicht an seinen Chef geleitet werden. Der Umweg über den Chef bedeutet nur Zeitverlust und führt zu unerwünschten persönlichen Werturteilen.

Ein erwachsener Mensch muß ferner im Rahmen des technisch Machbaren selbständig über seine Arbeitszeit verfügen können. Starre Arbeitszeiten, mein Herzberg, sind nur nötig für das, was die meisten Leute fälschlicherweise unter »Management« verstehen, nämlich die Überwachung der Menschen wie in einem Kindergarten.

Angesichts der »psychologischen Übervölkerung« in den

Großbetrieben von heute ist es besonders wichtig, daß jeder Mitarbeiter irgendwo eine eigene fachliche »Nische«, eine »Expertenfunktion« in bestimmten Fachfragen hat, durch die er sich von der Masse Gleichgeschalteter abheben kann. Vor allem aber darf der einzelne nicht »stehenbleiben«. Ungefähr 15 Prozent der Arbeitszeit sollte reserviert bleiben für das Lernen von Neuem – von zusätzlichen Tätigkeiten, die direkt oder indirekt mit der eigentlichen Aufgabe zusammenhängen. Es geht hier nicht um Weiterbildung im luftleeren Raum, sondern um ein »on-the-job training« im Arbeitsumfeld des einzelnen. Beispiel: Ein Mitarbeiter der Montageabteilung verbringt einen Teil seiner Zeit in der Qualitätskontrolle – oder umgekehrt.

Und endlich: Kein erwachsener Mensch sollte für jeden Nagel oder Bleistift einen Bittgang zum Chef machen müssen, sondern sein Material selbständig verwalten und kontrollieren. Das allermindeste, was ein Mitarbeiter braucht, um kostenbewußt denken zu lernen, ist ein eigenes Budget. Budgets, meint Herzberg, sind nicht als Statussymbol für Manager erfunden worden. Es gibt keinen Angestellten und keinen Arbeiter, der nicht mindestens in einem kleinen Rahmen ein eigenes Budget haben sollte, das er selbständig verwalten kann.

Dies sind einige Merkmale des »Job Enrichments«, einer Methode, die bereits in vielen Unternehmen mit Erfolg angewendet worden ist. Sie basiert auf folgender Philosophie Herzbergs: »Damit der Mitarbeiter sich mit seiner Aufgabe identifizieren kann, muß sie zu seinem eigenen Baby gemacht werden.« Dies bedeutet vor allem, daß er selbst, und nicht sein Chef, dafür verantwortlich ist. Herzberg illustriert das gerne an folgendem Vorfall, der sich in der U.S.-Marine zugetragen hat: Ein Leutnant steuert ein Schiff, paßt nicht auf und fährt es auf Grund. Der Admiral wird gefeuert. Falsch, sagt Herzberg: Der Leutnant hat versagt. Der Admiral ist nicht zuständig für das Steuern des Schiffes. Seine Aufgaben liegen ganz woanders. Er ist verantwortlich für die Organisation des Schiffes, für das Arbeitsklima an Bord, für die taktischen Manöver. Wenn also unbedingt jemand gefeuert werden muß, dann der Leutnant. Er war für den Job am Steuer zuständig.

Eine Kunst, die niemand kann

In unserer Wirtschaft zerbrechen sich immer noch viel zu viele Menschen den Kopf darüber, wie andere Menschen zur Leistung »motiviert« werden könnten. Allein schon in dieser Fragestellung steckt das ganze tragische Dilemma unserer autoritären Denkungsart. Menschen muß man nicht, kann man gar nicht motivieren. Die Menschen motivieren sich selbst – wenn sie die Möglichkeit haben, ihre Fähigkeiten zu entfalten und sich laufend weiter zu entwickeln.

Dies ist der große, offensichtlich so furchtbar schwierige Denkschritt: Es geht nicht darum, die Menschen zu verändern, sondern die Umstände, unter denen sie arbeiten. Die Aufgabe des Managements besteht nicht darin, sich besonders raffinierte Techniken der Menschenbehandlung anzueignen, sondern zunächst einmal die Arbeit so zu organisieren, daß sie einen normalen Menschen seinen gesunden Menschenverstand, seine Urteilskraft und ein ganz klein wenig Erfindergeist abverlangen.

Ein großer Teil der Probleme im Arbeitsbereich würde gar nicht erst entstehen, wenn die Mitarbeiter nicht nur als Produktionsfaktoren eingesetzt, sondern als erwachsene Menschen und Gesprächspartner »für voll« genommen würden. Von Douglas McGregor stammt eine der tiefsinnigsten, in ihrer Prägnanz nicht übersetzbaren Bemerkungen: »It is important to note the difference between making people feel important and making people important.« Wer das einmal verstanden hat, braucht keine Seminare über »Mitarbeitermotivation« mehr zu besuchen.

DIE AUFWERTUNG DER ARBEIT

Ein Vorläufer praktischen »Job Enrichments« findet sich noch vor der Zeit, in der Herzbergs Ideen und Begriffe Furore machten. Die Geschichte beginnt 1943 in einem Werk der Firma I.B.M. in Endicott und ist ein Schulbeispiel für unternehmerischen Pragmatismus. Der damalige Präsident des Unternehmens kam während eines Rundgangs im Betrieb mit einer Arbeiterin ins Gespräch, deren Fräsmaschine gerade stillstand. Es stellte sich heraus, daß sie auf den Einrichter wartete, denn Einrichten gehörte nicht zu ihren Aufgaben. Sie erzählte dem Präsidenten, daß sie eigentlich ihre Arbeit auch selber kontrollieren könnte – aber dafür sei wiederum ein spezieller Kontrolleur zuständig. Wie das so geht, wenn der oberste Boß sich einmal für eine neue Idee begeistert: Man probiert's halt mal aus – auch wenn die meisten betrieblichen Vorgesetzten damals saure Miene zum bösen Spiel machten. Meister und Vorarbeiter zweier Abteilungen erhielten den Auftrag, die Maschinenbediener im Einrichten und in der Qualitätskontrolle zu unterweisen. Und siehe da: Innerhalb weniger Monate kam der größte Teil der Arbeiter in diesen Abteilungen ohne die vorgenannten Spezialisten aus. 1943 kamen in der Bohrerei je elf, in der Fräserei je 14 Maschinenbediener auf einen Einrichter. 1946 betrugen diese Verhältniszahlen 1:48 und 1:52. 1950 gab es in den beiden Abteilungen überhaupt keine Einrichter mehr, und im gesamten Werk Endicott mit 7400 Mann Belegschaft gab es nur noch ganze 47 Fertigungskontrolleure und vier Einrichter – die alle für Spezialprobleme eingesetzt wurden. Die festgestellten Folgen dieses Prozesses waren eine Senkung der Produktionskosten, die Verbesserung der Produktionsqualität, eine erhebliche Verbesserung der Arbeitszufriedenheit der Mitarbeiter sowie – dem gestiegenen Qualifikationsniveau entsprechend – höhere Löhne.

In den letzten zehn Jahren hat sich das Job Enrichment nun auf breiterer Basis durchgesetzt. Es gehört bei vielen, vor allem amerikanischen Firmen bereits zum festen Instrumentarium der langfristigen Personalpolitik.

AT & T: Ein schon fast historisches Beispiel

»Die Mitarbeiter sagen nicht nur ›Behandle mich gut‹. Sie sagen auch ›Nutze mich gut‹. Wenn die Arbeit stimmt, stimmt auch die Einstellung der Mitarbeiter. Dies ist die Strategie des Job Enrichments: die Arbeit zum ›Stimmen‹ bringen.« Das sind die Worte von Robert Ford, der Mitte der sechziger Jahre als Personaldirektor bei American Telephon & Telegraph unter Mitwirkung von Herzberg mit Arbeitsstrukturierung ernst zu machen begann. Einer dieser Versuche, die später berühmt werden sollten, wurde in einem Verwaltungsdepartement durchgeführt. Die Methode ist zwar heute verfeinert. Doch die frühen Studien hatten Modellcharakter. Sie wurden unter wissenschaftlich keimfreien Bedingungen durchgeführt und zeitigten dementsprechend streng objektivierbare Resultate. Die Studie betrifft ein Departement mit über 100 Mitarbeiterinnen, die Kundenbriefe und -anrufe – Reklamationen, Nachfragen und ähnliches – zu beantworten hatten. Das Problem war eine hohe Fluktuation. Hinsichtlich Arbeitsbedingungen, Gehalt und Vorgesetztenschulung hatte man bereits das Äußerste getan. Das Ziel der Studie war nun, die Aufgabe der Mitarbeiterinnen motivationsgerechter zu gestalten. In den einzelnen Abteilungen selbst wurde über die Studie nichts bekanntgegeben. Die möglichen organisatorischen Änderungen wurden aufgrund eingehender Diskussion auf Abteilungsebene erarbeitet und ausgewählt. In zwei von fünf Abteilungen wurden sie eingeführt. Die restlichen drei Abteilungen wurden als Kontrollabteilungen nicht berührt. Man einigte sich auf folgende Liste von sieben Änderungen:

1. Die einzelnen Arbeitsgruppen wählen »Expertinnen« für Spezialfragen, die von ihren Kolleginnen konsultiert werden, bevor der Vorgesetzte einbezogen wird.
2. Jede Mitarbeiterin unterschreibt selbständig ihre Briefe, auch Neueintretende, vom ersten Tag an.
3. Die Arbeitskontrollen der Vorgesetzten werden auf zehn Prozent der bisherigen Häufigkeit reduziert. Sie finden am Pult der Mitarbeiterinnen statt.
4. Produktionsziele werden nicht mehr spezifiziert. Neueintretenden wird nur gesagt, daß man von ihnen »ein volles Tagespensum« erwartet.
5. Die geschriebenen Briefe gehen vom Pult der Mitarbeiterin direkt in die Postversandabteilung.
6. Den Mitarbeiterinnen wird gesagt, daß sie selbst für die Qualität ihrer Arbeit verantwortlich sind.
7. Die Mitarbeiterinnen werden aufgefordert, möglichst persönlich auf den einzelnen Kunden und sein Problem einzugehen. Die vorhandenen Standardbriefe und Textvorlagen werden abgeschafft.

Das mag sich auf den ersten Blick schrecklich banal anhören. Doch bereits diese relativ einfachen organisatorischen Eingriffe hatten nicht unwesentliche Folgen für den Berufsalltag der Betroffenen. Beispielsweise wandten sich nun Kunden schon beim zweiten Kontakt direkt an eine bestimmte Mitarbeiterin, persönlich, mit Namen. Diese Folgen zahlten sich aus. Der Personalwechsel ging auf ein Minimum zurück, ebenso die Fehlzeitenrate. Die Produktivität verbesserte sich nur geringfügig. Die Qualität des Kundendienstes jedoch, die seit Jahren regelmäßig aufgrund eines speziellen Index gemessen wurde, zeigte eine drastische Verbesserung. Mittels eines Fragebogens wurde ferner die Arbeitsmoral vor und sechs

Monate nach Einführung der Änderungen gemessen. Auch hier zeigte sich eine deutliche Verbesserung. Die Kontrollabteilungen dagegen hatten während der Vergleichsperiode nach allen diesen Gesichtspunkten eine stationäre Entwicklung zu verzeichnen.

Dazu kamen gewisse nicht meßbare Resultate. So lieferten die betroffenen Abteilungen beispielsweise nach der Studie laufend wesentlich mehr Nachwuchs für Vorgesetztenpositionen als die Kontrollabteilungen. Ferner begannen die Mitarbeiterinnen, die sich durch die Qualitätsmessung immer in einen »Beweisnotstand« versetzt gefühlt hatten, sich nun plötzlich von sich aus für die monatlichen Indexzahlen zu interessieren. Sie fingen an, eifrig über die Probleme der Arbeit zu diskutieren. Es gab nur noch selten Zweitrückfragen und fast keine »Pannen« mehr.

Das Erstaunlichste und von niemandem Erwartete aber war, daß die Vorgesetzten der untersten Kaderstufe erklärten, sie hätten plötzlich viel mehr Zeit, sich ihren eigentlichen Aufgaben zu widmen. Sie seien vorher durch Kontrollen, Pannen und »kleine, lästige Personalprobleme« laufend in Anspruch genommen gewesen. Nun hätten sie wieder Zeit, um auch mal über ein organisatorisches Problem nachzudenken und sich regelmäßig und ohne äußeren Druck den einzelnen Mitarbeiterinnen zu widmen.

I.C.I.: Motivatoren aus der Retorte

Das Vorherrschen von Routineaufgaben und der Mangel an Selbständigkeit und Verantwortung sind auch im Forschungsbereich ein Problem. Die Firma I.C.I. hat deshalb 1966 in verschiedenen Betrieben Versuche zur Neugestaltung der Labortätigkeit durchgeführt, die ebenfalls die unverkennbare Handschrift Herzbergs tragen. Einer dieser Versuche betraf Labortechniker in einer Forschungsabteilung, Mitarbeiter von hohem Ausbildungsniveau, jedoch ohne Doktortitel. Ihre

Aufgabe bestand in der Abwicklung von Versuchsprogrammen, die von den wissenschaftlichen Forschungsteams entworfen wurden. Sie hatten die Apparaturen einzurichten. Meßwerte zu protokollieren und die Arbeit des Laborhilfspersonals zu überwachen. Die Moral war schlecht. Die Techniker fühlten sich als »abgetakelte Wissenschaftler«. Sie beklagten sich darüber, daß die Wissenschaftler in der Projektleitung ihnen lediglich Routinearbeiten delegierten, daß ihre Ausbildung und Erfahrung vor die Säue geworfen sei und daß sie keinerlei fachliche Entwicklungsmöglichkeiten hätten. Wenn also »Job Enrichment« etwas Brauchbares sein sollte – hier waren die Vorausetzungen für eine nutzbringende Anwendung gegeben.

Die Abteilung umfaßte 44 Techniker in vier Arbeitsgruppen. Zwei Gruppen wurden für das Experiment ausgewählt, die beiden anderen als Vergleichsgruppen nur beobachtet. Die organisatorischen Änderungen wurden sechs Monate nach Beginn der Studie zusätzlich in einer der beiden Kontrollgruppen eingeführt. Die ganze Studie dauerte zwölf Monate. Die Mitarbeiter wurden über das Projekt nicht informiert.

Für die regelmäßige Beurteilung der individuellen Leistungen – mit anderen Worten für die Produktivitätsmessung – wurden mehrere leitende wissenschaftliche Mitarbeiter anderer Abteilungen ausgewählt. Sie waren mit den laufenden Forschungsprogrammen vertraut, kannten jedoch die einzelnen Techniker nicht persönlich; sie hatten nun regelmäßig und unabhängig voneinander deren Monatsberichte nach insgesamt acht verschiedenen Gesichtspunkten wie »Fachwissen«, »Verständnis der Zusammenhänge«, »Synthese«, »eigene Ideen« oder »Klarheit der schriftlichen Darstellung« zu beurteilen.

Folgende Neuerungen wurden nun in den Versuchsgruppen eingeführt:

- Jeder Techniker verfaßt zusätzlich zu den Datenprotokollen über die von ihm durchgeführten Versuche einen Kommentar. Dieser wird von ihm persönlich unterschrieben. Er ist – wie der Kommentar des wissenschaftlichen Teams – integrierender Bestandteil der Forschungsunterlagen.

- Die Techniker werden bereits während der Projektplanungsphase zugezogen.
- Die Techniker können auf Wunsch eigene Versuchsideen realisieren – auch wenn sich diese außerhalb des geplanten Projektes bewegen. Einzige Bedingung ist die schriftliche Berichterstattung über solche Arbeiten.
- Die Techniker erhalten die Befugnis, durch eigene Unterschrift Material, Apparaturen, Analysen sowie Reparatur- und Unterhaltsarbeiten in ihrem Bereich anzufordern.
- Erfahrene Techniker erhalten die Aufgabe, selbständig ein Ausbildungsprogramm für Nachwuchskollegen auszuarbeiten und durchzuführen. Sie können Räume, Einrichtungen sowie interne oder externe Fachkräfte dafür in Anspruch nehmen.
- Die erfahrenen Techniker werden in die Auswahl- und Einstellungsgespräche mit Laborassistenten einbezogen.
- Sie sind für die Leistungsbeurteilung des in ihrem Bereich tätigen Laborhilfspersonals zuständig.

Harte Fakten

Die mit der Leistungsbeurteilung betrauten Fachleute qualifizierten nun regelmäßig die monatlichen Arbeitsberichte der einzelnen Techniker. Der auf dieser Basis ermittelte Leistungsindex (0-10) bewegte sich vor Beginn der Studie bei allen Gruppen zwischen 4,5 und 5,5. In den drei bis vier Monaten nach Einführung der Änderungen stieg der Index in den betroffenen Gruppen steil auf 8,5 an und pendelte sich im weiteren Verlauf zwischen 7,2 und 7,8 ein. Die beiden Vergleichsgruppen lagen nach sechs Monaten nach wie vor unter 6; in einer der beiden wurden nun die Neuerungen ebenfalls eingeführt. Nach weiteren sechs Monaten, also im zwölften

Monat nach Beginn der Studie, lagen die beiden ersten Versuchsgruppen bei 7,8, die neu hinzugekommene Versuchsgruppe bei 8,4, während die übriggebliebene Vergleichsgruppe wieder auf den früheren Tiefstand von 4,5 zurückgesunken war.

Als zweites Beurteilungskriterium wurden nun die von den Technikern und die von den Wissenschaftlern in der Projektleitung verfaßten wissenschaftlichen Kommentare auf der gleichen Basis qualifiziert und statistisch verglichen. Der durchschnittliche Leistungsindex der Techniker in den von den Änderungen betroffenen Gruppen wurde mit 8,7, derjenigen der Wissenschaftler mit 9,8 berechnet. Dieses Resultat wurde als sensationell beurteilt, zumal der Durchschnitt der Techniker durch einen Mann gedrückt wurde, dessen Leistungen durchweg sehr schlecht waren. Zudem war in einer der Arbeitsgruppen ausgerechnet während der Laufzeit der Studie der Vorgesetzte für viele Monate ausgefallen.

Aus dem Vorschlag eines Technikers resultierte eine Erfindung, deren Anwendung für die Regierung von Interesse war und mit hohem Prioritätsgrad weiterverfolgt wurde. Aufgrund der guten Erfahrungen mit dem hausgemachten Ausbildungsprogramm führten die Techniker ferner für sich selbst einen Kursus in Verfahrenstechnik durch, welcher auch außerhalb der Abteilung reges Interesse und Anerkennung fand. Der Kommentar eines Technikers: »Ein paar Seiten verfahrenstechnische Berechnungen und Formeln werden uns in Zukunft nicht mehr erschrecken.«

Klöckner-Moeller: Einzelarbeitsplätze statt Fließband

Klöckner-Moeller ist ein deutscher Schaltgerätehersteller mit einer Belegschaft von einigen Tausend Personen und einem Umsatz von einigen Hundert Millionen Mark. Hunderte von Frauen arbeiteten seinerzeit im 8-Sekunden-Takt am Fließband und verrichteten bis zu 4000mal pro Tag ein und dieselben

ben Handgriffe. Es wurde viel Ausschuß produziert, der Personalwechsel war hoch, und es wurde immer schwieriger, die Arbeitsplätze am Band zu besetzen. Auch hätte man gerne die gleitende Arbeitszeit eingeführt. Dies ist jedoch an einem Fließband so gut wie unmöglich. Die Betriebsleitung begann deshalb, nach neuen organisatorischen Lösungen zu suchen.

Im Jahre 1966 wurde mit zwei Frauen, die bereits zehn Jahre am Fließband gearbeitet hatten, der Versuch unternommen, alle Arbeitsgänge an einem Einzelarbeitsplatz zusammenzufassen. »Das packen wir nie!« soll die erste Reaktion der beiden Betroffenen gewesen sein. Doch bereits nach zwei Monaten Anlernzeit hatten es die beiden Mitarbeiterinnen geschafft. Sie produzierten gegenüber dem Banddurchschnitt mit einer Leistungssteigerung von 32 Prozent. Dieses extreme Resultat war zwar weitgehend auf die Ausnahmesituation des Versuchsstadiums zurückzuführen. Eines aber war aus diesem Versuch mindestens zu ersehen: daß es grundsätzlich möglich sein würde, die Fertigung umzustrukturieren. Dies um so mehr, als beide Frauen sich ausgesprochen positiv über ihre neue Arbeit äußerten: »Man hat mehr Freiheit«, »Man sieht am Abend, was man geschafft hat«. »Es ist überhaupt nie langweilig«. In der Folge wurde die gesamte Fertigung auf Einzelarbeitsplätze umgestellt. In der Firma Klöckner-Moeller gibt es seit dieser Zeit kein Fließband mehr.

Die Umstrukturierung erwies sich zunächst einmal als ziemlich kostspielige Angelegenheit. Die Investitionskosten pro Arbeitsplatz waren doppelt bis fünfmal so hoch wie am Fließband. Die Einzelarbeitsplätze beanspruchten rund 25 Prozent mehr Fläche, und die Konstruktion der Werkzeuge war um einiges teurer. Dazu kam, daß die Mitarbeiterinnen länger angelernt werden mußten und dadurch erst recht schwer zu ersetzen waren.

Diese Nachteile wurden allerdings durch eine Reihe von Vorteilen mehr als aufgewogen. An erster Stelle stand die Flexibilität des Produktionssystems: Schwankungen des Auftragsbestandes und Modellvariationen verursachten keine Umstellungen mehr. Einzel- und Kleinserienaufträge konnten kurzfristig durchgeschleust werden. Gleichzeitig verlief der Produktionsprozeß ruhiger und gleichmäßiger: Dank den Puffern der Einzelarbeitsplätze verursachten Krankheitsfälle keine Störungen mehr. Insgesamt waren die Maschinen dadurch auch besser ausgelastet.

Die Unabhängigkeit der Mitarbeiterinnen vom zeitlichen Diktat der Maschine wirkte sich allgemein positiv aus. Die Montagefehler gingen um mehr als die Hälfte zurück. Kommentar des Betriebsleiters: »Die Schrottliste haben wir abgeschafft.« Zufriedenheit bei der Arbeit und die Möglichkeit, einzelne Stunden vor- oder nachzuholen, führten zu einer stabilen Reduktion der Fehlzeiten. Dazu eine Mitarbeiterin: »Je selbständiger und ruhiger man seine Arbeit einteilen kann, desto mehr schafft man.« Die gleitende Arbeitszeit konnte durchgehend eingeführt werden. Die Einzelarbeitsplätze konnten zudem ergonomisch besser gestaltet werden als die Arbeitsplätze am Fließband. Die bedeutete kürzere Durchlaufzeiten und bei vergleichbarer Leistung geringere Ermüdungserscheinungen.

Der Lohn stieg im Durchschnitt um 15 Prozent. An Stelle des Akkordes wurde eine sogenannte »Normalleistung« eingeführt. Sie entsprach der Leistung, die eine neu anzulernende Mitarbeiterin im Durchschnitt nach 20 Tagen erreicht. Sowohl die Lohnklasse als auch die Leistungszulage waren auf dieser Basis objektiver zu ermitteln und damit im Endeffekt gerechter.

Zwei weitere Faktoren wirkten sich positv aus. Zum einen wurde nun bereits während der Anlernzeit eine – wenn auch noch nicht volle – Arbeitsleistung erbracht. Zum zweiten konnten einfachere Arbeitsvorgänge in Heimarbeit vergeben werden. Grundsätzlich besteht sogar die Möglichkeit, integrierte Arbeitsplätze mitsamt dem maschinellen Zubehör nach außen zu verlegen und vollwertige Heimarbeitsplätze einzurichten.

Last not least: Durch die Umstrukturierung waren die Arbeitsplätze nun auch für einheimische Arbeitskräfte wieder attraktiv geworden. Kommentar: »Unser Ausländerbestand hat sich nicht erhöht, sondern gesenkt.« Dies war zur Zeit der höchsten Zuwachsraten ausländischer Arbeitskräfte in der Bundesrepublik.

Am Anfang war die Skepsis

Alle direkt betroffenen leitenden Mitarbeiter waren vor der Planung des Versuches nach ihrer Meinung befragt worden. Neun von zehn Managern erklärten klipp und klar, daß eine derartige Umstrukturierung nicht realisierbar sei. Dazu eine Aussage im Wortlaut: »Die Frauen wollen eine Arbeit haben, die ihnen möglichst leicht, möglichst von selbst von der Hand geht, damit sie mit ihren Gedanken anderen, für sie wichtigeren Dingen nachhängen können.« Dieser Satz steht für die heute allgemein herrschende Auffassung, wonach viele Arbeitskräfte – vor allem Frauen – möglichst anspruchslose Aufgaben haben wollen, damit sie tagträumen können. In Wirklichkeit ist es gerade umgekehrt: Tagträumen ist ein »Ventil« – eine gesunde Reaktion auf geisttötende Arbeit.

Die betroffenen Mitarbeiterinnen waren nicht weniger pessimistisch als die Führungskräfte. Sie trauten sich die Bewältigung der anspruchsvollen Aufgabe an einem Einzelarbeitsplatz ganz einfach nicht zu. Erst im Laufe der Zeit und aufgrund neuer Erfahrungen stellte es sich heraus: Die Mitarbeiterinnen konnten wesentlich mehr, als sie selbst geglaubt hatten – und keine wäre gerne wieder zum alten System zurückgekehrt.

Mut zum großen Schritt

Veränderung bedeutet oft »alles oder nichts«. In einem so stark technologieabhängigen Bereich hatte man praktisch nur die Wahl zwischen reiner »Fließbandkosmetik« von fragwürdiger Wirksamkeit – und einer Umstrukturierung des ganzen Produktionssystems: der Maschinen, der Werkzeuge, des Materialflusses, des Lohnsystems.

Die Wirtschaftlichkeit des neuen Systems war im Grunde nicht im voraus berechenbar. Sie war die Resultante aus vielen, nicht zuletzt psychologischen Unbekannten. Pros und Kontras waren nur zum Teil quantifizierbar.

Wenn man sich diese Ausgangslage vergegenwärtigt: Skepsis aller Beteiligten bei gleichzeitiger Unmöglichkeit, die Folgen angestrebter Veränderungen auch nur einigermaßen beweiskräftig darzustellen – dann wird an diesem Beispiel etwas klar, das praktisch Allgemeingültigkeit hat: Humanisierung, wenn sie über schöne Worte hinausgehen soll, steht und fällt mit dem auf tiefer, persönlicher Überzeugung beruhenden Engagement des Managements – mit seiner Bereitschaft, sich selbst in Frage zu stellen und bestehende Arbeits- und Organisationsstrukturen zu verändern.

Texas Instruments: Motivation für Putzfrauen

In der Nähe von Dallas, Texas, befindet sich ein großes Werkareal des Elektronikkonzerns Texas Instruments, Inc. In zehn verschiedenen, teils großen, teils kleinen Gebäuden sind Werkhallen, Laboratorien und Büroräume untergebracht. Bis zum Herbst 1967 wurden die Gebäudewartungs- und Reinigungsdienste von vier verschiedenen Vertragsfirmen versehen, die ständig 340 Angestellte bei Texas Instruments im Einsatz hatten. Der durchschnittliche Stundenlohn war mit 1,40 Dollar ziemlich schlecht, der Personalwechsel mit 400 Prozent pro Jahr außerordentlich hoch. Aufgrund von Stichproben wurde in regelmäßigen Zeitabständen ein »Sauberkeitsindex« erstellt. Bei einem theoretisch möglichen Maximum von 100 lag der Wert im Durchschnitt bei 65, was von der Betriebsleitung als ungenügend beurteilt wurde.

Eine Vorstudie hatte ergeben, daß es bei einer Durchführung der Reinigung in eigener Regie möglich sein sollte, ohne zusätzliche Kosten eine wesentlich bessere Leistung zu erzielen. Es wurde beschlossen, zunächst im Hauptgebäude einen Versuch zu machen. Man hatte bei Texas Instruments bereits in den verschiedensten Abteilungen erfolgreich mit Job Enrichment experimentiert. Das Planungsteam sollte deshalb nicht einfach die Managementmethoden der Vertragsfirmen übernehmen, sondern die Mitarbeiter aktiv an der Planung und Kontrolle ihrer Arbeit beteiligen, gezielt Teamarbeit entwickeln, die Stundenlöhne mindestens auf den Industriedurchschnitt anheben und die Mitarbeiter sorgfältiger auslesen und für ihre Aufgabe ausbilden.

Als erster Schritt wurden vier Führungskräfte aus den Reihen der Vertragsfirmen eingestellt und in einem sieben Tage dauernden Seminar eingehend mit der Organisation und der Geschäftsphilosophie von Texas Instruments, mit den Werksbestimmungen und administrativen Abläufen, mit neuen Reinigungstechniken und allen Fragen der Personalführung vertraut gemacht. Die Veranstaltung schloß unter anderem eine Diskussion der Motivationstheorien von Herzberg und McGregor sowie verschiedener verhaltenswissenschaftlich orientierter Konzepte der Betriebsführung ein.

In einem zweiten Schritt wählten die vier Führungskräfte acht Angestellte der Vertragsfirmen als Vorarbeiter aus und führten mit ihnen ein Trainingsprogramm durch, das sie – ausgehend von ihrer eigenen Ausbildung – selbständig entwikkelt hatten und im wesentlichen auch selbst bestritten.

In einem dritten Schritt wurden 75 Mitarbeiter rekrutiert, 50 Männer und 25 Frauen, die alle bereits in einem Reinigungsdienst tätig gewesen waren. Der Stundenlohn wurde bei einem Minimum von 1,80 Dollar und einem Maximum von

2,02 Dollar angesetzt. Die neuen Mitarbeiter wurden in einem zweitägigen Orientierungsprogramm mit der Firma, mit den Zielen der Abteilung sowie mit Geräten und Reinigungstechniken bekannt gemacht. Dann nahmen die Abteilungen ihre Arbeit auf.

Gruppenarbeit

In den folgenden Monaten wurden verschiedene unterstützende Maßnahmen eingeleitet. Die zweitägige Einführungsveranstaltung wurde ergänzt durch ein fünftägiges Orientierungsprogramm für alle Mitarbeiter, im Laufe dessen jeder mit jedem persönlich bekannt gemacht, alle Betriebe besichtigt und die verschiedenen Reinigungsvorgänge systematisch trainiert wurden. Alle drei Monate wurde eine ganztägige Abteilungskonferenz durchgeführt, in der man aufgetretene Probleme von allgemeinem Interesse gemeinsam diskutierte und die Mitarbeiter näher mit den organisatorischen Zusammenhängen und der Funktion ihrer Abteilung im Unternehmen vertraut gemacht wurden.

Da in Dallas extremer Personalmangel herrschte, wurde aus Mitarbeiterinnen und Mitarbeitern eine Projektgruppe gebildet, welche die sozio-ökonomische Situation im Raume Dallas studierte und eine Strategie für das Anwerben von Personal entwickelte. Die Gruppenmitglieder erarbeiteten gemeinsam eine attraktive Orientierungsbroschüre und besuchten in regelmäßigen Abständen Kirchen und Clubs, um gezielt bestimmte Gruppen über die Arbeit im Reinigungsdienst von Texas Instruments zu informieren. Das Resultat war, daß die Abteilung seither über eine Warteliste von Personal verfügt, das eingestellt werden möchte.

Alle Führungskräfte und Vorarbeiter der Abteilung wurden systematisch weitergebildet. Die Lerninhalte umfaßten Motivation, Job Enrichment, Problemlösungs- und Konferenztechnik. Dies führte im Laufe der Zeit zu einem ausgesprochen teamorientierten Führungsstil. Zweieinhalb Jahre nach

Beginn hatten alle Führungskräfte wöchentliche Problemlösungs- und Zielsetzungskonferenzen mit ihren Gruppen institutionalisiert.

Bereits ein Jahr nach Beginn des Experiments konnten folgende Resultate festgestellt werden:

Der Sauberkeitsindex war von 65 auf 85 Prozent gestiegen. Es wurden insgesamt noch 71 anstatt 120 Personen beschäftigt. Der Personalwechsel war von 400 Prozent auf 39 Prozent gesunken.

Nach einer weiteren Beobachtungszeit wurde beschlossen, den gesamten Reinigungsdienst in eigener Regie zu übernehmen. Die positiven Ergebnisse der Versuchsperiode konnten wiederholt werden. Das Endresultat war eine bleibende Senkung der Gesamtkosten für Reinigung von rund 100 000 Dollar pro Jahr.

Innovationsgeist

Regelmäßiges Training und laufende Gruppendiskussionen, zusammen mit der Erfahrung, daß die Einladung zur Mitsprache nicht nur ein Lippenbekenntnis war, führte zu einem innovativen Geist in der ganzen Abteilung. Hier einige Beispiele von Neuerungen, die von den Mitarbeiterinnen vorgeschlagen und verwirklicht wurden:

Ursprünglich nahmen die Putzfrauen ihre Arbeit in einem zentralen Materialraum auf, beluden dort spezielle Handwagen und begaben sich dann zu den verschiedenen Toilettenräumen. Durch derart umständliche Materialtransporte vor, während und nach der Schicht ging rund ein Drittel der Arbeitszeit verloren. Nachschub an Papierhandtüchern und anderen Verbrauchsmaterialien mußte in den Toilettenräumen offen liegengelassen werden. Dadurch entstand hoher Verschleiß. Jemand hatte nun die Idee, in den einzelnen Räumen schließbare Materialschränke einzurichten. Dadurch konnten in erheblichem Umfange Arbeitszeit sowie Kosten für Transportwagen und Verbrauchsmaterialien gespart werden.

Aus der täglichen Praxis kristallisierten sich Zweierteams als besonders günstige organisatorische Einheit heraus. Einem oder mehreren Teams konnten nun bestimmte Räume zugeordnet werden. Die Teams testeten selbständig die einzelnen Arbeitsgänge durch. Diese Zeitaufnahmen und die klare Arbeitszuteilung führten zu einer optimalen Nutzung der Arbeitszeit. Zudem war es nun möglich, einen Zeitplan für die Schließung der einzelnen Räume zu erstellen. Der Mißstand war behoben, daß Angestellte der Fertigung oft das halbe Gebäude durchqueren mußten, um einen geöffneten Toilettenraum zu finden.

In Zusammenarbeit mit Lieferantenfirmen wurde ein neuer Reiniger entwickelt, der gleichzeitig desinfizierte, die Chromteile nicht angriff, keine Allergien auslöste und nicht mit dem Schwamm aufgetragen werden mußte, sondern als Spray verwendet werden konnte. Die neue, selbst entwickelte Methode führte zu Reduktionen der Reinigungszeiten von bis zu 50 Prozent.

Einige Mitarbeiterinnen interessierten sich für die Kriterien und die Methode, nach welchen der Sauberkeitsindex erstellt wurde. Daraus entwickelte sich eine Grundsatzdiskussion über die Qualitätskontrolle, die damit endete, daß die Inspektion den Mitarbeiterinnen selbst übertragen wurde. Das Resultat war eine zeitliche Entlastung des Managements und eine psychologische Aufwertung der Mitarbeiterinnen.

Die Herrentoiletten wurden ursprünglich von Männern gereinigt, welche gleichzeitig in den Damentoiletten die schweren Arbeiten, vor allem die Reinigung der Böden durchzuführen hatten. Der Versuch, die von den Putzfrauen entwickelten Arbeitsmethoden auf die Reinigung der Herrentoiletten zu übertragen, führte zur Bildung von Reinigungsteams, in denen Männer und Frauen vertreten waren. Damen- und Herrentoiletten konnten nun gleichzeitig geschlossen und gereinigt werden. Während die Männer in beiden Räumen die Böden scheuerten, reinigten die Frauen in beiden Räumen die Einrichtungen.

Eine Verbesserung war nun nur noch möglich, wenn die Benützer der Toiletten dafür gewonnen werden konnten, ihren Beitrag zur Sauberkeit und Instandhaltung der Toiletten zu leisten. In Zusammenarbeit mit der Personalabteilung und den Linienvorgesetzten wurde nach Möglichkeiten gesucht, gewisse Gewohnheiten der »Kundschaft« zu ändern. Es wurde damit begonnen, besonders verunreinigte Kabinen zu fotografieren. Die Schnappschüsse wurden ausgehängt oder unter den Arbeitern und Angestellten in Zirkulation gebracht. Solche und andere Aktionen trugen das ihre zu einem befriedigenden Sauberkeitsgrad bei.

Motivation ist, wenn man trotzdem arbeitet

Man kann gelegentlich hören, Motivation und Leistung, Mitsprache und Verantwortung sei etwas für Manager und qualifizierte Fachkräfte. Menschen von geringem Bildungsniveau dagegen seien ausschließlich an Geld interessiert und nur durch materiellen Anreiz für Leistung zu gewinnen. Seit Herzberg vor nunmehr bald 15 Jahren Ingenieure und Buchhalter über ihre Erlebnisse im Beruf befragte und daraus seine Motivationstheorie ableitete, beschäftigten sich an jeder zweiten Universität Wissenschaftler damit, die Anwendbarkeit dieser Theorie für alle möglichen Arbeitnehmerkategorien, wenn möglich getrennt nach Alter und Geschlecht, zu überprüfen. Bei Straßenkehrern, Fließbandarbeitern und anderen unqualifizierten Hilfskräften stellt sich dann sehr oft heraus, daß diese kaum Interesse an ihrer Aufgabe zeigen, nur arbeiten, weil sie müssen, und meistens über Geld reden. Aber der Schluß, der daraus gezogen wird, ist in der Regel nicht etwa der, daß die Arbeit aufgewertet werden muß, sondern der, daß Menschen mit geringer Bildung nur an Geld interessiert sind und durch Arbeit nicht »motiviert« werden können.

Da ist es gut, wieder einmal auf das Experiment von Texas Instruments zurückzublicken, das vor mehr als zehn Jahren begonnen wurde – mit nichts anderem als der festen Überzeugung des Managements, daß auch Putzfrauen, wie alle anderen berufstätigen Menschen, einen sinnvollen Beitrag leisten wollen und können – vorausgesetzt, daß man ihnen die Gelegenheit dazu gibt. Wäre man hingegangen und hätte die Angestellten der Vertragsfirmen über ihre berufliche Motivation befragt – was hätte da anderes herauskommen können als dies: Die Frauen arbeiten, weil sie Geld verdienen müssen; sie finden die Arbeit uninteressant und anstrengend – und sie würden keinen Tag länger arbeiten, wenn sie nicht auf den Verdienst angewiesen wären. Und das wäre die Schlußfolgerung gewesen: Putzfrauen arbeiten nur für die Lohntüte und sind deshalb keine geeignete Zielgruppe für Job Enrichment.

Das ist die »Logik«, mit der die hohe Wissenschaft sich manchmal selbst ad absurdum führt. Wissenschaft allein genügt deshalb nicht für eine erfolgreiche Betriebsführung. Es gehört sehr viel Überzeugung dazu – und Engagement. Viele, die sich heute über mangelndes Engagement ihrer Mitarbeiter beklagen, sind nichts anderes als Verwalter der Vergangenheit, Bürokraten, die den Mut nicht haben, das Neue zu denken, geschweige denn praktische Konsequenzen zu ziehen. Persönliche Überzeugung, Mut und Kraft zum Engagement fehlen am allermeisten bei ihnen selbst.

DIE VERLORENE GEMEINSCHAFT

Motivation – so kann man gelegentlich hören – sei im wesentlichen eine Frage der Beziehung zum Endprodukt. Es wird dann etwa der Schreiner in der Dorfgemeinschaft der guten alten Zeit zum Vergleich herangezogen, der noch ein ganzes Möbelstück von A bis Z hergestellt hat. Nun ist zwar die Beziehung zum Endprodukt sicher etwas Wichtiges und – wann immer sie technisch überhaupt hergestellt werden kann – etwas Schönes. Noch wichtiger aber ist etwas ganz anderes, nämlich die Beziehung zur sozialen Gemeinschaft und damit die Frage der persönlichen Identität. Jedermann im Dorf, bis hinauf zum Bürgermeister, hat den Schreiner persönlich gekannt und womöglich mit Vornamen gerufen. Der Schreiner hat am Stammtisch mitdiskutiert, manchmal sogar als Bürger die Geschicke der Gemeinde mitbestimmt. Mit anderen Worten: Der Schreiner ist als ein in seinem engeren Tätigkeitsbereich selbständiges Individuum in eine überschaubare Gemeinschaft integriert gewesen. Er hat da einen festen Platz, eine klar definierte Rolle – eine fachliche und soziale Funktion gehabt. Das bedeutete nicht nur »Sicherheit« und »Geborgenheit«. Es bedeutete in erster Linie eine persönliche Identität.

Dies aber ist genau das, woran uns allen, wenn wir einmal ein Dach über dem Kopf und genug zu essen haben, vorrangig gelegen ist: an einer befriedigenden persönlichen Identität. Was wir sein möchten, ist ein wertvolles und anerkanntes Mitglied einer Gemeinschaft – nicht eine Unperson, nicht eine Registriernummer, nicht einfach ein biologischer Zufall.

Nichts ist für den Menschen so schwer zu ertragen wie die Bedeutungslosigkeit. Um ihr zu entrinnen, begeht er, wenn es sein muß, schwere Verbrechen, nimmt sich das Leben oder geht den Weg in die Geisteskrankheit.

Das ist der Gesamtzusammenhang, in dem das Motivationsproblem gesehen werden muß. In der modernen Industriegesellschaft sind die Menschen nicht mehr in eine überschaubare soziale Gemeinschaft integriert. Um so wichtiger sind für den einzelnen Berufstätigen die betriebliche Gemeinschaft und das mit ihr verbundene Erlebnis: jemand zu sein, ernst genommen zu werden, eine wichtige Rolle zu spielen, Interesse zu spüren, Zuwendung zu erfahren, persönlich mitreden und »mitmischen« zu können. Die Möglichkeit zur Einflußnahme, zur Mitwirkung am Entscheidungsprozeß durch geeignete Kanäle der Kommunikation und durch Mitarbeit in Gruppen ist deshalb von ebenso zentraler Bedeutung für Motivation und Leistung wie die Aufgabe im engeren Sinne. Der Arbeitsinhalt ist der eine entscheidende Motivationsfaktor, die Rolle in der Gemeinschaft ist der andere.

Begriffsverwirrung

Job Enrichment ist ein wichtiges Instrument zur Förderung der Arbeitszufriedenheit und der Produktivität. Dieses Instrument entwickelt und bekannt gemacht zu haben, ist das durch nichts zu schmälernde Verdienst Herzbergs. Doch dieser bedeutungsvolle, nunmehr einige Zeit zurückliegende wissenschaftliche Beitrag ist eine Sache – die heutige »ideologische« Haltung Herzbergs als Psychologe eine andere. Herzberg hat eine etwas unglückliche Neigung, das – wie er es nennt – »orthodoxe Job Enrichment« von »anderen Konzepten zur Lösung der Probleme im Arbeitsbereich« abzugrenzen und es als Allerweltsheilmittel zu verkaufen. Das geht dann so vor sich, daß das »orthodoxe Job Enrichment«, das »partizipative Management«, das »sozio-technische System« und die

»Demokratisierung der Wirtschaft« wie an einer Schönheitskonkurrenz nebeneinander aufgestellt und auf ihre individuellen Vorzüge und Nachteile hin untersucht werden.

Von partizipativem Management hält Herzberg gar nichts. Er bezeichnet es – nicht ganz zu Unrecht übrigens – als eine »Human Relations Manipulation«. In diesem Stil geht es dann weiter: »Das Konzept des sozio-technischen Systems basiert auf der Theorie der Gruppendynamik, arbeitet zu 70 Prozent mit ›Hygiene‹ und läuft leicht auf eine Tyrannei der Gruppe hinaus. Die Demokratisierung der Wirtschaft ist eine Frage der Sozialphilosophe und resultiert in eine ›equality of ignorance‹. Ja, und dann gibt es da noch etwas, das sich Organisationsentwicklung nennt. Das ist etwas ähnliches wie Gulasch. Es schmeckt gut und führt zu Verdauungsbeschwerden.« Als Methode der Wahl zur Lösung der Probleme im Arbeitsbereich empfielt Herzberg deshalb das orthodoxe Job Enrichment.

Nun ist zwar eine derartige »Miß-Wahl« äußerst amüsant, gleichzeitig aber auch von einer umwerfenden Naivität. Job Enrichment und Demokratisierung der Wirtschaft in einen Topf zu werfen, ist eine Vereinfachung, die ans Tragikomische grenzt. Job Enrichment ist – wie etwa der Arbeitswechsel oder die Gruppenautonomie – eine von mehreren Methoden der Arbeitsstrukturierung und gehört damit zum Instrumentarium der Organisationsentwicklung. Das sozio-technische System dagegen ist das Ziel der Organisationsentwicklung: ein Betrieb, in dem die technisch-organisatorische Struktur auf die psycho-sozialen Bedürfnisse des Menschen abgestimmt sind. Und die Demokratisierung der Wirtschaft ist ein gesellschaftspolitischer Vorgang. Von Alternativen, zwischen denen wir zu wählen haben, kann gar keine Rede sein.

Als Methode der Arbeitsstrukturierung hat das Job Enrichment unbestreitbar seine Bedeutung. Man darf aber keine Heilslehre daraus machen. Verschiedene Gründe sprechen dagegen.

Beim orthodoxen Job Enrichment werden die Änderungen der Aufgaben und Zuständigkeiten auf Vorgesetztenebene geplant und praktisch über die Köpfe der betroffenen Mitarbeiter hinweg eingeführt. Das geht zwar verhältnismäßig schnell, aber nicht immer gut. Das Risiko von Fehlschlägen ist wesentlich geringer, wenn man die Beteiligten von Anbeginn bei der Planung mitwirken läßt und ihnen Gelegenheit gibt, sich schrittweise an die neuen Formen der Zusammenarbeit zu gewöhnen. Tut man dies aber, betreibt man bereits Organisationsentwicklung und nicht orthodoxes Job Enrichment, wie Herzberg es versteht.

Zweitens: Entfremdung beruht – wie bereits dargestellt – auf einer Identitätskrise des Individuums. Die Identität des einzelnen wird aber nicht nur durch den Inhalt seiner Arbeit, sondern auch durch seine Rolle in der betrieblichen Gemeinschaft geprägt. Es gibt Firmen, die ihre Mitarbeiter ausschließlich durch die Aufwertung ihrer Rolle im Kollektiv, also durch Mitsprache in betrieblichen Angelegenheiten, erfolgreich »motiviert« haben – ohne sich um den Arbeitsinhalt des einzelnen an seinem Arbeitsplatz zu kümmern. Durch Job Enrichment dagegen wird der Mitarbeiter ausschließlich über den Arbeitsinhalt im engeren Sinne aufgewertet. Da beide Aspekte wichtig sind, sollte man nicht aus einem von ihnen eine Religion machen.

Last not least: Wenn man die Aufgabe eines Mitarbeiters erweitert, hebt sich dadurch sein Anspruchsniveau. Jede Aufwertung der Aufgabe führt zu einem verstärkten Bedürfnis nach Weiterentwicklung und – bei Nichtvorhandensein von entsprechenden Entwicklungsmöglichkeiten – zu erhöhter potentieller Unzufriedenheit. Das ist vielleicht eine bittere

Pille. Aber wer einmal beginnt, die Aufgaben seiner Mitarbeiter aufzuwerten, hat damit nicht ein Problem für immer aus der Welt geschafft, sondern lediglich einen Weg eingeschlagen – einen Prozeß eingeleitet. Mit den Geistern, die man da ruft, muß man dann auch umgehen können. In der Praxis kann man aber nicht beliebig »erweitern«. Die Aufwertung eines Einzelarbeitsplatzes stößt bald einmal an eine natürliche Grenze. Job Enrichment ist deshalb nur ein Durchgangsstadium, die Vorstufe zu einer flexiblen Organisation, in welcher jeder Mitarbeiter laufend seinem individuellen Lernfortschritt entsprechend anspruchsvollere Funktionen übernehmen kann. Und da führt nun mal kein Weg an Gruppenstrukturen in der einen oder anderen Variante vorbei. Dies ist vielleicht kein kurzfristiges Problem, wohl aber eine längerfristige Perspektive, die es verbietet, im Job Enrichment die endgültige Antwort auf alle Fragen zu sehen.

Diese drei Überlegungen tun dem Verdienst Herzbergs keinen Abbruch. Aber man darf sich durch die markigen Sätze eines Mannes, den der Ruhm seit zehn Jahren von Vortrag zu Vortrag hetzt und dabei vom Weiterlernen abhält, nicht verleiten lassen, die Welt einfacher zu sehen, als sie ist. Die nicht geringe Popularität der Herzbergschen Betrachtungsweise ist im Grunde auf ihre begrenzte Zielsetzung zurückzuführen. Sie verspricht eine einfache Problemlösung, die niemandem wehtut, eine Kur, die harmlos erscheint. Herzberg hat einmal gesagt: »Das autoritäre Muster der amerikanischen Industrie wird trotz der anhaltenden Propaganda für demokratische Methoden erhalten bleiben.« Aus diesem Satz spricht tiefe Resignation. Sie mag dem Dogmatismus Pate gestanden haben. Das Resultat ist die Fortsetzung des Taylorismus mit anderen Mitteln.

Die Wiege der betrieblichen Verhaltensforschung

Die Geschichte der betrieblichen Verhaltensforschung beginnt 1924 – in den Hawthorne-Werken der Western Electric Co. in Chicago. Diese berühmt gewordenen Studien sind ein typisches Beispiel dafür, wie man in der Forschung auf der Suche nach einer Sache sehr oft eine ganz andere findet. Alles begann damals mit Beleuchtungsexperimenten. Man wollte den Effekt der Beleuchtung auf die Produktivität der Arbeiter untersuchen. Man variierte die Beleuchtung und erwartete, daß mit zunehmend besserer Beleuchtung in den zum Teil recht düsteren Hallen auch die Produktivität steigen würde. Doch es sollte anders kommen. Man verbesserte das Licht – die Produktivität stieg. Man verbesserte das Licht weiter – die Produktivität stieg weiter. Dann aber kam einer der Versuchsleiter auf die Idee, anstatt die bisherige Beleuchtung zu verbessern, das Tageslicht abzuschirmen – und die Produktivität zeigte auch in dieser künstlich verdüsterten Abteilung einen leichten Anstieg. Die Forscher waren so klug wie zuvor.

Den Produktivitätsveränderungen mußten also andere Faktoren zugrunde liegen. Für weitere Experimente ab 1927 wurden Forscher der damals schon berühmten Harvard School of Business Administration zugezogen. Man dachte, es seien vielleicht die Arbeitszeitintervalle und ähnliche äußere Arbeitsbedingungen, die die Leistung beeinflußten. Um die Experimentalsituation besser unter Kontrolle halten zu können, wurde ein spezieller Versuchsraum eingerichtet, in dem sechs Mädchen Relais zusammenzubauen hatten, genau wie sie dies zuvor in der großen Montagehalle auch getan hatten. Temperatur, Luftfeuchtigkeit, Beleuchtung, ja sogar die tägliche Anzahl der Schlafstunden der einzelnen Arbeiterinnen wurden laufend registriert. Man führte mit ihnen regelmäßige medizinische »Checkups« durch, und ein wissenschaftlicher Beobachter hielt sich permanent im Testraum auf.

Und das ist das Resultat: Anstatt im Verhältnis zu den Änderungen zu steigen oder zu fallen, zeigte die Produktivitätskurve erneut über alle Versuchsphasen hinweg einen mehr oder weniger konstanten Anstieg. Wiederum war also eine andere Kraft als die von den Versuchsleitern getesteten äußeren Arbeitsbedingungen stärker gewesen. Dieser mysteriöse Einfluß konnte nun nur noch mit den spezifischen psychologischen Bedingungen der Versuchssituation erklärt werden.

Es ist klar: Die Testbedingungen hatten das Arbeitsleben der sechs Mädchen entscheidend verändert. Der Führungsstil im Testraum war, bedingt durch die Aktivität und das Interesse des Beobachters, gelockert, die Atmosphäre freundlich, ja persönlich. Die Mädchen durften beispielsweise während der Arbeit miteinander reden, was in der großen Montagehalle nicht der Fall war. Als Folge des engen Kontaktes mit den Versuchsleitern übten die Mädchen unwillkürlich einen gewissen Grad von Selbstkontrolle und Mitsprache aus. Vor allem aber führte der in sich geschlossene Testraum zur Bildung einer Gruppe. Die Mädchen waren nicht mehr isolierte Individuen. Sie begannen bald selbst über mögliche Verbesserungen der Arbeitsvorgänge zu diskutieren, sie halfen sich gegenseitig bei der Arbeit, und sie kamen sogar außerhalb der Arbeitszeit in Kontakt. Die räumliche Nähe, das regelmäßige Zusammensein und das gemeinsame Schicksal hatten sie zu einem »Team« zusammengeschweißt.

Damit waren zwei Faktoren entdeckt, die offenbar einen Einfluß auf die Produktivität ausübten: das Verhalten der Vorgesetzten und die Beziehungen zwischen den Arbeiterinnen selbst. Das waren bedeutsame Zusammenhänge, in die man da sozusagen hineingestolpert war.

Ein neues Phänomen: »Informelle Gruppen«

Der Mann, der diese Studien in den Hawthorne-Werken und anderen Betrieben vertiefte – und später die sogenannte Human-Relations-Theorie daraus ableitete –, war einer der Harvard-Professoren, Elton Mayo. Er ging unter anderem dem Phänomen dieser spontanen Gruppenbildungen nach, die er dann »informelle Gruppen« nannte. Es sollte sich herausstellen, daß informelle Beziehungen praktisch jede formelle Organisation wie ein Netzwerk durchziehen und auf das Verhalten der Indviduen oft einen stärkeren Einfluß ausüben als die Vorgesetzten.

Dies zeigte sich etwa im folgenden Experiment. In einem speziell hergerichteten Beobachtungsraum verdrahteten 14 Arbeiter Elemente für Telefonschaltstationen. Im Gegensatz zum Relaisbau-Testraum wurde hier nun sorgfältig darauf geachtet, die psycho-sozialen Bedingungen nicht zu beeinflussen. Aufsicht, Arbeitsmethoden, Lohnsystem, Rechte und Vorschriften – alles war genauso wie in der großen Montagehalle. Ein Beobachter war zwar vorhanden, hielt sich aber strikt im Hintergrund. Die Arbeiter waren ihrem gewohnten Vorgesetzten direkt verantwortlich.

Bereits nach kurzer Zeit zeigte sich, daß die Arbeiter einen eigenen Kodex von Verhaltensnormen entwickelt hatten. Eine solche Norm betraf beispielsweise das Verhalten bei Anwesenheit oder Abwesenheit des Vorgesetzten. War er da, bot der Raum ein einheitliches Bild der Seriosität und des Fleißes. War er weg, wurde gescherzt und gebummelt. Die Gruppe hatte ferner eine eigene, ziemlich präzise Norm dafür entwickelt, was unter einem »vernünftigen Arbeitspensum« zu verstehen sei – und diese Norm lag ganz offensichtlich weit unter dem, was ohne übermäßige Anstrengung hätte geleistet werden können. »Laß es nicht über 1,25 Dollar pro Stunde gehen, sonst hast du den Zeitstudienmann auf dem Hals – und morgen einen neuen Akkordsatz.« Leistungsabweichler nach unten wurden als »Drückeberger«, diejenigen nach oben als »Streber« und »Sklaven« unter sanften kollegialen Druck gesetzt. Es erwies sich, daß der Einfluß der Gruppe stärker war als der Wille des Vorgesetzten und die Wirkung des Leistungslohnsystems zusammen.

Damit wurde zum ersten Mal offenkundig, was für eine Dynamik von den sozialen Beziehungen im Betrieb ausgehen kann. Der Gedanke lag nahe, diese Kraft nicht wie bisher möglichst zu unterdrücken, sondern im Gegenteil für die gemeinsame Leistung nutzbar zu machen. Vielleicht würde es eines Tages gelingen, die formelle Organisation den Gesetzmäßigkeiten dieser natürlichen Beziehungsballungen entsprechend zu gestalten. Doch Jahrzehnte der Forschung sollten notwendig sein, um die Dynamik von Gruppen systematisch zu erforschen und der Arbeitswissenschaft neue Impulse zu geben.

»Gruppenautonomie« unter Tag

In den britischen Kohlebergwerken wurde bis zum Ende des Zweiten Weltkrieges auf handwerklicher Basis gearbeitet. Entsprechend jahrzehntelanger Tradition arbeiteten die Bergleute in kleinen selbständigen Gruppen von zwei bis sechs Mann. Jede Gruppe hatte ihren Platz im Stollen, was für Abbau und Abtransport verantwortlich und wurde entsprechend ihrer Förderleistung kollektiv entlohnt. Die Arbeit unter Tag war einsam und gefährlich. Sie setzte intime Kenntnis der lokalen Verhältnisse und enge Zusammenarbeit in der Gruppe voraus. Jeder einzelne Bergmann beherrschte alle Arbeitsvorgänge, und man organisierte sich in der Gruppe. Vorgesetzte gab es keine. Aufnahme oder Ausschluß eines Kumpels war Gruppensache. Der Gruppenzusammenhalt war so stark, daß man sich auch außerhalb der Arbeit nahestand. Wenn ein Kumpel verunglückte, kümmerten sich seine Kameraden um seine Familie. Das war zu Zeiten der alten, sogenannten »Single-place«-Methode.
Doch dann kam die technologische Revolution. Die sogenannte »Long-wall«-Methode wurde eingeführt. Entlang einer Abbaufront von jeweils 100 Metern wurde nun das Material an 40 Einzelarbeitsplätzen gleichzeitig und maschinell abgebaut und mittels Förderband abtransportiert. Sieben einzelne Arbeitsschritte, in bestimmter Reihenfolge und nach genauem Zeitplan eingerichtet, bildeten einen geschlossenen Zyklus

von Vorbereitung, Abbau und Abtransport. Es gab demnach sieben Arten von Arbeitsplätzen, und es gab Einzelleistungsprämien. Zwischen den einzelnen Bergleuten war kaum mehr eine direkte Kommunikation, geschweige denn Gruppenarbeit möglich. Dafür gab es jetzt Vorgesetzte. Sie mußten die Arbeit über die drei Schichten hinweg koordinieren und die notwendig gewordene straffe Überwachung gewährleisten.

Es stellte sich heraus, daß diese Vorgesetzten allein mit Feuerwehraktionen alle Hände voll zu tun hatten. Es kam laufend zu kleineren Störungen und vorübergehenden Stillegungen.Die Arbeitsmoral war drastisch gesunken. Induviduelle Leistungsschwankungen führten immer wieder zu Kettenreaktionen im Arbeitsprozeß. Geriet ein Mann mit seiner Arbeit in Rückstand, brachte dies sofort die Arbeit aller nachgeschalteten Arbeitsplätze zum Erliegen. Es kam zu schweren Spannungen, disziplinarischen Konflikten und einem ununterbrochenen Feilschen der Arbeiter um Zusatzleistungen für nicht selbst verschuldete Leerzeiten und Spezialarbeiten. Psychosomatische Erkrankungen und Unfälle nahmen beinahe epidemische Ausmaße an. Das Resultat war, daß – entgegen allen Erwartungen – mit der hochmechanisierten Massenproduktionsanlage überhaupt kein Produktivitätsfortschritt gegenüber dem ursprünglichen handwerklichen Verfahren erzielt werden konnte.

Der Betrieb: ein »sozio-technisches System«

Aufgrund dieser bitteren Erkenntnis wurden Verhaltungsforscher des Londoner Tavistock Institutes für Human Relations geholt, um die Situation zu studieren. Diese schlugen aufgrund einer genauen Analyse sowohl der technischen als auch der psychologischen Voraussetzungen eine modifizierte Arbeitsorganisation vor. Die sieben getrennten Arbeitsschritte wurden zu einem einzigen Gruppenverantwortungsbereich zusammengefaßt, der sich über den ganzen Arbeitszyklus und alle drei Schichten hinweg erstreckte. Die Gruppen waren völlig autonom im Einsatz ihrer Mitglieder und entsprechend ihrer Förderleistung kollektiv entlohnt. Gleicher Lohn für alle Gruppenmitglieder bedeutete aber, daß jeder auch einen einigermaßen vergleichbaren Beitrag zu leisten hatte. Die sich überlappenden einzelnen Verrichtungen wurden deshalb rotierend gewechselt.

Dies wiederum hatte einen erweiterten Arbeitsinhalt und eine vielseitige Einsetzbarkeit des einzelnen Bergmanns zur Folge. Wenn ein Zyklus vorzeitig abgeschlossen war, wurde in nahtlosem Übergang ein neuer begonnen. Es gab kaum noch Unterbrechungen. Das Management wurde teilweise wieder abgebaut, und die Produktion erreichte dank des schmerzlosen Ausgleichs individueller Leistungsschwankungen einen hohen Grad von Konstanz.

Während vorher rund zwei Drittel der Zyklen mit Rückstand auf den Zeitplan abgeschlossen worden waren, ergaben sich nun Verzögerungen nur noch in fünf Prozent der Fälle, während 73 Prozent plankonform und 22 Prozent sogar mit einem Zeitvorsprung beendet werden konnten. Der Krankenstand sank von 8,9 Prozent auf 4,6 Prozent, die Unfallrate von 6,8 auf 3,2 Prozent und die Quote der Abwesenheiten ohne Grundangabe gar von 4,3 auf 0,4 Prozent. Die Produktivität, die vorher zwischen 67 und 78 Prozent der Maximalkapazität geschwankt hatte, pendelte sich auf einem konstant gehaltenen Niveau von 95 Prozent ein.

Dieses Beispiel ist aus verschiedenen Gründen interessant:

Erstens: Die Studie umfaßt drei verschiedene Phasen der Organisation. Sie repräsentieren modellhaft und gleichsam im Zeitraffer der Geschichte unserer Industrie: die gewerbliche Frühphase – die Phase der Massenproduktionstechnologien und des sogenannten wissenschaftlichen Managements mit ihrer mechanistischen, auf ausschließlich technischer Rationalität basierenden Auffassung von Organisation – und die jüngste Phase, in der die Formen betrieblichen Zusammenlebens in zunehmendem Maße verhaltenswissenschaftlich inspiriert sind.

Zweitens: Die Kohlenbergbau-Studie ist wegweisend gewesen für die spätere Arbeit so bedeutender Forscher wie Emery, Trist und Thorsrud: Sie haben das Konzept des sogenannten »sozio-technischen Systems« entwickelt, eine Auffassung von betrieblichen Organisationen, wonach die Technik, die Organisationsstruktur, die Bedürfnisse des einzelnen und die sozialen Beziehungen im Betrieb sich gegenseitig beeinflussen, im Zusammenhang dieser Wechselwirkungen gesehen werden müssen und nur als »Gesamtsystem« erfolgreich verändert werden können.

Drittens: Die Kohleförderung im »Long-wall«-Verfahren ist eine anstrengende, schmutzige und eintönige Arbeit. Und sie ist extrem technologiegebunden. Eine hoffnungslosere Ausgangssituation für ein Humanisierungsprogramm ist fast nicht denkbar. Kohle bleibt schließlich Kohle, und Maschine bleibt Maschine. Was also hat sich für den einzelnen Bergmann überhaupt verändert? Zum einen: Sein Arbeitsinhalt wurde erweitert. Zum anderen aber: Die betriebliche Gemeinschaft ist wiederhergestellt worden.

Ein Bankexperiment in der Provinz

Weit draußen in der holländischen Provinz, mitten im Gebiet, das erst vor einigen wenigen Jahrzehnten dem Meer abgerungen worden ist, liegt die Kleinstadt E. Hier befindet sich ein kleiner, hochmoderner Verwaltungsbetrieb einer Großbank mit insgesamt 750 Filialen und 18 000 Mitarbeitern. Das Verwaltungszentrum hat eine Belegschaft von rund 300 Personen und verarbeitet den gesamten Inlandzahlungsverkehr der Bank sowie Reiseschecks und Dividendenzahlungen. Wenn man durch diesen Verwaltungsbetrieb geht, kommt man sich vor wie an einer Mädchenoberschule. 80 Prozent der Belegschaft sind weiblichen Geschlechts, und das Durchschnittsalter liegt bei 18 Jahren. Die Mädchen werden praktisch von der Volksschule weg rekrutiert, im Hause »on-the-job« ausgebildet und für die Abwicklung administrativer Aufgaben eingesetzt, deren Erledigung im Amsterdamer Hauptsitz gelernten Bankkaufleuten obliegt – wobei im Experimentierbetrieb die Pro-Kopf-Arbeitsleistung 25 Prozent höher, die Einkommen aber ziemlich genau um die Hälfte tiefer liegen.

»Wie ist es möglich«, so hat ein langjähriger Angestellter des Hauptsitzes die Skepsis und Verunsicherung vieler seiner Kollegen formuliert, »daß Kinder von 16 und 17 Jahren unsere Arbeit machen können?«

Die Geschichte geht zurück auf das Jahr 1965. Die zentrale Organisationsabteilung stand damals vor der Aufgabe, Möglichkeiten zur Entlastung der Verwaltungsabteilungen des Hauptsitzes zu schaffen. Der Arbeitsanfall aus den Filialen konnte in Amsterdam nicht mehr befriedigend bewältigt werden. Man verfügte zwar über einen soliden Stamm qualifizierter, langjähriger Mitarbeiter, der aber mit einem Durchschnittsalter von 36 Jahren einer beunruhigenden Überalterung entgegenging. Die Fluktuation unter den jüngeren Jahrgängen war so hoch, daß die Kapazität trotz ununterbrochener, intensiver Rekrutierung und Ausbildung nicht erweitert werden konnte. Man wußte in der Organisationsabteilung auch warum: Die extreme Spezialisierung der Aufgaben, die starre, bürokratische Organisation und der enge Entscheidungs- und Verantwortungsspielraum waren mit den Bedürfnissen der jungen Arbeitnehmergeneration nicht mehr zu vereinbaren. Das war das übereinstimmende Ergebnis von jahrelangen Beobachtungen, Austrittsinterviews und gezielten internen Befragungen. Mehr oder weniger durch Zufall bot sich damals die Möglichkeit an, in E. ein Experiment zu starten. Man wußte, daß in dieser noch wenig industrialisierten Gegend jährlich einige hundert Mädchen von der Volksschule entlassen wurden und in Ermangelung von Arbeitsplätzen größtenteils unbeschäftigt blieben.

In der Verwaltung von Geldbewegungen werden Belege ausgepackt, gezählt, sortiert, abgelegt; es werden Daten gebucht, übertragen, auf Mikrofilm kopiert; und es wird kontrolliert – immer wieder kontrolliert. In der Amsterdamer Hauptverwaltung gibt es für die verschiedenen Arbeitsschritte gesonderte Abteilungen – und damit Heere von Spezialisten, die praktisch nur buchen, übertragen oder kontrollieren.

In E. wurde die Arbeit gleich von Anbeginn an anders organisiert. Jede Abteilung besteht aus mehreren kleinen Arbeitsteams von zwei bis sechs Mitarbeiterinnen, die jeweils einen Teil der eingehenden Belege übernehmen, vollständig verarbeiten und versandbereit machen. Durch intensive Schulung und einen geplanten Wechsel durch alle Abteilungen wird den Mitarbeiterinnen eine breite Ausbildung vermittelt. Die interne Rotation und die vorwiegend durch Heirat bedingte Fluktuation führen zu einer extremen Mobilität. Das Gruppenkonzept drängt sich deshalb praktisch zwingend auf. Die Gruppe gewährleistet als stabile organisatorische Einheit nicht nur die gegenseitige Weitergabe von vorhandenem Know-how, sondern auch die Kontinuität der Arbeit in den verschiedenen Abteilungen.

Die Teams sind in der Einteilung, Abwicklung und Kontrolle ihrer Arbeit völlig selbständig und bestimmen ihre Arbeitszeit selbst. Eine Aufsicht im engeren Sinne ist nicht vorhanden. Die leitenden Mitarbeiter haben ausschließlich unterstützende Funktion. Die Mitarbeiterinnen sind also äußerst selbständig, Hierarchie ist weitgehend ersetzt durch direkte Kommunikation und Gemeinschaftsdenken – an der Arbeitsfront wie auf der Betriebsebene.

Die extreme Delegation von Verantwortung ist natürlich mit Risiken verbunden. Ein Mädchen vergaß einmal das Kopieren eines Schecks. Das Versehen kostete die Bank 15 000 DM, und es wurde der Ruf nach einer speziellen Kontrollinstanz laut. Doch der Manager weigerte sich, das

System zu ändern. Das Versehen und seine Konsequenzen wurden statt dessen in aller Ruhe mit der Betroffenen und ihren Kolleginnen besprochen, ebenso der Vorschlag, eine Kontrollinstanz zu schaffen, und der Grund für dessen Ablehnung: Jede Mitarbeiterin hat ihren Aufgabenbereich; die Verantwortung für die Qualität ihrer Arbeit soll und kann ihr nicht abgenommen werden. Das war vor einigen Jahren, und es ist bei diesem Einzelfall geblieben.

Der Versuch, eine der Abteilungen in Amsterdam nach ähnlichen Gesichtspunkten umzustellen, scheiterte kläglich am Widerstand vor allem der älteren, durch Kontrollfunktionen privilegierten Mitarbeiter. Dies zeigt einmal mehr, daß es eine Sache ist, in einem neugeschaffenen, unabhängigen Betriebsteil progressive Ideen zu verwirklichen, und eine andere, bestehende Teile der Organisation zu reformieren.

Dieser Fehlschlag ist nicht ohne Konsequenzen geblieben: Das Experiment in der Provinz führte nach zehn Jahren eklatanter Erfolge nach wie vor ein Leben in Quarantäne. Es sind zwar bis heute mehrere Zentren mit insgesamt 750 Arbeitsplätzen zur Entlastung des Stammhauses geschaffen worden, und es sind mehr als ein Dutzend kleinere dezentrale Verwaltungsniederlassungen geplant. Im Stammhaus selbst aber haben die neuen Organisations- und Führungsprinzipien trotz akuten Personalnotstandes keinen Eingang gefunden. Man ist dort überzeugt, daß die ohnehin mehr als suspekte Art, Personal einzusetzen, vielleicht für ganz spezielle Anwendungszwecke, etwa für die Beschäftigung von Teenagern im Polder, taugen mag, nicht aber für eine Bankverwaltung, die diesen Namen verdient.

DIE GRUPPE ERSETZT DAS GENIE

Hierarchische Gliederung und eine Vielfalt bürokratischer Regelungen und Abläufe, die unsere Betriebe wie ein Netzwerk durchziehen, sind nicht die einzige Möglichkeit zur Koordination menschlicher Arbeit. Im Gegenteil: Hierarchie und Bürokratie sind im Grunde nur Prothesen – ein Ersatz für freie Verständigung unter vernünftigen Menschen, die eine echte Gemeinschaft bilden. In dem Maße, als wir lernen, offen zu kommunizieren, direkt zusammenzuarbeiten und überschaubare, funktionsfähige Arbeitsgemeinschaften zu bilden, können wir Hierarchie und Bürokratie schrittweise abbauen – bis zu dem Punkt, wo wir die Krücken eines Tages gar nicht mehr brauchen werden.

So utopisch dies angesichts der heutigen Zustände in der Arbeitswelt klingen mag: Die Institution »Chef« hat keine Zukunft. Eine wachsende Zahl von Pionierbetrieben beweist, daß die Menschen nicht naturgegeben einen Vorgesetzten brauchen, um produktiv zusammenzuarbeiten und gemeinsam zu vernünftigen Entscheidungen zu kommen. Wir haben sogar allen Grund zur Annahme, daß die Bildung selbstregulierender, intakter Arbeits- und Betriebsgemeinschaften überhaupt den einzig gangbaren Weg in eine bessere Zukunft darstellt.

Doch dieser Weg ist lang: Wir müssen erst lernen, in Gruppen zu leben und zu arbeiten. Wir müssen unsere Fähigkeit zur Verständigung in der Gemeinschaft erst entwickeln und verfeinern. Was die psychologischen Vorgänge in Gruppen anbetrifft, herrschen in unserer Gesellschaft – und ganz besonders in der Wirtschaft – noch weit herum Unkenntnis,

Halbwissen und Vorurteile. Dies läßt sich am besten anhand von konkreten Fragen illustrieren, wie sie in Diskussionen zum Thema Gruppenarbeit fast regelmäßig aufkommen.

Fragen und Antworten

● Frage: Was ist eine »autonome« Gruppe?

Eine selbständige, das heißt nicht durch einen Vorgesetzten geleitete Mitarbeitergruppe, die gemeinsam für einen bestimmten Teil des Arbeitsprozesses verantwortlich ist. Dazu gehört unter anderem irgendeine Form von Gruppenleistungsentschädigung.

● Frage: Was für Entscheidungen kann denn eine solche Gruppe treffen?

Der Grad der Autonomie – also der Entscheidungsspielraum – ist in der Praxis von Fall zu Fall verschieden. Von teilautonomen Gruppen, die vielleicht die Pausenzeiten oder allenfalls noch den Einsatzplan für den Arbeitswechsel selbständig festlegen können, bis hin zu voll autonomen Gruppen, die ihren Sprecher demokratisch wählen, an der Planung teilnehmen und selbständig über Aufnahme oder Nichtaufnahme eines neuen Kollegen befinden, ist es ein weiter Weg. Im Prinzip kann man sagen, daß eine autonome Gruppe all das selbständig erledigt, was sonst der direkte Vorgesetzte tut – nicht mehr, aber auch nicht weniger.

● Frage: Wenn man eine Gruppe führerlos einfach sich selbst überläßt – profiliert sich dann nicht in kürzester Frist ein informeller Führer, was im Grunde dann wieder auf ein und dasselbe, nämlich Hierarchie, hinausläuft?

Doch, das kommt vor, wenn man eine Gruppe unvorbereitet einfach »sich selbst überläßt«. Die erfolgreiche Entwicklung von Gruppenarbeit in der Praxis setzt ein gewisses Minimum an gruppendynamischem Training all derjenigen voraus, die in Gruppen arbeiten sollen. Neugebildete Gruppen müssen ferner mindestens während einer längeren Startphase von entsprechend ausgebildeten Führungskräften betreut werden. Gruppenarbeit will gelernt sein.

● Frage: Hierarchie als Ordnungsprinzip gibt es aber bekanntlich sogar bei den Tieren. Ist das Verhalten nach einer »Hackordnung« nicht instinktmäßig vorprogrammiert?

Es gibt tatsächlich so etwas wie ein »Programm«. Aber beim Menschen handelt es sich hierbei nicht um ein genetisches, sondern um ein kulturelles Erbe. Wir sind ja nicht ein primär instinktgesteuertes Tier. Wir verzichten laufend auf irgendwelche Verhaltensweisen, die bei anderen Lebewesen automatisch ablaufen. Beispielsweise machen wir uns nicht gleich an jede hübsche Frau heran, nach der wir uns auf der Straße umdrehen. Im Gegensatz zum Tier kann der Mensch Triebverzichte leisten und Spielregeln für das soziale Verhalten aufstellen. Hierarchie ist für den Menschen durchaus nicht die einzig mögliche Lebensform, wenn auch im Moment die weitaus gebräuchlichste.

● Frage: Aber die Menschen sind doch von Natur aus nicht alle gleich?

Das ist richtig. Die Frage ist nur, ob das Unterscheidungsmerkmal der hierarchische Rang sein muß. Die Menschen unterscheiden sich zunächst einmal nach ihren Bedürfnissen, Interessen und Begabungen. Diese Individualität kommt in einer Gruppe – sofern sie wirklich eine Gruppe ist – besser und nicht schlechter zum Tragen als in einer hierarchisch organisierten und autoritär geführten Abteilung.

● Frage: Findet denn durch sogenannte Gruppenarbeit nicht lediglich eine Nivellierung statt, eine Gleichschaltung im Kollektiv, durch die gerade die Stärkeren und Begabteren vergrämt und in ihrer Leistung zurückgebunden werden?

Was natürlich stattfindet, ist eine gewisse »Prestige-Nivellierung« nach außen hin. Da kann nicht mehr einer allein brillieren. Wenn einer nur das sucht, ist er von vornherein nicht teamfähig. Wenn es dagegen innerhalb einer Gruppe zu einer Gleichschaltung kommt, fehlt es an Offenheit und gegenseitigem Vertrauen. Dies ist das Resultat ungenügender Ausbildung und Betreuung.

● Frage: Dann gibt es innerhalb der Gruppe also doch Ungleichgewichtigkeiten? Also doch Führung?

In einer eingespielten Gruppe hat jeder seine »Nische«. Es ist ja nicht so, daß Gruppen ohne Führung und Arbeitsteilung auskommen. Die Rollen sind nur nicht mehr fest etabliert, sondern – je nach Aufgabe, die erfüllt werden muß, oder je nach Thema, das zur Diskussion steht – einer laufenden internen Neuverteilung unterworfen. Gesundes Urteilsvermögen und Sachverstand setzen sich auch und gerade in der Meinungsbildung von Gruppen ganz natürlich durch. Schon aus diesem Grunde kommt es in einer einigermaßen eingespielten Gruppe nicht zu dem, was man sich gemeinhin unter Nivellierung vorstellt.

● Frage: Wie soll sich denn einer da individuell entfalten können – in einer Gruppe, wo jeder dreinredet?

In einer Gruppe kommen von vornherein mehr Menschen direkt zum Zuge – im Prinzip alle, wenn die Gruppe funktioniert –, und dies geht nicht auf Kosten der Begabten. Im Gegenteil: Gerade die Begabten können durch Gruppenarbeit stark motiviert werden, weil nämlich ihr Beitrag eine Hebelwirkung erfährt.

● Frage: Heißt Gruppenmeinungsbildung nicht einfach endloses Gerede?

Gelegentlich scheint es so – vor allem, wenn eine Gruppe noch nicht lange existiert und nicht trainiert ist. Im übrigen dauert es immer länger, bis eine Gruppe zu einer Entscheidung gelangt, als wenn die Weichen von einem entschlußfreudigen Vorgesetzten gestellt werden. Aber mit der Entscheidung als solcher ist es ja nicht getan. Die sehr viel wichtigere Frage ist meistens, was nachher kommt. Und da zeigt sich eben in der Praxis, daß Entscheidungen, hinter denen eine Gruppe steht, äußerst zügig und schmerzlos verwirklicht werden. Die Lösung ist meist schon allseitig vorbereitet und wird auch allseitig akzeptiert. Der anfängliche Mehraufwand an Zeit wird dadurch meist mehr als ausgeglichen.

● Frage: Ich kann mir nicht vorstellen, wie das funktionieren soll, wenn keiner letztlich haftbar gemacht werden kann – da drückt sich doch jeder um die Verantwortung.

Das geschieht tatsächlich fast gesetzmäßig, wenn Führungsautorität abgebaut und Gruppenautonomie eingeübt wird. Wenn der einzelne aber einmal merkt, daß er von der Gruppe als voll Mitspracheberechtigter akzeptiert ist und daß in letzter Konsequenz nicht irgendeiner, sondern alle »haftbar gemacht« werden, fängt er ganz von selbst an, sich mitverantwortlich zu fühlen. Das hat nichts mit christlicher Nächstenliebe zu tun. Das Problem bei der Verantwortung ist ja die Angst. Geteilte Angst aber ist halbe Angst. Das ist keine dumme Redensart, sondern ein verhaltenswissenschaftlich gesicherter Befund. Dazu kommt, daß Verantwortung aufwertet, Gewicht verleiht. Die Menschen sind deshalb, wenn sie einmal keine allzu große Angst mehr haben, viel leichter bereit, Verantwortung zu übernehmen, als gemeinhin angenommen wird.

● Frage: Aber letzten Endes kann es ja auch in einer Gruppe nur Gewinner und Verlierer geben. Diejenigen, die bei der Entscheidung überstimmt worden sind, werden sich doch wohl kaum mit Überzeugung dahinterstellen.

Da muß man unterscheiden, um was für eine Entscheidung es im konkreten Falle geht. Neun von zehn Entscheidungen, die im betrieblichen Alltag getroffen werden, sind Routineentscheidungen. Diese werden auch in einer Gruppe von den einzelnen Mitgliedern laufend nach Maßgabe des gesunden Menschenverstandes getroffen, ohne daß immer alle konsultiert werden müssen – oder mindestens ohne daß während der Gruppenkonferenz deswegen ein langes Palaver entstehen muß. Wenn dagegen in einer Grundsatzfrage – die ja meist nicht kurzfristig entschieden werden muß – eine Kontroverse entsteht, muß das Problem eben so lange ausdiskutiert und von allen Seiten beleuchtet werden, bis eine Lösung gefunden ist, die allen Beteiligten als die sinnvollste – oder mindestens als einer von mehreren gangbaren Wegen erscheint. Das kann unter Umständen über harte, schwierige Auseinandersetzungen führen. Die Meinung, die Argumente und die Bedenken jedes Mitgliedes müssen eingeholt und ernsthaft diskutiert werden. Es darf keiner kneifen oder übergangen werden, wenn ein echter Konsens und nicht einfach ein fauler Kompromiß zustande kommen soll.

Konflikte können zwar nicht aus der Welt diskutiert werden. Aber wenn die Hintergründe und die gegenseitigen Abhängigkeiten einmal geklärt sind und nicht nur die unmittelbaren Nachteile, sondern auch die oft indirekten Vorteile auf dem Tisch liegen, die mit einer möglicherweise schmerzhaften Entscheidung verbunden sind, kann sich eine echte Kompromißbereitschaft entwickeln, die den Weg freimacht für eine Übereinkunft, hinter die sich jeder stellen kann. Aber dies ist dann nicht ein »Ereignis« wie die einsame Entscheidung eines Vorgesetzten, sondern das Ergebnis eines gemeinsamen Lernprozesses. Was also die Gruppenentscheidung gut macht, ist nicht einfach ihr Inhalt, sondern vor allem auch die Art und Weise, wie sie zustande gekommen ist.

● Frage: Spielt die Größe der Gruppe nicht eine wesentliche Rolle?

Doch, eine Gruppe kann zu klein sein. Dann kommen zu wenig verschiedene Meinungen und Argumente zusammen. Eine Gruppe lebt ja gerade von der Vielfalt und von der gegenseitigen »Befruchtung«. Auch ist in einer kleinen Gruppe bei Konflikten die Chance geringer, daß einer oder mehrere neutral eingestellt sind und als Vermittler fungieren können. Die Gruppe kann aber auch zu groß sein. Der einzelne kommt dann nicht mehr genügend zum Zuge. Dies führt zu Frustration. Mit der Redezeit in einer Gruppe ist es wie mit dem Boden auf dieser Welt: Sie ist kein beliebig vermehrbares Gut.

● Frage: Welches ist denn die ideale Gruppengröße?

Das kann man so nicht sagen. Die Effizienz eines Teams hängt nicht nur von seiner Größe, sondern sehr stark auch von der Offenheit und vom gegenseitigen Vertrauen in der Gruppe ab. Offenheit und Vertrauen sind zum Teil eine Frage der Übung, zum Teil eine Frage der Zeit, die die Gruppe schon gemeinsam verbracht hat, zum Teil aber auch eine Frage der Personen, beziehungsweise der Einstellungen, die sie aufgrund bisheriger gemeinsamer Erfahrungen zueinander haben. Je nachdem kommen die Dinge leichter oder weniger leicht auf den Tisch. Als Faustregel kann man sagen: Je höher der Grad der Offenheit und des Vertrauens, desto größer kann die Gruppe sein, ohne ihre Effizienz einzubüßen.

Aber auch unter günstigsten psychologischen Voraussetzungen gibt es im Einzelfalle immer eine oberste denkbare Gruppengröße, bei der der einzelne noch wirklich zum Zuge kommen kann. Diese Grenze liegt in der Praxis wohl etwa bei 20 bis 25 Personen. Aber in vielen Fällen sind 10 bis 15 schon zuviel.

● Frage: Angenommen, eine Gruppe ist wirklich »effizient« – nimmt sie dann noch Rücksicht auf den Rest der Welt?

»Gruppenegoismus« ist tatsächlich ein Problem. Besonders wenn Gruppen sich neu bilden, wenn das, was man »esprit de corps« oder »Wir-Gefühl« nennt, im Entstehen begriffen ist, neigen Gruppen dazu, sich in eine Art Euphorie hineinzusteigern und nach außen hin alle Schotten dicht zu machen. Aber so etwas ist natürlich noch nicht eine reife, eingespielte Gruppe.

Meist wird da auch ein gruppeninterner Konflikt verdrängt. Dies sind Probleme, auf die man vorbereitet sein und mit denen man lernen muß, umzugehen – durch offene Aussprachen. Jede Gruppe braucht »Feed-back« von außen, und nicht eingespielte Gruppen brauchen ein besonders hautnahes »Coaching«.

● Frage: Wenn eine Gruppe nun ausgeprägten Leistungsehrgeiz entwickelt – werden dann Schwächere nicht einfach ausgestoßen?

Auch das kommt vor. Gruppen üben einen starken erzieherischen Druck aus. Dieser kann zu einer regelrechten Lynchjustiz pervertieren. Aber dies ist dann immer ein Zeichen mangelhaften Trainings oder fehlender Betreuung – oder beides. Im allgemeinen hat der Schwächere, der ja meist nicht minderbegabt, sondern nur ungenügend ausgebildet oder motiviert ist, gerade in einer Gruppe die besseren Entwicklungschancen. Es sind nämlich Leute um ihn, die alle an seinem Lern- und Leistungsfortschritt interessiert sind – nicht solche, die sich durch seinen Fortschritt in ihrer eigenen Entwicklung gefährdet fühlen. Die Energie wird nicht in die Verteidigung der individuellen Reviere investiert. Die Interessen laufen parallel. Bei einer Arbeitsgruppe in der Produktion setzt dies natürlich voraus, daß die variablen Lohnanteile an die Gruppenleistung gebunden sind.

● Frage: Das klingt alles ganz plausibel. Befragungen von Arbeitnehmern an Einzelarbeitsplätzen zeigen aber immer wieder, daß diese eine Umstellung auf Gruppenarbeit gar nicht wünschen.

Das ist absolut zutreffend. Man kann mit Befragungen sogar beweisen, daß Arbeitnehmer mit monotonen Aufgaben keinen interessanteren Arbeitsplatz haben wollen. Alles, was mit Umstellungen oder Versetzungen zu tun hat, stößt in der

Praxis auf geharnischten Widerstand. Das hat gute Gründe. Erstens kann der Mitarbeiter das, was er kennt, nicht mit etwas vergleichen, das er nicht kennt. Er glaubt fast immer, neuen Anforderungen nicht gewachsen zu sein. Aufgrund dieses Mangels an Information und an Selbstvertrauen verspricht er sich von jeder Änderung zunächst nur Ärger und Mißerfolg. Er gibt den Spatz nicht aus der Hand, weil die Taube auf dem Dach sitzt. Zweitens aber vergißt man immer gerne, daß viele Arbeitnehmer gebrannte Kinder sind. Umstellungen pflegen nämlich im allgemeinen nicht vorgenommen zu werden, um das Arbeitsleben der Betroffenen lustiger zu gestalten, sondern aus rein technischen und organisatorischen Überlegungen, also aus sogenannten Sachzwängen heraus. Die negative Erwartungshaltung ist sehr oft ganz einfach auf entsprechende Lebenserfahrung zurückzuführen.

● Frage: Ist die ganze Gruppenbewegung – angefangen bei den autonomen Gruppen, über die Kommunen und die Gruppenpsychotherapie bis hin zum Gruppensex – nicht einfach eine Modeerscheinung, die sich totlaufen wird, wie sie gekommen ist?

Jetzt begeben wir uns aufs Glatteis der Zukunftsforschung. Aber wenn Sie meine Meinung hören wollen: Die Gruppenbewegung in ihren extremen Auswüchsen ist bestimmt ein Pendelausschlag – das Symptom einer Bewegung gegen die Isolierung des einzelnen in einem »way of life«, welcher der Natur des Menschen gar nicht entspricht. Was von der Gruppenbewegung noch normal ist und was eine kurzlebige Verzerrung darstellt, darüber wird längerfristig nur der praktische Erfolg entscheiden. Denn Erfolg, soviel steht fest, wollen wir alle haben. Bezüglich des Erfolgserlebnisses beim Gruppensex kann ich nicht mitreden. Daß aber sinnvolle Gruppenarbeit zum Erfolg verhilft, weiß ich aus langjähriger Erfahrung.

● Frage: Muß man nicht eine Unterscheidung machen zwischen Teamarbeit im allgemeinen und gewissen extremen Formen wie etwa den sogenannten autonomen Gruppen?

Doch, da gibt es Unterschiede. Das ist ja auch der Grund, weshalb man autonome Gruppen in der Praxis nicht einfach »einführen«, sondern allenfalls als langfristiges Entwicklungsziel betrachten kann. Aber die Unterschiede sind gradueller, nicht grundsätzlicher Natur. Sie betreffen im wesentlichen den Selbständigkeitsgrad, den Entscheidungsspielraum. Eine autonome Gruppe ist gleichsam die organisatorische Formalisierung reiner Teamarbeit, also echte Gruppenarbeit in Reinkultur. Weil es da keinen Vorgesetzten im herkömmlichen Sinne mehr gibt, ist Gruppenautonomie zur Zeit noch die mit Abstand kontroverseste Form progressiver Arbeitsorganisation. Und weil viele Firmen Versuche mit Gruppenarbeit machen, ohne die Betroffenen wenigstens während der Einführungszeit auch entsprechend zu schulen und zu betreuen, werden genügend Mißerfolge in der Praxis dafür sorgen, daß diese Kontroverse noch lange Zeit andauern wird.

- Frage: Was soll denn in der betrieblichen Praxis mit den Vorgesetzten geschehen, wenn sie nicht mehr gebraucht werden?

Und ob sie gebraucht werden! Mehr als zuvor. Sie haben nur eine andere Funktion. Etwas vereinfacht könnte man sagen, daß sie nicht mehr in der Hauptsache kontrollieren, überwachen und Routineentscheidungen treffen müssen, sondern die Mitarbeiter ausbilden und beraten und sich im übrigen um die mittel- und langfristige Planung kümmern, das heißt den eigentlichen Managementaufgaben widmen können. Die administrative Überlastung nimmt ab zugunsten der analytischen und kreativen Seite des Berufes. Der Vorgesetzte wird zum Manager aufgewertet. Der Hauptwiderstand gegen die Einführung solcher Konzepte kommt denn auch erfahrungsgemäß nicht von den direkt betroffenen unteren Kaderstufen, sondern von den höheren, die das Ganze für eine »Sozialutopie« halten.

- Frage: Woher nimmt man nun aber in der Praxis die Gewißheit, daß das alles überhaupt durchführbar, also eben keine Sozialutopie ist?

Nehmen wir einmal an, es wird ein neues Produktionsverfahren entwickelt, und Sie kommen nicht mehr um eine Erneuerung Ihres Maschinenparks herum. Sie werden keine neue Produktionsanlage einrichten, ohne sich vorher genauestens informiert zu haben, unter welchen Bedingungen sie gut funktioniert und mit was für Problemen gerechnet werden muß. Kein Punkt auf dieser Erde ist Ihnen zu weit entfernt, um hinzufliegen, damit Sie die Anlage unter normalen Betriebsbedingungen besichtigen können. Und wenn Sie sich einmal zur Anschaffung entschlossen haben, werden Sie die Anlage nicht einfach hinstellen und Ihre Mitarbeiter darauf loslassen. Sie werden statt dessen zuerst das Management und anschließend die betroffenen Mitarbeiter schulen – alles in allem also ein Vorbereitungsprozeß, der unter Umständen Jahre dauern kann. Genauso muß man auch vorgehen, wenn man neue Formen der Arbeitsorganisation einführen will. In unserer Wirtschaft herrscht jedoch eine unglaubliche Diskrepanz zwischen der Nüchternheit, der Systematik und der Sorgfalt, die wir dem technischen System angedeihen lassen, und derjenigen, mit der das soziale System behandelt wird. Wenn wir den Einsatz der Menschen mit nur annähernd so viel Umsicht planen wie denjenigen der Maschinen, kann kaum sehr viel schiefgehen. Das heißt natürlich nicht, daß man den hundertprozentigen Beweis für den späteren Erfolg bereits schwarz auf weiß in der Tasche hat, bevor man mit der Planung auch nur beginnt. Ohne Urteilsvermögen und persönliche Überzeugung kann man nun mal kein Management betreiben – weder im technischen noch im sozialen Bereich.

»Die meisten Menschen lernen dann am meisten, wenn sie tun, was ihnen Freude macht; die meisten Menschen sind neugierig und bestrebt, in allen ihren Erfahrungen einen Sinn zu erkennen; und die meisten Menschen sind fähig zu persönlichem, direktem Verkehr mit anderen, solange sie nicht durch inhumane Arbeit abgestumpft oder durch Verschulung verblödet sind.« Diese Formulierung von Ivan Illich mag hart klingen und zum Widerspruch reizen. Aber sie enthält eine tiefe Wahrheit: Die meisten Menschen haben verlernt, offen und unverkrampft mit anderen umzugehen. Die Notwendigkeit einer besseren Verständigung und die Notwendigkeit direkter Zusammenarbeit zwingen uns aber heute immer mehr, diese verkümmerten Fähigkeiten durch Training wieder zu entwickeln. Hier liegt ein wichtiger Anwendungsbereich der sogenannten Gruppendynamik.

Das Wort »Gruppendynamik« hat drei Bedeutungen. Im weiteren Sinne ist Gruppendynamik die Wissenschaft vom Verhalten in und von Gruppen und damit ein Forschungszweig der Sozialpsychologie: die Lehre von den Gesetzmäßigkeiten, denen das menschliche Verhalten in Gruppen unterliegt. Im engeren Sinne ist Gruppendynamik ein Oberbegriff für die auf »Selbsterfahrung« in Gruppen beruhenden Lehr-, Ausbildungs- und Behandlungsmethoden. Oft wird der Begriff einfach als Synonym für »gruppendynamisches Verhaltenstraining« verwendet, dessen Urform und bekannteste Variante das sogenannte »Sensitivity Training« ist. Und im täglichen Sprachgebrauch sind mit »Gruppendynamik« manchmal auch einfach die »dynamischen« Prozesse gemeint, die in irgendwelchen Gruppen ablaufen – Meinungsumschwünge, Machtverschiebungen, Cliquenbildungen.

Der Mensch lebt und arbeitet in Gruppen. Rund 75 Prozent unseres wachen Daseins sind in irgendeiner Form der Kommunikation gewidmet. Aber jeder erlebt sich selbst gewissermaßen als Zentrum der Welt. Wir sehen uns selbst immer nur von innen – die anderen dagegen immer nur von außen. Das hat zur Folge, daß wir in den Tag hinein leben, ohne die Verhaltensmotive der Mitmenschen zu kennen und ohne uns der Auswirkungen unseres eigenen Verhaltens auf die Umgebung bewußt zu sein. Wir arbeiten in und mit Gruppen, ohne im Grunde eine Ahnung zu haben, wie sie überhaupt funktionieren. Das Resultat ist Ineffizienz: Mißverständnisse und Vorurteile auf Schritt und Tritt, vorsichtiges Taktieren als Grundlage allen Verhaltens, latente und offene, individuelle und kollektive Konflikte.

Die Gesetzmäßigkeiten menschlichen Verhaltens im sozialen Verband sind zwar seit längerer Zeit weitgehend erforscht und zum Teil auch Gegenstand der Managementausbildung. In der Praxis der Zusammenarbeit und der Menschenführung kommt es aber nicht auf das theoretische Kurswissen, sondern auf das effektive Verhalten an – und da klafft in der Regel eine schmerzliche Lücke. Das hat einen ganz bestimmten Grund. Unser Verhalten ist einerseits durch unseren Verstand, also durch Logik und sachliche Überlegung gesteuert, andererseits aber durch teils bewußte, teils unbewußte Gefühle und Einstellungen. Ungefähr 20 Prozent von dem, was wir tun, wie wir es tun und vor allem warum wir es tun, ist uns klar bewußt. Der Rest entzieht sich der bewußten Einsicht und Kontrolle. Es ist also wie bei einem Eisberg: Was wir von uns selbst und unseren Verhaltensmotiven bewußt wahrnehmen, ist nur ein kleiner Teil des Ganzen – meist nicht einmal der wichtigste.

Informationen aus zweiter Hand, schriftliche Mitteilungen, gewöhnlicher Kursunterricht, Literaturstudium – all dies bewegt sich fast ausschließlich auf der Ebene des Verstandes, also der Spitze des Eisberges. Auf diesem Wege läßt sich zwar der Wissensstand erweitern. Verhaltensänderungen dagegen setzen einen sowohl rationalen als auch emotionalen Lernprozeß voraus. Einfach ausgedrückt: Wir ändern uns nicht durch Wissen, sondern durch Erfahrung. Persönliche Weiterentwicklung ist das Resultat persönlicher Erlebnisse.

Hier setzt nun das gruppendynamische Training an. Ein gruppendynamisches Laboratorium kann definiert werden als eine Lernveranstaltung, bei der mehrere Personen zusammenkommen, um das eigene Verhalten, die Wechselwirkungen zwischen eigenem und fremdem Verhalten sowie die Gesetze von Gruppenprozessen aufgrund der Erfahrung »am eigenen Leib« zu studieren. Eine Trainingsgruppe umfaßt im allgemeinen acht bis zwölf Teilnehmer, bleibt eine bis zwei Wochen zusammen und wird durch einen oder zwei professionelle Trainer betreut. Sie ist während dieser Zeit gewissermaßen ihr eigenes Studienobjekt.

Die Veranstaltung findet in Klausur, an einem ruhigen Ort außerhalb der täglichen Umgebung statt. Es gibt kein Kursprogramm, keine Agenda, keine vorgegebenen Sachthemen und Spielregeln, ja nicht einmal einen Kursleiter im üblichen Sinne. Die Teilnehmer sind aufgefordert, den Lernprozeß selbständig zu gestalten. Der Trainer fungiert nicht als Lehrer oder Diskussionsleiter, sondern als Beobachter und Berater. Seine Aufgabe ist es vor allem, durch gezielte Hilfestellung in der Diskussion zu einer möglichst offenen Verständigung beizutragen und immer wieder zum Überdenken und Besprechen dessen, was sich in der Gruppe abspielt, anzuregen.

Im allgemeinen beginnt das Laboratorium mit einer großen Verwirrung und Verunsicherung. Die Teilnehmer kommen nämlich mit der Erwartung, etwas »geboten« zu bekommen – wie dies bei jeder anderen Lehrveranstaltung ja auch der Fall ist. Das Fehlen eines Programms und das passive Verhalten des Trainers erzeugen ein Führungsvakuum, mit dem die Teilnehmer sich, jeder auf seine Art, auseinandersetzen müssen. Da aber alle im gleichen Boot sitzen, beginnt die Gruppe mit der Zeit, sich zusammenzuraufen und das Vakuum mit eigenen Ideen und Aktivitäten auszufüllen. Ein Prozeß kommt in Gang, der immer wieder kritisch unter die Lupe genommen wird, und im Laufe dessen die Teilnehmer sich selber Ziele setzen, Spielregeln aufstellen und Funktionen untereinander aufteilen.

Die Überwindung der schwierigen Startphase bringt die Teilnehmer einander näher. Mit zunehmendem gegenseitigem Vertrauen können Gedanken und Gefühle frei ausgetauscht werden. Was einem sonst niemand sagt – wie man wirkt und wie andere über einen denken –, kann ausgesprochen, hinterfragt und entkrampft werden. Vorgefaßte Meinungen, blinde Flecken, stereotype Verhaltensmuster werden abgebaut, neue Einstellungen und Verhaltensweisen werden ausprobiert und eingeübt. Die Diskussion ist engagiert, manchmal hart und macht auch um Persönliches keinen Bogen. Aber mit Hilfe des Trainers lernen die Teilnehmer vor allem zu beobachten und zu beschreiben, nicht zu werten, nicht zu psychologisieren, nicht ständig am anderen herumzudeuteln. Auch wird darauf geachtet, daß das Gespräch im wesentlichen auf das unmittelbare Geschehen in der Gruppe beschränkt bleibt. Die Lebensgeschichte und das Privatleben des einzelnen sind nicht Gegenstand der Diskussion. Wenn einer, ohne es zu merken, auf die »psychoanalytische Couch« gerät, hilft der Trainer der Gruppe wieder auf den Weg zu sich selbst zurück.

Das gruppendynamische Training beruht also auf drei Prinzipien:

- *»Prozeßanalyse«:* Die Vorgänge in der Gruppe selbst sind Hauptgegenstand der Diskussion und des Lernens. Das Interesse ist nicht auf irgendwelche Sachthemen gerichtet, sondern in erster Linie auf die Art und Weise der gegenseitigen Verständigung. Nicht nur das »Was« der Diskussion, also der Inhalt, zählt, sondern vor allem das »Wie«, also der Prozeß.
- *»Feed-back«:* Beobachtungen, Gedanken und Gefühle werden offen ausgetauscht. Der einzelne gibt und erhält über sich selbst und über die anderen wichtige Informationen, die im täglichen Leben unausgesprochen und unausgewertet bleiben, weil einem der Blick durch festgefahrene Rol-

len verstellt oder die Mitteilung durch hierarchische Barrieren blockiert ist.

- *»Hier-und-jetzt«:* Die Diskussion bleibt beschränkt auf das, was sich hier und jetzt zwischen den Teilnehmern abspielt. Man grübelt nicht gegenseitig in der Vergangenheit oder im Privatleben herum.

Variationen des Trainings

In der Praxis gibt es nun ein breites Spektrum verschiedenster Spielarten von Laboratorien. Der Schwerpunkt kann auf der Selbsterfahrung des einzelnen, auf den Vorgängen innerhalb der Kleingruppe oder auf den Beziehungen zwischen verschiedenen Gruppen liegen. Beim sogenannten Sensitivity Training liegt der Akzent auf dem Individuum und auf der Kleingruppe, bei den sogenannten Organisationslaboratorien liegt er auf den Vorgängen in und zwischen den Gruppen. Der Lernprozeß kann verschieden stark »programmiert« sein. Im einen Fall ist die Ausgangssituation völlig unstrukturiert, der Lernprozeß wird ausschließlich durch die Teilnehmer gestaltet, in anderen Fällen werden Fachlektionen oder organisierte Übungen, etwa Rollenspiele, eingestreut. Manchmal wird nur eine einzige Trainingsgruppe gebildet, in anderen Fällen laufen mehrere Gruppen parallel und kommen regelmäßig zu Plenumsveranstaltungen zusammen. Die Trainingsgruppe selbst kann sich aus »Fremden« zusammensetzen, die sich vorher noch nie gesehen haben, oder aber aus Personen, die auch im beruflichen Alltag zusammenarbeiten. In diesem Falle spricht man von einem »Familien-Laboratorium«.

In seiner ursprünglichen und wirksamsten Form dauert ein gruppendynamisches Training drei Wochen. Da aber für dreiwöchige Veranstaltungen in unseren Regionen kaum Teilnehmer zu finden sind – schon gar nicht betriebliche Führungskräfte –, werden auf dem Markt meist mehrtägige bis einwöchige Seminare angeboten. Diese stellen samt und sonders einen Kompromiß dar: Es bleibt der mehr oder weniger glücklichen Zusammensetzung der Gruppe sowie der besonderen Erfahrung des Trainers überlassen, ob in der kurzen zur Verfügung stehenden Zeit überhaupt ein sinnvoller Lernprozeß in Gang kommt.

Im gruppendynamischen Laboratoriumstraining gelangt Gruppendynamik sozusagen in Reinkultur zur Anwendung und ist Hauptgegenstand der Ausbildung. Gruppendynamische Methoden können aber auch in weniger konzentrierter Form eingesetzt werden, um beispielsweise in einer Ausbildungsklasse Lernwiderstände abzubauen oder um in einem Projektteam latente Spannungen auszuräumen, welche die Produktivität oder die Kreativität der Gruppe in Frage stellen. Die Grenzen zu Teambildungs- und anderen Methoden der Organisationsentwicklung sind fließend. Etwas vereinfacht kann man sagen, daß Gruppendynamik dort beginnt, wo nicht nur über ein Sachthema, also über den Inhalt, sondern auch über das Funktionieren der Gruppe, also über den Prozeß, gesprochen wird.

Von hier bis zu einem mehrwöchigen Intensivlaboratorium gibt es unzählige Anwendungsvarianten. Die Tauglichkeit für die Anwendung im Management hört dort auf, wo der Grundsatz des »Hier-und-jetzt« aufgegeben wird. Wenn nicht mehr das Geschehen in der Gruppe, sondern die Intimsphäre des einzelnen in den Vordergrund tritt, handelt es sich um Übergangsformen zur Gruppenpsychotherapie, die andere Zielsetzungen hat.

Für und wider die Gruppendynamik

Jedem sind wohl schon einmal Gerüchte und Horrorgeschichten über Nervenzusammenbrüche und Selbstmorde als Folge gruppendynamischer Veranstaltungen zu Ohren gekommen. Hier ist jedoch eine gewisse Skepsis geboten. In einer gruppendynamischen Veranstaltung ist der einzelne zwar durchaus Spannungen und Konflikten ausgesetzt. Aber zum Lernen im allgemeinen und zur »Selbsterfahrung« im speziellen gehört nun mal ein »Gefordertwerden« durch die Umwelt. Im übrigen sollte man nicht päpstlicher tun als der Papst: Die Belastungen in einem Training sind kaum stärker als die, denen wir im täglichen Leben ausgesetzt sind. Zudem werden sie – im Gegensatz zu Konflikten am Arbeitsplatz oder in der Familie – in Gegenwart eines Trainers analysiert und dadurch bewältigt.

Es kommt natürlich vor, daß Menschen, die eigentlich eine Therapie machen sollten, sich in ein Gruppentraining verirren. Es hängt dann von der Erfahrung des Trainers ab, ob er die Gefahr eines Zusammenbruchs rechtzeitig erkennt oder nicht. Die Qualifikation des Trainers ist also von großer Bedeutung.

Damit stellt sich die Frage der Trainerwahl. Diese ist angesichts der Ideologien- und Methodenvielfalt auf dem Gebiet der Gruppendynamik ohnehin ein Problem. Die verfügbare Kapazität an erfahrenen Trainern ist ziemlich begrenzt. Die Nachfrage nach gruppendynamischer Schulung aber steigt sprunghaft an. Damit besteht die Gefahr, daß fachmännisch geleitete Gruppendynamik das Privileg einer Elite bleibt und wenig zu einem organisatorischen Wandel auf breiter Basis beitragen kann.

Der längerfristige Nutzen gruppendynamischer Schulung für die Organisation ist jedoch aus Gründen, die mit der Trainerkapazität nichts zu tun haben, ziemlich umstritten.

Zum einen wird heute in der Regel mit »Fremden-Gruppen« gearbeitet. Das hat den Vorteil, daß der Prozeß des »Auftauens« im Training leichter vor sich geht. Der große Nachteil liegt aber darin, daß der einzelne anschließend in eine Umgebung zurückkommt, in der wieder der alte Umgangston herrscht, in der er das Gelernte also gar nicht anwenden kann. Sein Verhalten paßt sich dann schrittweise wieder den herrschenden Normen an, der Schulungseffekt geht verloren. Dies weist den Weg in Richtung auf vermehrte Schulung der organisatorischen »Familien« im Betrieb. Unter

Arbeitskollegen macht der Lernprozeß zwar nicht so schnell Höhenflüge. Aber jede neue Einsicht, jeder Fortschritt ist ein bleibender Nutzen für den betrieblichen Alltag.

Zum zweiten aber halten viele Leute Gruppendynamik für eine Art Wunderdroge und versprechen sich von ihr allein bereits den entscheidenden »Wandel«. Dies ist ein Irrtum. Das gruppendynamische Training ist ein wertvoller Katalysator, um Prozesse innerhalb einer Organisation in Gang zu bringen und zu fördern. Der organisatorische Wandel selbst aber muß sich in der Führungsstruktur, in der Arbeitsorganisation, im Informationswesen, in der Lohn- und Gehaltsstruktur, im Planungssystem niederschlagen – oder er findet überhaupt nicht statt. Gruppendynamisches Training allein ist also noch nicht Organisationsentwicklung.

Überleben in der Wüste

»Es ist Mitte Juli, ungefähr zehn Uhr Vormittag. Sie haben soeben eine Bruchlandung in der Sonora-Wüste im Südwesten der Vereinigten Staaten überstanden. Das kleine zweimotorige Flugzeug mit den Leichen des Piloten und des Copiloten ist total ausgebrannt. Nur die Tragflächen sind intakt geblieben. Kein Reisepassagier wurde verletzt.

Da der Kurzwellensender ausgefallen ist, weiß die Flugsicherung nichts von dem Unfall. Der Pilot konnte den Passagieren nur noch mitteilen, daß das Flugzeug sich ungefähr 70 Meilen SW von einem Bergwerk, der nächsten menschlichen Siedlung, befindet und notlanden muß. Die Temperatur beträgt 40° C.

Bevor das Flugzeug Feuer fing, konnten 15 Gegenstände gerettet werden: eine Taschenlampe, ein Taschenmesser, eine Flugkarte des Absturzgebietes, ein großer Plastikregenmantel, ein Magnetkompaß, ein Verbandskasten mit Gazebinden, eine Pistole mit Munition, ein rotweißer Fallschirm, 1000 Salztabletten, ein Liter Wasser pro Person, ein Buch über eßbare Wüstentiere, eine Sonnenbrille pro Person, eine 2-Liter-Flasche Wodka, ein Mantel pro Person, ein Taschenspiegel.

Ihr Überleben hängt davon ab, daß Sie entweder zu Fuß eine menschliche Siedlung erreichen oder in der Wüste entdeckt und gerettet werden. Ordnen Sie die genannten Gegenstände nach ihrer Wichtigkeit für Ihr Überleben.«

Dies ist die Ausgangslage in einer bekannten gruppendynamischen Übung – einer Abwandlung der sogenannten NASA-Übung, bei welcher es um das Überleben von Astronauten auf dem Mond geht. Tausende von Fällen, in denen Tod oder Überleben von Menschen von ihrem Verhalten in einer Extremsituation abhing, wurden ausgewertet. Aufgrund der Ergebnisse sowie unseres heutigen Wissens über die Verhältnisse in der Wüste ist eine optimale Reihenfolge der genannten Gegenstände aufgestellt worden. Es gibt also eine theoretisch »richtige« Lösung.

Die Übung geht so vor sich, daß zuerst jeder Teilnehmer für sich allein eine Reihung durchführt. Anschließend werden Gruppen gebildet. Diese erhalten die Aufgabe, auf der Basis des Konsens, also der Einstimmigkeit, eine Überlebensstrategie zu entwickeln und die 15 Gegenstände entsprechend zu ordnen. Am Schluß liegen exakte Daten vor über die Qualität der Einzel- und der Gruppenentscheidungen in einer komplexen Problemsituation.

Diese Übungen sind für die Teilnehmer nicht immer angenehm, oft sogar ermüdend bis zum Verdruß. Vor allem aber bringen sie nicht viel hinsichtlich Selbsterfahrung, und für die sorgfältige Analyse der Gruppenprozesse fehlt meist die Zeit. Interessant sind an diesen Experimenten vor allem die statistischen Ergebnisse. Sie bestätigen, was man eigentlich schon lange weiß und auch im Computer-Simulationsmodell nachvollziehen kann: Gruppenentscheidungen sind Einzelentscheidungen überlegen. Die Gruppenresultate liegen praktisch ausnahmslos über dem Durchschnitt der entsprechenden Einzelwertungen, in der Mehrheit der Fälle sogar über der besten Einzelwertung.

Der Gruppenvorteil

Die Überlegenheit der Gruppe hat verschiedene Gründe. Durch das Zusammenwirken von vielfältigen Kapazitäten, durch gegenseitige Anregung in der Diskussion, aber auch durch laufende wechselseitige Überprüfung der Argumente werden nicht nur die Probleme besser erkannt, sondern es werden auch bessere, realitätsgerechtere und umfassendere Lösungen erarbeitet. Darüber hinaus hat die Gruppe aber einen entscheidenden psychologischen Vorteil: Die emotionalen Bedürfnisse des einzelnen kommen wesentlich besser zum Tragen. Dies macht persönliche Einstellungs- und Verhaltensänderungen möglich. Mit anderen Worten: In der Gruppe findet »Lernen« statt. Das Resultat ist, daß nicht einer, sondern viele hinter der gefundenen Lösung stehen und deren Verwirklichung unterstützen.

Doch bevor soziales Lernen in unseren Organisationen auf breiterer Basis möglich wird, ist es notwendig, daß diejenigen, die sie leiten, die heilige Kuh »Einzelverantwortung« und damit auch ihre eigene Rolle als Hierarchen in Frage zu stellen beginnen. Die Einzelentscheidung im ursprünglichen Sinne hat in der Praxis längst ausgedient. Damit ist aber auch die Einzelverantwortung in der Ausschließlichkeit, wie sie der Struktur unserer Organisationen zugrunde liegt, zur Fiktion geworden. Wir haben nur noch nicht gemerkt, welche Anmaßung sie, gemessen an den Realitäten der Arbeits- und Entscheidungsvorgänge, tatsächlich darstellt.

Hinter vielen scheinbaren Sachargumenten gegen Gruppenorganisation verbirgt sich nichts anderes als die einseitige Erfahrung von Menschen, die immer in ausgeprägt hierarchischen Verhältnissen gelebt und in ihrem ganzen Leben noch nie eine gut funktionierende Gruppe gesehen, geschweige denn als Mitglied erlebt haben.

»Daß alle Entscheidungen auf demokratischem Wege – durch Diskussion und anschließende Abstimmung – getroffen werden könnten, ist, wie jeder Praktiker weiß, ins Reich der

Fabel zu verweisen. Man braucht letzten Endes immer Personen. Gruppen können weder Autorität ausstrahlen noch Verantwortung tragen. Man braucht eine Organisationsstruktur, die so aufgebaut ist, daß klar ist, wer die Verantwortung für die getroffene Entscheidung trägt und wer dafür verantwortlich ist, daß der getroffene Entschluß schnell und vollständig durchgeführt wird.« Dieses Statement eines »Top Opinion Leaders«, Vorstandsvorsitzender eines deutschen multinationalen Konzerns, ist symptomatisch für das Niveau, auf dem sich heute in der Wirtschaft die Diskussion über Gruppen bewegt.

Theorie und Praxis

Die Effizienz von Gruppen im mathematischen Modell oder in Laboratoriumssituationen ist eine Sache – ihr Funktionieren in der Praxis eine andere. Woran liegt das?

Der Vorteil der Gruppe beruht auf der direkten Kommunikation, auf der Vielfalt der pro Zeiteinheit ausgetauschten und verarbeiteten Information. In der Computersimulation wird »freie Interaktion« unterstellt. Im Laboratorium sind in der Regel Menschen zusammen, deren Beziehungen nicht belastet sind durch persönliche Interessenkonflikte – und die in der gestellten Aufgabe ein gemeinsames Ziel haben. In der Praxis aber geht es, wie bereits mehrfach dargestellt, um die Zusammenarbeit von Menschen, die aus vielerlei Gründen gar nicht bereit sind, offen zu kommunizieren, um Menschen, die sich gegenseitig vorsichtig abtasten, wenn nicht sogar unterschwellig bekämpfen. Ohne offene Kommunikation aber wird jeder Gruppenvorteil hinfällig. Der Prozeß, wenn er überhaupt in Gang kommt, pervertiert.

Die Frage, die sich heute stellt, lautet deshalb nicht: »Sind Einzelentscheidungen oder Gruppenentscheidungen besser?« Sie lautet vielmehr: »Wie kann erreicht werden, daß die Menschen offen kommunizieren und in Gruppen arbeiten lernen können?«

Daß diese Notwendigkeit besteht, darüber gibt es gar keinen Zweifel. Gruppen sind die natürliche und – wenn sie funktionieren – effizienteste Form der Arbeitsgestaltung. Gruppenarbeit ist auch die einzige Möglichkeit, dem Menschen das wiederzugeben, was er in unseren technokratischen und bürokratischen Strukturen verloren hat: eine persönliche Identität in einer intakten Gemeinschaft. Und: Gruppenarbeit ist eine unabdingbare Voraussetzung für organisatorischen Wandel. Es geht ja nicht einfach um eine Veränderung organisatorischer Strukturen. Es geht auch um eine Veränderung menschlicher Verhaltensweisen. Verhaltensänderungen aber sind nur möglich durch praktische Erfahrung, durch Training »on-the-job« – durch soziales Lernen in der Gruppe. Dies soll im folgenden Kapitel gezeigt werden: Der Mensch ändert sich durch soziale Kommunikation – oder gar nicht.

5. KAPITEL
DAS MACHTPROBLEM

DIE WURZELN VON GEIST UND SEELE

Die folgende kleine Geschichte erzählt man sich in Osteuropa. Der Parteichef sitzt einmal nach Feierabend, als das Reinigungspersonal bereits seinen Rundgang macht, noch in seinem Büro. Eine Putzfrau kommt herein. Der Magistrat, der ohnehin bald gehen wollte, fordert sie auf, gleich zu bleiben. Nach kurzem Zögern spricht ihn die Frau an: »Genosse Vorsitzender, darf ich dich mal was fragen?« – »Aber natürlich, Genossin.« – »Sag mal, Genosse Vorsitzender, wer hat eigentlich den Sozialismus erfunden – die Wissenschaft oder die Partei?« – »Das war die Partei, selbstverständlich.« – »Das hab ich mir doch gleich gedacht. Wissenschaftler hätten diese Geschichte bestimmt zuerst an Ratten ausprobiert.«

Wer sich über sinnvolle Regelungen menschlichen Zusammenlebens Gedanken macht, befindet sich in einem Dilemma. Auf der einen Seite haben wir – wie die Putzfrau in der Anekdote – allen Grund zu bezweifeln, daß das, was wir kennen und wie wir es handhaben, der Weisheit letzter Schluß ist. Auf der anderen Seite können wir bei dem, was wir nicht kennen, auch nicht wissen, ob es funktionieren würde. Dies ist das Problem bei jeder ideologischen Auseinandersetzung: Da reden immer zwei Seiten über Dinge, die sie nur zum Teil oder überhaupt nicht kennen.

Eine Frage beschäftigt jeden, der sich mit neuen Formen der Organisation befaßt; sie ist uralt und gleichzeitig hochaktuell – die Frage nämlich, ob und inwieweit menschliches Verhalten »angeboren« ist oder durch Erfahrung »gelernt«

wird. Ist der Wunsch nach »Eigentum« in unseren Erbanlagen verankert? Gibt es ein angeborenes Bedürfnis nach einem eigenen »Revier« und dessen Verteidigung? Ist »Konkurrenzkampf« eine biologische Notwendigkeit? Entspricht die »Unterwerfung von Artgenossen« einem natürlichen Trieb? Ist die Bildung von »Hierarchie« in unserem genetischen Code vorprogrammiert? Solche Fragen müssen jeden interessieren, der sich mit Problemen des Bodenrechts oder der Vermögensbildung, mit organisatorischen Strukturen oder mit Vorgängen der Willensbildung in einem Unternehmen, im Staat oder auf weltpolitischer Ebene befaßt.

Experimente mit Tieren und Menschen

Wissenschaftliche Forschung beruht auf Beobachtung. Das Beobachten von Vorgängen im freien Spiel der Kräfte, also in der Natur, ist die eine Möglichkeit. Um sich aber über vermutete Gesetzmäßigkeiten Gewißheit zu verschaffen, muß der Forscher unter genau bekannten, wiederholbaren Bedingungen beobachten können. Diese Bedingungen schaffen, heißt experimentieren. Hier befindet sich aber der Sozialwissenschaftler in einer schwierigen Lage. Man kann Menschen nicht jeder beliebigen Situation aussetzen. Der Verhaltensforscher arbeitet deshalb – ähnlich wie etwa der Pharmakologe – häufig mit Tieren. Die Frage der Ethik ist hier bedeutend weniger problematisch.

Gestritten wird dafür auf einer anderen Ebene. Die einen, die im Menschen gerne das von Gott als Krone der Schöpfung auserwählte, selbstverantwortliche Wesen von fast uneingeschränkter Freiheit in bezug auf sein Tun und Lassen sehen, sind der Meinung, Tierexperimente seien für das Verständnis menschlichen Verhaltens von vornherein bedeutungslos. Der Mensch sei kein Tier. Andere wiederum, die Fatalisten, sehen in gewissen nicht zu übersehenden Ähnlichkeiten zwischen tierischem und menschlichem Verhalten den Beweis dafür, daß unser Verhalten biologisch vorprogrammiert ist und grundsätzlich nicht beeinflußt, nicht verändert werden kann – es sei denn durch »Genmanipulation«, also durch Umfunktionieren unserer Erbmasse. »Hierarchie«, wird etwa gesagt, »ist ein Naturgesetz. Oben und unten, das Recht des Stärkeren, Herrschaft und Unterwerfung – das ist alles im Erbgut verankert. Man sieht es ja schon bei den Tieren.« Wenn dem so wäre, müßten wir uns einige Dinge, die wir heute als »Selbstverständlichkeiten« betrachten – etwa die sogenannten Menschenrechte –, noch einmal sehr gründlich überlegen. Ja, wir müßten uns ernsthaft fragen, ob »Demokratie« für die Organisation menschlichen Zusammenlebens nicht aus biologischen Gründen von vornherein untauglich ist.

Verhalten wird gelernt

Das vorliegende Buch wäre nicht geschrieben worden, wenn der Autor der Meinung wäre, der Mensch sei von Haus aus fix und fertig »vorprogrammiert«. Wir wissen heute, daß nur Tiere niedrigster Entwicklungsstufe ausschließlich instinktgesteuerte »Automaten« sind. Mit höherer Entwicklungsstufe wird der Anteil angeborenen Verhaltens immer geringer. Der Mensch verfügt nur noch in sehr beschränktem Ausmaß über Instinkte. Sein Verhalten ist zum größten Teil angelernt und wird auf dem Wege der Tradition von Generation zu Generation weitergegeben.

Unsere »Hardware« – Sinnesorgane, Hirn und Nervensystem –, also das Instrumentarium, mit dem wir Information aus der Umwelt aufnehmen und verarbeiten, sowie dessen Funktionsmechanismen – all dies ist angeboren, ist vererbt. Angeboren ist auch eine gewisse obere Grenze unserer Kapazität, Informationen zu speichern, zu verarbeiten und in Handlungen umzusetzen. Aber was wir innerhalb dieser Grenzen aufnehmen und was wir aufgrund dieses »Inputs« dann alles tun oder nicht tun – das ist nicht angeboren. Ob der

Mensch Kannibale ist oder Vegetarier, ob er als Sklave oder als freier Bürger sein Dasein fristet, ob er als Nuklearphysiker in einer Großstadt oder wie ein Steinzeitmensch im Busch lebt, hängt nicht von seiner Erbmasse, sondern von der Umwelt ab, in der er aufwächst.

Der Mensch unterscheidet sich vom Tier in einem sehr wichtigen Punkt: Er ist nicht einseitig dem Schicksal angeborener Instinkte ausgeliefert. Er ist stärker durch die Umwelt geprägt, in der er lebt, und hat im Laufe seiner Evolution einen verhältnismäßig breiten Spielraum für Variationen seines Sozialverhaltens erworben. Auch wir haben zwar ein »biologisches Erbe«. Dieses ist demjenigen einiger Tiere in mancherlei Hinsicht sogar auffallend ähnlich. Im Gegensatz zum Tier haben wir aber – wie der Verhaltensforscher I. Eibl-Eibesfeldt es einmal ausgedrückt hat – »die Möglichkeit, damit umgehen zu lernen«. Der Mensch hat die Fähigkeit, über sich selbst nachzudenken – über sein Verhalten, dessen Ursachen und die Möglichkeit einer Veränderung.

Von dieser Fähigkeit Gebrauch zu machen ist das Hauptanliegen dieses Buches. Die nachfolgend beschriebenen Experimente zeigen, in welchem Ausmaß bereits Tiere und erst recht Menschen in ihrem Verhalten durch Umwelteinflüsse geprägt werden. Vor allem aber zeigen sie, wie Verhalten gelernt wird: durch Kommunikation.

Der Stoff, aus dem die Liebe ist

Der amerikanische Psychologe Harry F. Harlow hat vor 20 Jahren erstmals Experimente gemacht, die später von anderen in verschiedenen Variationen wiederholt worden sind. In verschiedenen Käfigen wurden einzelne neugeborene Rhesusäffchen mit künstlichen Müttern großgezogen. Im einen Käfig befindet sich nichts anderes als ein Drahtgestell, das ungefähr die Gestalt eines Affen hat, sowie ein Nippel, der Milch abgibt. In einem zweiten Käfig ist das Drahtgestell mit Pelz überzogen. In einem dritten Käfig führt das pelzüberzogene Drahtgestell von Zeit zu Zeit Schaukelbewegungen aus. Eine vierte Versuchsvariation entspricht genau Käfig drei, jedoch mit dem Unterschied, daß der Nippel nur zu bestimmten Zeiten Milch abgibt.

Die kleinen Tiere sind alle gut geschützt. Sie werden gut genährt, erhalten Wärme und können ihre Aggressionen ungehindert abreagieren. Doch um es kurz zu machen: In Käfig Nr. 1 gehen die meisten Tiere in kürzester Zeit ein. In Käfig Nr. 2 überlebt ein Teil als Kümmerexemplare. In Käfig Nr. 3 überleben die meisten, werden sogar normal groß, jedoch nicht geschlechtsreif. In Käfig Nr. 4 entwickeln sich die Tiere in beträchtlicher Anzahl bis zur biologischen Fortpflanzungsfähigkeit. Sie sind jedoch verhaltensgestört. Die Tiere können nicht spielen und keine Sozialbeziehungen aufnehmen. Sie haben Angstzustände und zeigen Ausbrüche heftiger Feindseligkeit und Zerstörungswut. Wenn sie erwachsen sind, kommt es auch in Gegenwart »normaler« Geschlechtspartner nicht zur Paarung – und wenn einmal doch, sind die Tiere nicht fähig, ihre Kinder liebevoll aufzuziehen, sondern lassen den Nachwuchs verenden.

Dies ist ein aufregender Befund. Aber was fehlt den bei den Ersatzmüttern aufgewachsenen Tieren nun eigentlich? Bereits Harlow hatte damals eine interessante Beobachtung gemacht: Bei Ersatzmüttern aufwachsende Junge, die regelmäßig Gelegenheit hatten, mit Gleichaltrigen zu spielen, entwickelten sich praktisch normal und zeigten als Erwachsene kaum Verhaltensstörungen. Andere Forscher stellten fest, daß sie von neugeborenen Säugetieren, ja von frisch ausgeschlüpften Vögeln als »Mütter« akzeptiert wurden, wenn sie sich von Anfang an um sie kümmerten. Und vor noch gar nicht langer Zeit machte ein deutscher Psychologe mit mehreren Mantelpaviansäuglingen interessante Erfahrungen. Er ließ sie in rohen Kisten aufwachsen, in denen es nichts gab als eine Milchflasche, einen Plastikkorb, ein elektrisches Heizkissen sowie Papierwindeln und ein paar Lappen aus Kunstfaserfell.

Im Unterschied zu Harlows Rhesusaffen wurden die Pavianbabys aber nie lange allein gelassen. Immer wieder beschäftigte sich jemand mit ihnen. Und siehe da: Alle diese Zöglinge entwickelten sich völlig normal, ja sie konnten später ohne große Schwierigkeiten in die Mantelpaviankolonie des Kölner Zoos eingegliedert werden.

Lernen heißt kommunizieren

Wir wissen heute, was Harlows verhaltensgestörten Rhesusaffen gefehlt hat: Kommunikation – die nur zwischen Lebewesen mögliche wechselseitige Verständigung. Erst wenn man auf Äußerungen, die man von sich gibt, Antwort kriegt, erst wenn das eigene Verhalten durch bestimmte Verhaltensweisen anderer Lebewesen beantwortet wird, ist man nicht mehr allein, kann man sich in der Umwelt zurechtfinden, lernt man auf andere eingehen. Wechselseitige Verständigung durch Laute, durch Körperkontakt, durch Bewegungen – dies ist der Vorläufer des Gesprächs, die Urform des Dialogs. Ohne ihn gibt es keine normale Entwicklung – kann »leben« nicht gelernt werden.

Für das Zustandekommen einer Beziehung zwischen zwei Lebewesen ist es notwendig, daß sie sich gegenseitig als Individuum erkennen können. Das Küken muß die Glucke nicht nur vom Hofhund und vom Hahn, sondern auch von den anderen Hühnern unterscheiden können, wenn es überleben soll. Dieses »intime Kennen« aber ist, wie sich gezeigt hat, nur möglich aufgrund fortlaufender, enger Verständigung. Das zusammenhanglose Austauschen von einzelnen Signalen nach dem simplen Muster »Ruf-Antwort« genügt nicht.

Aus eben diesem Grunde ist im Zustande der Übervölkerung eine gesunde Entwicklung genauso unmöglich wie im Zustand der Isolation: Reizüberlastung macht jede Kommunikation kaputt.

Dies zeigte sich beispielsweise in einem Versuch mit Ratten, die sich in ihren Gehegen bis auf das Doppelte der Bevölkerung vermehren konnten, die unter natürlichen Bedingungen den gleichen Raum bewohnt hätte. Einige der Männchen wurden apathisch. Sie paarten sich nicht mit Weibchen, gingen nur zur Futterstelle, wenn sonst niemand da war, und hockten, wie betäubt, zurückgezogen in den Ecken. Andere rotteten sich zusammen, verfolgten gemeinsam die Weibchen und zeigten zum Teil sexuell stark abwegiges Verhalten. Nur einige besonders starke Männchen bildeten mit jeweils mehreren Weibchen Großfamilien. Diese Haremsweibchen warfen Junge und zogen sie auf. Weibchen aber, die nicht zu einem solchen Harem gehörten, waren nicht imstande, Junge aufzuziehen. Viele trugen die Jungen gar nicht aus. Andere, die Junge warfen, säugten sie nicht und vergaßen immer wieder, sich um sie zu kümmern. Bei einem Teil der Ratten trat Kannibalismus auf, einige wurden homosexuell, andere bekämpften und bissen sich fortwährend. 96 Prozent der Jungen kamen um.

Die stark vergrößerte soziale Dichte führt zu einer enormen Multiplikation der sozialen Kontakte pro Zeiteinheit. Die »Interaktion« zwischen zwei Tieren kann nur noch selten ihren natürlichen Ablauf nehmen. Kaum hat ein Tier angefangen, auf ein anderes zu reagieren, wird – bevor überhaupt eine »Rückmeldung« erfolgen kann – bereits durch einen Reiz von anderer Seite eine zweite Reaktion ausgelöst. Der natürliche »Dialog« wird laufend unterbrochen.

Die Tiere sind nicht mehr in der Lage, die von allen Seiten auf sie einstürmenden Signale zu verarbeiten. An die Stelle sinnvoller Abläufe treten zusammenhanglose Einzelreaktionen. Die »Melodie« wird zum »Geräusch«, der individuelle Partner wird zum bewegten Objekt ohne persönliche Identität, die Geborgenheit in einer Gemeinschaft wird zur Bedrohung in der Masse. In einer Umwelt ohne persönliche Beziehung aber kann sich niemand zurechtfinden. Es kommt zu einer kollektiven Desorientierung, zum Zusammenbruch der sozialen Anpassungsprozesse, zur seelischen Verarmung der einzelnen Individuen. Das Verhalten pervertiert. Das Chaos ist perfekt.

»Persönlichkeit« bildet sich durch Kommunikation

Ungestörte Kommunikation, der fortlaufende wechselseitige Austausch, dieses ständige Geben und Nehmen, ist auch beim Menschen die Grundvoraussetzung für eine normale geistige und seelische Entwicklung. Das Kind wird ohne Intelligenz und ohne Bewußtsein geboren. Es kann, wenn es auf die Welt kommt, nicht einmal zwischen sich und Umwelt unterscheiden. Allein schon dieser erste wichtige Schritt, die Trennung von »Ich« und »Nicht-Ich«, kann nur durch Kommunikation gelingen. Ohne fortgesetzte Verständigung mit einem »Du«, das lebt, reagiert, Antwort gibt, können wir kein Bewußtsein entwickeln. Wir lernen weder denken noch reden noch sonstwie mit anderen in eine Beziehung treten. Der Psychoanalytiker René A. Spitz hat bei Kriegswaisen, die in überfüllten Säuglings- und Kinderheimen aufwuchsen, Entwicklungs- und Verhaltensstörungen festgestellt, die denjenigen in Harlows Affenexperimenten erschreckend ähnlich sind.

»Dialog«, so schreibt Spitz, »ist der Beitrag der Umwelt zur Entstehung, Entwicklung und schließlich Festigung von Ich, Selbst, Charakter und Persönlichkeit ... Ohne Dialog – jenen Dialog, durch welchen das Kind das Belebte vom Unbelebten unterscheiden lernt – kann wohl die Reifung, nicht aber die Entwicklung voranschreiten. Beim Affen führt dies, wie Harlow gezeigt hat, zur Verarmung der Persönlichkeit des Individuums und schließlich, durch Aufhören der Sexualbetätigung, zur Vernichtung der Art. Der Mensch, dem man als Säugling den Dialog vorenthält, wird zu einer leeren Hülle, geistig tot, ein Anwärter auf Anstaltsbetreuung. Leben im menschlichen Sinne kann nicht asozial, es muß sozial sein. Leben in unserem Sinne wird durch den Dialog geschaffen.«

DER FAKTOR UMWELT

Leben in unserem Sinne – mit »Bewußtsein« und »Denkfähigkeit« – wird durch Kommunikation nicht nur geschaffen, sondern auch erhalten. Dies zeigen Experimente mit Menschen in den sogenannten »camera silens«, einem schalltoten, abgedunkelten Versuchsraum.

Experiment »Isolationshaft«

Fast jedermann hat dies schon einmal erlebt: Man wacht am Morgen im Bett auf. Die Augen sind noch geschlossen. Man hat sich noch nicht bewegt. Man fühlt, man ist hellwach – und ist doch unfähig, eine Beziehung zur Realität herzustellen. Man kann nicht sagen, was für ein Wochentag es ist, man kann sich nicht erinnern, wie das Zimmer aussieht, in dem man liegt – ja, möglicherweise kann man sich nicht einmal an den eigenen Namen erinnern. Dabei weiß man, man muß nur mit der Zehe wackeln, nur einmal blinzeln, und alles fällt einem wieder ein. Aber solange man sich nicht rührt, befindet man sich in einem eigenartig eingeengten Bewußtseinszustand. Es ist, als ob unsere Denkfähigkeit durch eine erste kleine Reizzufuhr von außen »angeworfen« werden müßte wie ein Automobilveteran von Anno dazumal.

Wissenschaftliche Experimente zeigen: Unser Hirn braucht tatsächlich Anregung von außen. Wenn ihm diese entzogen wird, verlieren wir unsere normale Denk- und Wahrnehmungsfähigkeit, ja wir werden schließlich geistesgestört.

Diese Experimente werden in einer künstlich hergerichteten Isolationskammer gemacht, einem fensterlosen, schalltoten Raum, in dem die Versuchspersonen nichts anderes zu tun haben, als möglichst ruhig in einem bequemen Sessel zu liegen und die totale Stille und Dunkelheit auf sich wirken zu lassen. Ihr Verhalten kann von außen über Infrarotkameras beobachtet werden. Anschließend werden die Versuchspersonen eingehend über ihre Eindrücke befragt.

Die Ergebnisse sind frappierend: Unter Reizentzug kommt es zuerst zu Halluzinationen, dann zu Bewußtseinstrübungen und schließlich zu Geistesstörungen mit nachweisbaren Veränderungen des Hirnstromkurvenbildes. Bei einer Versuchsreihe mit 200 Hamburger Studenten hatten 94 Prozent der Versuchspersonen schon nach einer Stunde die ersten Halluzinationen: Sie hörten Geräusche, sahen Lichtblitze oder farbige, pulsierende Wolken. Einige hatten sogar bildhafte Visionen: Menschen, Straßenzüge, Waldlichtungen. Die Versuchspersonen konnten, ähnlich wie beim Träumen, Inhalt und Ablauf ihrer Phantasiebilder nicht willentlich beeinflussen. Außerdem war nur etwa der Hälfte der Versuchspersonen sofort klar, daß es sich um Produkte ihrer eigenen Phantasie handelte. Die anderen glaubten allen Ernstes, die Geräusche und Lichterscheinungen von außen wahrzunehmen.

Hirnstromkurvenbefund »Abstumpfung«

Wenn man Menschen nicht stunden-, sondern tagelang isoliert, tritt ein starker Reizhunger auf. Das Bedürfnis nach Kontakt steigert sich zur Gier, die Kritikfähigkeit nimmt ab, die Menschen werden extrem beeinflußbar. Einige Forscher haben dieses Phänomen für therapeutische Zwecke genutzt und Menschen im Zustand des Reizentzugs vom Rauchen, von Fettsucht oder von neurotischen Ängsten befreit. Isolation eignet sich aber auch sehr gut dazu, Menschen gefügig und gesprächig zu machen. Reizentzug ist eine besonders raffinierte, weltweit gebräuchliche Foltermethode.

In Kanada haben nun einige Forscher Versuchspersonen dafür gewonnen, nicht Tage, sondern Wochen in der »Isolationshaft« zu verbringen. Was sich hier zeigte, ist besonders erschreckend: Der anfängliche Kontakthunger schlägt allmählich in Apathie um. Die Isolierten interessieren sich immer weniger für das, was in der Außenwelt vor sich geht. Schließlich vegetieren sie völlig abgestumpft vor sich hin. Dieser Befund stützt sich nicht nur auf Verhaltensbeobachtungen und nachträgliche Interviews, sondern zeigt sich auch im Elektro-Encephalogramm, der Aufzeichnung der Hirnstromkurven. Bereits nach wenigen Tagen verlangsamt sich der »Alpha-Rhythmus«, eines der Zeichen für die Lebhaftigkeit der Hirntätigkeit. Studenten, die längere Zeit isoliert gewesen waren, interessierten sich anschließend nicht mehr für ihr Studium. Es dauerte Wochen, bis sich die Hirnstromkurven und das Verhalten der Versuchspersonen wieder einigermaßen normalisiert hatten.

Diese Experimente zeigen, daß die Folgen längerdauernder Reizarmut – also das, was wir Abstumpfung nennen – nicht nur seelischer Natur sind. Die »Anpassung« an die neue Situation umfaßt den gesamten Organismus und betrifft auch die physiologischen Vorgänge im Gehirn. Nur wenn das Hirn regelmäßig und intensiv gebraucht wird, kann es seine volle Funktionstüchtigkeit entwickeln und behalten. Es ist wie beim Muskelapparat: Wenn kein »Training« da ist, bildet sich die Leistungskraft zurück.

Langweilige Arbeit, langweiliges Leben

Die in aller Welt gewonnenen Erfahrungen aus den Versuchen mit Menschen unter Isolation haben unter anderem zu einem neuen Verständnis von Zusammenhängen zwischen dem Arbeits- und Freizeitverhalten der Menschen geführt. Daß Menschen, die im Beruf eine besonders monotone Tätigkeit ausüben, auffallend häufig auch ein inhaltloses Privatleben führen, war längst bekannt. Man wußte auch, daß es Menschen gibt, die gegen die Monotonie rebellieren, und andere, die dies nicht tun. Man wußte aber nicht warum.

Einige Forscher haben nun ein und dieselben Menschen über längere Zeit beobachtet und ihre berufliche und private Entwicklung vor, während und nach der Eingliederung in monotone Arbeitsprozesse verfolgt. Hier zeigt sich nun etwas Ähnliches wie in den Langzeitversuchen in der Isolationskammer: Während einer Übergangsphase von mehreren Wochen wird eine gesteigerte Unzufriedenheit am Arbeitsplatz sowie ein erhöhtes Kontakt- und Abwechslungsbedürfnis erkennbar.

Die Betroffenen versuchen, sich durch Kino, Fernsehen, Kneipe oder andere Aktivitäten einen Ausgleich zu schaffen. Dann aber flacht die Aktivität ab. Der Rebellion folgt die Resignation. Die Menschen werden auch im Privatleben zunehmend passiver. Mit der Zeit verlaufen Abende und Wochenende ähnlich eintönig wie die Arbeitstage.

Akteure und ihr Publikum

1977 machte eine Statistik aus dem Fußballsport Schlagzeilen: Drei Viertel aller Strafstöße, die im Laufe eines Jahres in der deutschen Bundesliga gezählt wurden, waren von den Schiedsrichtern zugunsten der Platzherren ausgesprochen worden. Dies ist erstaunlich, wenn man bedenkt, daß jede Mannschaft gleichviele Heim- wie Auswärtsspiele bestreitet. Man kann diesen Tatbestand auf zwei Arten interpretieren. Die einen sind der Meinung, die »Unparteiischen« stünden unter einem derartigen psychischen Druck des Publikums, daß sie – bewußt oder unbewußt – dazu neigten, die jeweilige Heimmannschaft zu bevorzugen. Die anderen gehen eher davon aus, daß jede Fußballmannschaft in fremden Landen und im Bewußtsein, das Publikum gegen sich zu haben, aggressiver spielt und folglich mehr Regelverstöße begeht. Es kann hier nicht darum gehen, zu entscheiden, wer recht hat. Möglicherweise trifft beides zu. Interessant ist in beiden Fällen ein und dasselbe: der ungeheure Einfluß der Umweltsituation auf das Verhalten der Menschen.

Der Mensch ist ein soziales Lebewesen. Er lebt – wenn man von einigen Jahren im Leben des Robinson Crusoe absieht – von der Geburt bis zum Tod in einem Netzwerk von zwischenmenschlichen Beziehungen. Diese Beziehungen können enger oder weniger eng, stabiler oder weniger stabil sein – aber wir sind nie lange allein. Wir denken, fühlen und handeln immer mit Bezug auf andere, ja man kann sagen, wir sind durch unsere soziale Umwelt definiert. Der mächtigste General ist ein Niemand, wenn sein Amt ihm entzogen wird, seine Soldaten ihm nicht mehr gehorchen.

Ein halbes Jahrhundert wissenschaftliche Forschung hat die Sozialpsychologie zu folgender Erkenntnis geführt: Das Verhalten der Menschen wird nicht so sehr durch vererbte Charaktermerkmale bestimmt, als vielmehr durch die Summe der im bisherigen Leben gemachten Erfahrungen sowie durch die momentane Umweltsituation. Wir lassen uns weit stärker durch unsere soziale Umwelt beeinflussen – durch die Erwartungen, Wertvorstellungen und Verhaltensweisen unserer Mitmenschen –, als wir gemeinhin annehmen. Dafür gibt es in unserem Leben haufenweise Bestätigungen. Die Statistik über die Strafstöße im Fußball ist nur ein Beispiel. Verhaltensforscher haben in vielen Experimenten versucht, auszuloten, in welchem Maße und unter welchen Bedingungen unser Verhalten durch unsere Mitmenschen gesteuert wird – ohne daß wir uns dessen bewußt werden.

Das Augenmaß geht verloren

Eines der bekanntesten Experimente ist gleichzeitig auch eines der einfachsten. Bei dem Versuch wird – so sagt man den Teilnehmern – das »Augenmaß« getestet. Drei ungleich lange gerade Linien sollen mit einer vierten Linie verglichen werden. Die Frage lautet: Welche der drei Linien ist genauso lang wie die vierte Linie? In einer Abwandlung des Versuchs werden zwei Linien miteinander verglichen. Die Versuchspersonen sollen angeben, ob die erste Linie kürzer, länger oder genauso lang ist wie die zweite.

Diese Versuche werden in Gruppen durchgeführt. Doch nur eine der anwesenden Personen ist »Versuchsperson«. Die anderen sind vorbereitet und geben absichtlich falsche Antworten. Die Versuchsperson ist so plaziert, daß sie die Aussagen der anderen zu hören bekommt, bevor sie ihre Entscheidung bekanntgibt. Es geht darum, herauszufinden, wie weit die Menschen sich in ihrem Urteil auf ihre eigenen Augen verlassen und wie weit auf das, was andere Menschen sagen.

Nun, der Grad der Beeinflussung variiert mit der Größe der Gruppe und mit dem Prozentsatz der Teilnehmer, die falsche Antworten gegeben haben. Das Dilemma beginnt schon dann, wenn eine erkennbare Mehrheit der Mitmenschen etwas anderes sagt, als was man selber festzustellen glaubt. Ein Teil der Versuchspersonen verkraftet es gerade noch, in einer Dreiergruppe gegen die übereinstimmende »Meinung« der beiden anderen auszusagen. Aber bereits in Vierergruppen wird, wenn man ganz allein steht, die »Fehleinschätzung« zum Normalfall. In noch größeren Gruppen ist sie praktisch zwingend.

Die Gruppennorm regiert

In einem anderen Versuch werden verschiedene Teilnehmer einzeln in einen abgedunkelten Raum geführt und sollen hier einen auf eine Leinwand projizierten Lichtpunkt beobachten. Die Aufgabe besteht darin, einen möglichst genauen Durchschnittswert der Strecke anzugeben, um die er sich hin- und herbewegt. Der Punkt bewegt sich zwar in Wirklichkeit überhaupt nicht. Aufgrund einer optischen Täuschung, die mit dem Aufbau und den Bewegungen unseres Auges zusammenhängt, nehmen wir aber bei Abwesenheit eines Bezugspunktes trotzdem gewisse Bewegungen wahr. Das Ausmaß dieses sogenannten »autokinetischen Effektes« ist individuell verschieden. Die von den Versuchspersonen angegebenen Durchschnittswerte weichen deshalb zum Teil stark voneinander ab. Die Teilnehmer werden nun zusammengeführt. Das Experiment wird in der Gruppensituation mehrmals wiederholt. Hier zeigt sich, daß die Teilnehmer sich unwillkürlich immer mehr einem gemeinsamen Durchschnittswert nähern. Es entsteht eine »Gruppennorm«, die nun von allen Mitgliedern mit Überzeugung vertreten wird – auch dann, wenn sie wieder allein sind oder vorübergehend in eine andere Versuchsgruppe versetzt werden.

Der Mensch erträgt es nicht, sich allein gegen alle anderen zu stellen. Um Rückhalt und Anerkennung nicht zu verlieren, ändert er, wenn es sein muß, seine Meinung, seine Einstellung und sein Verhalten – entsprechend der Meinung, der Einstellung und dem Verhalten seiner Mitmenschen.

Ein Spiel wird ernst

Ein besonders beängstigendes Beispiel für den Einfluß der Umweltsituation auf das menschliche Verhalten ist ein Experiment, das vor wenigen Jahren von einem Sozialpsychologen der Standford University durchgeführt wurde. Freiwillige Teilnehmer – normale, sozial angepaßte Studenten – wurden durch Auslosen in »Wärter« und »Gefangene« aufgeteilt. Die Situation »Gefängnis« sollte simuliert werden. An Spielregeln wurde nichts anderes vorgegeben, als was unserem normalen, rechtsstaatlichen Strafvollzug entspricht. Doch bereits nach kurzer Zeit zeigten die Teilnehmer auffallende, »rollenspezifische« Verhaltensänderungen. Aus dem Spiel wurde bitterer Ernst. Die Wärter begannen, die Gefangenen »von oben herab« zu behandeln, teilweise zu schikanieren. Die Gefangenen ihrerseits buhlten um die Gunst der Wärter und machten sich dadurch gegenseitig das Leben zur Hölle. Nach wenigen Tagen mußte das Experiment abgebrochen werden, weil die psychischen Folgen für die Teilnehmer nicht mehr abzusehen waren.

Was ist »normal«?

Diese und viele andere Experimente zeigen, daß der Mensch in seinem Denken, Fühlen und Handeln viel stärker durch die Umweltsituation bestimmt ist, in der er sich befindet, als durch veranlagte Charaktereigenschaften. Oder anders ausgedrückt: Was wir »Charakter« nennen, wird in sehr viel stärkerem Maße, als wir bisher angenommen haben, durch die besonderen Umwelteinflüsse geprägt, denen der einzelne ausgesetzt ist.

Damit erscheint auch die Frage, was normal ist und was nicht, in einem neuen Licht. So wird zum Beispiel die Schizophrenie – seit jeher Inbegriff »abnormen« menschlichen Verhaltens – heute zunehmend als das Ergebnis gestörter sozialer Kommunikation im bisherigen Leben des einzelnen erkannt. Einer der Forscher, die sich besonders intensiv mit dem Aspekt der Kommunikation bei der Entstehung der Schizophrenie befaßt haben, ist der schottische Psychiater Ronald D. Laing. Er hat das, wie er es nennt, »geteilte Selbst« in der ihm eigenen, harten Sprache als Reaktion des einzelnen auf den ihn umgebenden Schwachsinn der Eltern, der Familie, ja der ganzen Gesellschaft definiert.

Wir stehen vor einer grundsätzlichen Wende im wissenschaftlichen Denken. Der Mensch wird nicht mehr nur als Individuum, nicht mehr isoliert, sondern unter anderem als soziales Wesen in einem sozialen Umfeld gesehen. Wir lernen, individuelles Verhalten als Produkt bestimmter Umwelteinflüsse zu verstehen. Damit aber beginnt auch die Grenze zwischen »normal« und »abnormal« fließend zu werden.

Diese »ökologische« Betrachtungsweise führt uns zu einem beginnenden Verständnis vieler menschlicher Verhaltensweisen, für die wir nie eine Erklärung gehabt und die wir nur deshalb als »verrückt« bezeichnet haben. Ein besonders dramatisches und gleichzeitig aktuelles Beispiel ist das Verhalten von Terroristen. So schwer es uns fällt, dies zu akzeptieren: Terroristen sind, von Ausnahmen abgesehen, klinisch gesunde Menschen. Sie sind nicht »pervers«, sie sind nicht »geistesgestört«. Und doch bringen sie, scheinbar ohne jegliche Skrupel, unschuldige, unbeteiligte Menschen um, kalt berechnet, generalstabsmäßig geplant, perfekt trainiert – und wenn möglich noch unter Berufung auf höhere humanitäre Werte oder sozialpolitische Zielsetzungen. Wie kommt ein Mensch, der nicht »verrückt« ist, dazu, so etwas zu tun?

Genausowenig wie jemand als gewöhnlicher Verbrecher geboren wird, kommt jemand bereits als vorprogrammierter, zukünftiger Politgangster zur Welt. Die meisten Terroristen waren einmal Kinder wie viele, viele andere. Erst eine lange Kette verschiedenster Faktoren führt schrittweise in ein so extremes Schicksal: Bestimmte seelische Einflüsse im Elternhaus, bestimmte Bekanntschaften und Freundschaften in der frühen Jugendzeit, vor allem aber eine immer einseitigere Kommunikation mit »Gleichgesinnten«, das Leben im Kreise Unzufriedener, die nach außen hin sich immer stärker abriegeln, nach innen aber sich wechselseitig in ihrer »Weltanschauung« bestärken und bis zum Fanatismus hochschaukeln – all dies kann im Laufe vieler Jahre zur Bildung einer »Subkultur« mit einer ganz anderen, der äußeren Wirklichkeit entfremdeten Weltsicht und mit ganz anderen »Normen« führen. Der organisierte Mord ist nur noch das Endergebnis eines Entwicklungsprozesses, dessen Beginn zwar weit in die Kindheit des einzelnen zurückreichen mag, dessen Verlauf aber zu keiner Zeit unausweichlich »vorprogrammiert« gewesen ist.

Wahrscheinlich ist »Zufall« sogar ein wesentliches Element menschlichen Schicksals überhaupt. So banal es klingt: Es ist letztlich eine lange Reihe an sich belangloser Zufälle und völlig unspektakulärer »Weichenstellungen« im Leben des einzelnen, die ihn zu dem macht, was er ist und wie er ist: arm oder reich, gesund oder krank, »normal« oder »abnormal«. Es hat fast sicher Menschen gegeben, die musikalischer waren als Wolfgang Amadeus Mozart – aber sie sind nicht zufälligerweise in eine Musikerfamilie hineingeboren worden oder haben vielleicht nicht einen so ausdauernden Förderer als Vater gehabt, wie Leopold Mozart einer war. Und es hat seinerzeit wahrscheinlich viele Menschen vom Schlage Hitlers gegeben. Sein Weg bis zu dem Punkt, da er einem Machtapparat von fast nicht mehr zu beeinflussender Eigengesetzlichkeit vorstand, hat über unzählige Zufälle und Einzelsituationen geführt, die ebensogut ganz anders hätten ausgehen können.

Und genauso geht es uns allen. Kaum jemand kann – beispielsweise in der Mitte seines Lebens – rückblickend sagen, seine Berufswahl, geschweige denn der konkrete Verlauf seiner beruflichen Tätigkeit sei bereits bei seiner Geburt oder während seiner Schulzeit vorgegeben gewesen. Auch wenn wir uns selbst immer gerne als »Macher«, als autonome Gestalter unseres Lebens sehen – wir sind alle in einem viel stärkeren Maße, als uns lieb ist, von dem abhängig, was die Umwelt an uns heranträgt.

Ein besonders wichtiger Einfluß, den die Umwelt an uns heranträgt, ist der Einfluß hierarchischer Macht – der Einfluß von Autorität. Was für eine Rolle spielen im menschlichen Leben Befehl und Gehorsam?

DIE AGGRESSIONSMASCHINE

»Ich halte das nicht aus! Ich werde doch den Mann da drin nicht umbringen! Hören Sie, wie der schreit?« Der Versuchsleiter: »Wie ich Ihnen vorher schon sagte: Die Schocks können schmerzhaft sein, aber ...« Herr Pozi: »Aber er schreit doch. Er kann das nicht aushalten. Was ist mit ihm los?« Der Versuchsleiter: »Das Experiment erfordert, daß Sie fortfahren.« Herr Pozi: »Jaaah, aber ich will den Mann da drin nicht fertigmachen ... Wer übernimmt denn die Verantwortung, wenn dem Herrn da drüben was passiert?« Der Versuchsleiter: »Ich trage die volle Verantwortung, wenn ihm was geschieht. Fahren Sie bitte fort!«

Herr Pozi fährt fort. Er verabreicht einem wehrlosen, unschuldigen, verzweifelt um Hilfe schreienden Unbekannten Elektroschocks, von denen er annehmen muß, daß sie zum Tode führen können. Er fährt fort, bis das Opfer sich nicht mehr regt.

Organisierte Folter

Herr Pozi ist eine von über 1000 Versuchspersonen, an denen der amerikanische Sozialpsychologe Stanley Milgram in Serien von Experimenten das Verhalten gewöhnlicher Menschen gegenüber Autorität getestet hat. Die Versuchssituation ist verhältnismäßig einfach: In einem psychologischen Labor der Universität stellen sich per Inserat gesuchte Freiwillige für eine »Untersuchung über Gedächtnisleistung« zur Verfügung. Einer von ihnen wird jeweils als »Lehrer«, der andere als

»Schüler« eingesetzt. Der Versuchsleiter, ein Wissenschaftler in grauem Kittel, erklärt, das Experiment befasse sich mit der Auswirkung von Strafe auf das Lernen. Der »Schüler« wird auf eine Art elektrischen Stuhl gefesselt. An seinem Handgelenk befestigt man eine Elektrode. Dann erklärt der Versuchsleiter das Vorgehen: Der »Lehrer« wird dem »Schüler« einfache Wortpaare vorlesen und später wieder abfragen. Jeder Fehler wird mit einem um jeweils einen Grad stärkeren Schock »bestraft«.

Der »Lehrer« wird in einen Nebenraum geführt, wo er durch eine Gegensprechanlage mit dem »Schüler« verbunden ist, und vor einen imposanten elektrischen Schockgenerator gesetzt. Das Armaturenbrett umfaßt 30 in Reihe angeordnete Tasten mit Voltangaben. Die Spanne reicht – in Schritten von jeweils 15 Volt – von 15 bis 450 Volt. Die Tasten sind in Vierergruppen zusammengefaßt und wie folgt überschrieben: »leichter Schock«, »mittlerer Schock«, »kräftiger Schock«, »schwerer Schock«, »sehr schwerer Schock«, »Gefahr: bedrohlicher Schock«; die zwei letzten Tasten sind nur noch mit »XXX« markiert. Der »Lehrer« liest die Wortpaare vor und bestraft im Verlaufe des Experimentes jeden Antwortfehler mit einem Schock von graduell zunehmender Stärke. Der Wissenschaftler sitzt daneben und führt Protokoll.

Die Leute, die sich als »Lehrer« zur Verfügung stellen, nehmen ihre Aufgabe völlig ernst. Sie sind die eigentlichen Versuchspersonen. Beim »Schüler« dagegen handelt es sich in Wirklichkeit um einen eigens für diese Aufgabe vorbereiteten Schauspieler. Er hat die Schockreaktionen zu mimen. Bei 75 Volt stöhnt das »Opfer« leise; bei 120 Volt beklagt es sich laut; bei 150 Volt verlangt es den Abbruch des Experiments. Mit jeder weiteren Steigerung wird der Protest verzweifelter und herzzerreißender. Bei 285 Volt ist die Reaktion nur noch ein Todesschrei. Dann erfolgt überhaupt keine Antwort mehr.

Die Versuchsperson gerät in ein Dilemma, sobald sie den Eindruck erhält, der »Schüler« fühle sich nicht wohl. Es geht darum, herauszufinden, wie weit normale Menschen zu gehen bereit sind, wenn ihnen von einer Autoritätsperson befohlen wird, einem protestierenden Opfer immer größere Schmerzen zuzufügen. Nur eine »pathologische Randgruppe« von zwei bis vier Prozent – so hatten Psychologen vorausgesagt – würden bis ans Ende der Schockskala gehen.

Der perfekte Gehorsam

Eine der allerersten Versuchspersonen, eine 31jährige medizinische Assistentin, schien die Prognosen der »Experten« zu bestätigen. Bei 210 Volt angelangt, dreht sie sich um und sagt bestimmt: »Also, es tut mir leid, aber ich glaube, wir sollten hier abbrechen.« Der Versuchsleiter: »Das Experiment erfordert, daß Sie fortfahren. Die Schocks können zwar schmerzhaft sein, aber sie sind nicht gefährlich.« Frl. G.: »Also, es tut mir leid, ich glaube, wenn die Schocks so weitergehen, dann *sind* sie gefährlich. Sie fragen ihn besser, ob er dort raus will ...« Der Versuchsleiter: »Es ist absolut wesentlich, daß wir fortfahren ...« Frl. G.: »Ich möchte, daß Sie ihn fragen. Wenn er weitermachen möchte, dann mache ich weiter.« Der Versuchsleiter: »Es bleibt ihnen keine andere Wahl.« Frl. G.: »Ich glaube, daß wir hier aus freiem Entschluß sind. Ich will nicht dafür verantwortlich sein, wenn ihm etwas passiert. Haben Sie bitte dafür Verständnis.«

Sie weigert sich weiterzumachen, das Experiment ist beendet. Das offene und bestimmte Verhalten der Frau läßt Gehorsamsverweigerung als eine vernünftige und selbstverständliche Handlung erscheinen. Was lag näher als die Erwartung, beinahe alle Versuchspersonen würden ähnlich reagieren. Doch es sollte anders kommen. Bei einer ersten Testserie mit Studenten gingen rund 60 Prozent der Versuchspersonen bis zum Maximalschock von 450 Volt. Dann wurden die Tests auf normale Durchschnittsbürger der Stadt New Haven ausgedehnt: weiße und schwarze Männer und Frauen, Arbeiter und

Angestellte, Unternehmer und Arbeitslose, Professoren, Buchhalter, Sozialarbeiter. 65 Prozent aller Versuchspersonen gaben den Maximalschock.

Es gab Versuchspersonen, die wenig Anteilnahme zeigten. »Der Professor sagte: ›Fahren Sie einfach fort.‹ Also gebe ich ihm den nächsten Schlag. Und dann kriege ich von ihm keine Antwort mehr, kein Seufzen und kein gar nichts. Ich sagte mir: ›Lieber Gott, jetzt ist er tot – also schön, bringen wir ihn ganz um.‹ Ich machte einfach so weiter bis 450 Volt.« So berichtet Mr. Gino, Inspektor der städtischen Wasserwerke, nach dem Experiment. Später, zu seiner Frau: »Ich glaube, ich habe mich anständig und gehorsam verhalten und die Befehle ausgeführt, wie ich das immer tue. Siehst du, das ist es. Und ich glaube, daß ich meine Sache gut gemacht habe.« Mrs. Gino: »Ja, aber nimm mal an, der Mann wäre wirklich tot gewesen!!?« Mr. Gino: »Dann wäre er eben tot gewesen. Ich habe nur meine Pflicht getan.«

Andere Versuchspersonen gerieten in einen schweren inneren Konflikt. »Ich sah einen reifen und zunächst gelassenen Geschäftsmann das Labor betreten.« So berichtet ein Beobachter. »Nach 20 Minuten war er noch ein zuckendes, stotterndes Wrack, einem Nervenzusammenbruch nahe. Ständig zupfte er an seinem Ohrläppchen und rang die Hände. Einmal schlug er sich mit der Faust gegen die Stirne und murmelte: ›O Gott, aufhören!‹ Und doch reagierte er weiterhin auf jede Anweisung des Versuchsleiters und gehorchte bis zum Ende.«

Seit der ersten Testserie vor mehr als zehn Jahren in New Haven sind die Versuche in anderen amerikanischen Städten und in verschiedenen europäischen Ländern wiederholt worden – mit einer Gehorsamsquote von teilweise 85 Prozent. Ein Mitarbeiter des Max-Planck-Instituts für Psychiatrie in München hat das Experiment 1971 mit deutschen Bundesbürgern wiederholt und Milgrams Befunde im wesentlichen bestätigt. Das deutsche Fernsehen hat darüber berichtet.

Drei Viertel der Durchschnittsbevölkerung können also durch eine pseudo-wissenschaftliche Autorität dazu gebracht werden, ein unschuldiges Opfer zu foltern, ja zu liquidieren – ohne physischen Zwang und ohne Androhung von Repressalien. Der Durchschnittsmensch verfügt nicht über das notwendige Selbstvertrauen, um den einzig möglichen Weg aus einem Konflikt mit der Autorität zu wählen: den offenen Bruch. Mit Milgrams Worten: »Willkürherrschaft wird von unsicheren Menschen aufrechterhalten, die nicht genügend Mut besitzen, ihre Überzeugungen in die Tat umzusetzen.«

Anatomie der Macht

Durch Variationen der Versuchsanordnung hat Milgram versucht, die psychologischen Kausalzusammenhänge auszuleuchten.

- Variante eins: Ein »gewöhnlicher Sterblicher« gibt die Befehle.

Geht die Macht vom Inhalt des Befehls oder von der »Autoritätsperson« aus? Das war die Frage, die dieser Anordnung zugrunde lag: An die Stelle des Wissenschaftlers, der die Befehle gibt, wird eine angeblich andere freiwillige Versuchsperson gesetzt (in Wirklichkeit ein Eingeweihter). Resultat: Nur 20 Prozent der Versuchspersonen erweisen sich als gehorsam. Es ist also die magische Kraft der Autoritätsperson »in Fleisch und Blut«, die im Standardexperiment den Gehorsam auslöst.

- Variante zwei: Die Versuchsperson sitzt zwischen zwei anderen »Lehrern«, die Ungehorsam zeigen.

Die Versuchsperson wird zwischen zwei »Gleichrangige«, angebliche andere Versuchspersonen plaziert. Sie befindet sich also vermeintlich in einer Dreiergruppe von »Lehrern«. Die beiden anderen sind in Wirklichkeit in das Experiment eingeweiht. Sie äußern Bedenken, das Opfer gegen seinen Willen zu schocken, und raten dem »Kollegen«, sich den Befehlen zu widersetzen. Resultat: Nur zehn Prozent gehen bis zum Maximalschock, 60 Prozent steigen bereits bei 210 Volt aus. Dies ist aus allen, insgesamt 18 verschiedenen Versuchsanordnungen die tiefste Gehorsamsquote. Der Rückhalt in der Gruppe stärkt den einzelnen. Milgram: »Der gegenseitige Halt, den gleichrangige Menschen einander bieten, ist das stärkste Bollwerk gegen Auswüchse der Autorität, das wir besitzen.«

- Variante drei: Die Versuchsperson darf die jeweilige Schockhöhe selbst bestimmen.

Dies ist ein Kontrollexperiment. Es könnte ja sein, daß die Versuchspersonen nur scheinbar auf Befehle reagieren, in Wirklichkeit aber nur das tun, was sie ohnehin tun möchten. Wie also reagieren sie, wenn sie die Schocks nach eigenem Willen dosieren dürfen? Das Resultat läßt an Deutlichkeit nichts zu wünschen übrig: 70 Prozent der Versuchspersonen gehen nicht über das erste leise Zeichen von Unbehagen bei 75 Volt, 95 Prozent nicht über den ersten heftigen Protest bei 150 Volt hinaus. In einer Versuchsserie mit 40 Personen ging eine bis 375 Volt, und eine gab den Maximalschock von 450 Volt. Diese beiden mögen allenfalls zu der kleinen Randgruppe von Menschen gehören, die Böses tun, weil es ihnen Spaß macht. Das Verhalten der Mehrheit aber wird nicht durch aggressive Neigungen bestimmt, sondern durch Disziplin und Pflichtgefühl. Was die menschliche Anteilnahme am Schicksal des Opfers unterdrückt oder ausschaltet, ist die Angst, die Autorität zu enttäuschen.

- Variante vier: Die Autoritätsperson als »Opfer« – ein »gewöhnlicher Mensch« befiehlt.

Wie würden sich die Versuchspersonen verhalten, wenn die »Autorität« auf dem elektrischen Stuhl sitzt? Diese Umkehrsituation wird, damit sie der Versuchsperson glaubwürdig erscheint, wie folgt vorbereitet: Der Wissenschaftler erläutert wie üblich das Vorgehen. Sobald er die Art und Weise der »Bestrafung« erklärt, äußert der »Schüler« Bedenken und gibt an, Furcht vor Schocks zu haben. Er sagt aber, wenn er zusehen könnte, wie ein anderer das Experiment unbeschadet übersteht, würde er sich anschließend als »Schüler« zur Verfügung stellen. Der Wissenschaftler erklärt nun, er sei ohne weiteres bereit, in einem ersten Durchgang die Rolle des »Schülers« zu übernehmen. Es sei ohnehin schwierig, Freiwillige zu finden, und die Testserie sollte »bis heute abend« abgeschlossen sein.

Es findet nun ein Rollentausch statt. Der ursprünglich als »Schüler« vorgesehene, in das Experiment eingeweihte Schauspieler wird an den Tisch des Wissenschaftlers gesetzt und erhält den Auftrag, der Versuchsperson die Befehle zu geben – genau nach Vorlage und bis zum Ende des Experimentes. Der Wissenschaftler wird angeschnallt, die Versuchsperson ruft Wortpaare ab und verabreicht Schocks.

Bei 150 Volt verlangt der Wissenschaftler auf dem »elektrischen Stuhl« den Abbruch. Der als »Versuchsleiter« eingesetzte Helfer am Schreibpult fordert jedoch, entsprechend den vorherigen Instruktionen, die Versuchsperson auf, weiterzufahren: »Er hat gesagt, die Schocks sind ungefährlich. Er hat gesagt, daß die Dinge perfekt gelernt werden müssen. Sie können bis ans Ende der Skala gehen.« Die Versuchsperson: »Also, ich werde das ihm überlassen. Wenn er nicht will, dann hören wir eben auf.« Der Wissenschaftler: »Bitte, lassen Sie uns aufhören.« Die Versuchsperson: »Okay.« Die Versuchsperson steht auf, geht in den anderen Raum, befreit den Wissenschaftler und sagt in herzlichem Ton: »Das ist wirklich prima. Ich konnte die Schocks richtig selber fühlen. Jedesmal, wenn ich den Schalter drückte. Sie sind aber ziemlich hoch raufgegangen. Wissen Sie, der Probeschock, den Sie mir gegeben haben, der war ziemlich übel – und der war wie hoch? 75? Und er (weist mit dem Kopf in Richtung Helfer) macht die ganze Zeit weiter bis 150.«

Von allen getesteten Versuchspersonen ging keine einzige über 150 Volt hinaus, den Punkt, an dem der Wissenschaftler den Abbruch verlangte. Die Menschen, dies zeigt sich hier, identifizieren sich aufs engste mit der Autorität. Sie denken nicht nur mit ihr – sie fühlen und leiden mit ihr, wenn sie bedroht wird. Wenn die gleiche Autorität dagegen Aggression gegen andere anordnet, werden die Gefühle – Mitleid oder Scham – glatt ausgeschaltet.

- Variante fünf: Die Versuchsperson übt nur eine Hilfstätigkeit aus.

Dies ist eine der interessantesten Versuchsvariationen: Die Arbeitsteilung wird eingeführt. Die Versuchsperson erhält irgendeine Hilfstätigkeit zugewiesen, zum Beispiel »Protokollieren«. Ein zweiter »Lehrer« drückt die Tasten. Das Resultat ist erschreckend. 92,5 Prozent machen das Experiment teilnahmslos bis zum mehrfachen Maximalschock mit. Arbeitsteilung, dies zeigt sich hier, korrumpiert die Verantwortung. Wer nur ein »Glied in einer Kette« ist, die Gesamtsituation nicht mehr zu überblicken vermag und nur noch seinen engen, unmittelbaren »Auftragsbereich« sieht, kann gar nicht anders, als sich einer Gesamtführung anvertrauen. Er unterwirft sich der Autorität und wird seinen eigenen Handlungen entfremdet. Dies ist die Situation in der modernen Bürokratie, unabhängig davon, ob sie destruktiven oder konstruktiven Zwekken dient: Es stehen andere zwischen uns und dem Endresultat, zu dem wir durch unsere Handlungen beitragen.

Dies ist die »Banalität des Bösen«: Eichmann nicht als sadistisches Ungeheuer, sondern als unsicherer Durchschnittsmensch, als beschränkter Bürokrat. So hat ihn seinerzeit Hannah Arendt aufgrund des Gerichtsprozesses in Jerusalem gesehen. Das Milgram-Experiment bestätigt sie.

Milgrams Befunde haben selbst wie ein Elektroschock gewirkt. Mehr als zehn Jahre sind vergangen. Milgram ist längst ein weltberühmter Mann. Doch Inhalt und Bedeutung seiner Versuche sind nicht etwa tief in unser Bewußtsein gedrungen. »Widerwärtig, schockierend«, sagen die einen, »unglaublich, befremdend«, sagen die anderen und »interessant, aber ohne Bedeutung für die Praxis«, die dritten. Einige deuteln an der Aussagefähigkeit der Resultate herum, andere ergehen sich in moralisierenden Betrachtungen über Milgrams »Manipulation als Mittel wissenschaftlicher Forschung«: Es sei nicht zulässig, daß man Menschen durch Lügen dazu bringe, Dinge zu tun, die sie eigentlich gar nicht tun wollen. Als ob Milgram die »Manipulation« gleichsam erfunden und als erster auf diese Welt gebracht hätte.

Nur eines findet nicht statt: Die Auseinandersetzung mit dem Inhalt der Ergebnisse. Es ist, als ob »nicht wahr sein kann, was nicht wahr sein darf«. Alles in uns sträubt sich, das Unheimliche zu fassen. Von den vielen Menschen, die selbst »Autoritäten« sind in unserer Gesellschaft, haben die meisten überhaupt noch nie etwas von Milgram gehört, einige erinnern sich allenfalls schwach daran, »daß da mal eine Fernsehsendung über Versuche mit Elektroschocks war« – und die wenigen Informierten sehen das Ganze als interessantes Experiment ohne praktische Bedeutung an. Wissenschaft – sonst immer gerne zu Rate gezogen, wenn es darum geht, den technischen oder wirtschaftlichen Fortschritt voranzutreiben – wird hier als »Sache der Wissenschaftler« beiseite geschoben. Wir unterliegen einer kollektiven Verdrängung.

In Tat und Wahrheit haben die Untersuchungen Milgrams und anderer Forscher unser Verständnis menschlichen Verhaltens im allgemeinen und des Autoritätsproblems im besonderen entscheidend vertieft.

Wir wissen heute, daß ein überwiegender Teil der Menschen nicht über das notwendige Selbstvertrauen verfügt, um sich dem seelischen Druck zu widersetzen, der von einer einmal als Autorität wahrgenommenen und als Autorität akzeptierten Person oder Instanz ausgeht.

Wir wissen ferner, daß das Verhalten gegenüber Autorität nicht »angeboren«, sondern durch das Leben in hierarchischen und bürokratischen Verhältnissen »antrainiert« ist. Das Selbstvertrauen, der vielleicht wichtigste Regulator menschlichen Handelns, wird laufend geprägt – »aufgebaut« oder »zusammengestaucht« – durch praktische Erfahrung: durch persönliche Erfolgs- oder Mißerfolgserlebnisse im privaten wie im beruflichen Leben.

Und wir wissen drittens, daß für unser Verhalten – neben einer gewissen Prägung – vor allem ein Faktor von ausschlaggebender Bedeutung ist: die besonderen Umstände der jeweiligen Situation. Dies ist einer der deutlichsten und wichtigsten Befunde der Milgram-Experimente: Ob Menschen sich um einen anderen besorgt kümmern oder ob sie ihn kaltblütig liquidieren, ob sie ihre innersten Gefühle zulassen, ihren persönlichen Überzeugungen nachleben oder sich einer zerstörerischen Autorität unterwerfen, hängt in entscheidendem Maße von den momentanen Umständen ab. Unser Verhalten ist viel stärker, als wir immer gerne annehmen, situationsbedingt.

Auf den ersten Blick erscheint diese Erkenntnis sehr ernüchternd. Doch im Grunde liegt gerade hier eine große Chance: Wir haben die Möglichkeit, unsere Umwelt so zu gestalten, daß die Menschen nicht Selbstunterwerfung und seelische Prostitution, sondern selbständiges und selbstverantwortliches Handeln lernen und einüben können.

DIE AUSGEBEUTETEN AUSBEUTER

Dies ist wahrhaftig eine bittere Erkenntnis: Die meisten Menschen sind bis zu einem gewissen Grade – und viele in einem geradezu erschreckenden Ausmaß – abhängig und manipulierbar. Unter dem Einfluß vorherrschender Meinungen oder hierarchischer Autoritäten unterliegen sie Zwängen, die sie überhaupt nicht wahrnehmen. Wie sie denken, wie sie fühlen und wie sie handeln, hängt weniger von ihren persönlichen Wertvorstellungen und Charaktereigenschaften ab als von den besonderen Umständen der jeweiligen Situation – von den Erwartungen der Mitmenschen oder von der magischen Kraft einer Autorität.

Dieses »Persönlichkeitsdefizit« ist nichts anderes als ein Milieuschaden – der anerzogene Konformismus von Menschen, die in einer hierarchischen Umwelt aufgewachsen sind und in einer hierarchischen Umwelt leben. Dieses Problem stellt sich nicht etwa nur bei »einfachen« Arbeitern und »kleinen« Angestellten. Wir haben alle unseren kleinen – oder je nach Erziehung und Lebensweg auch mal kräftigeren – »hierarchischen Knacks« abbekommen. Eigenständiges Denken, Zivilcourage, die Kraft, bestehende Denk- und Verhaltensmuster nicht nur hinter vorgehaltener Hand in Frage zu stellen, ist deshalb bis auf die höchsten Ränge betrieblicher und politischer Hierarchien Mangelware.

Nun befinden wir uns aber in einem ernst zu nehmenden Dilemma. Wir brauchen nämlich heute überall und in zunehmendem Maße Menschen, die selbständig denken, kritisch urteilen und bereit sind, sich persönlich zu engagieren und

Verantwortung zu tragen. Allenthalben wird der »mündige Bürger« beschworen. Jedermann ruft nach »qualifizierten Mitarbeitern«. Gleichzeitig aber werden Massen von Menschen in unseren Organisationen durch die Formen der Arbeitsteilung, durch die Art und Weise der Entscheidungsbildung und durch die Verhaltensweisen von Vorgesetzten systematisch »infantilisiert«. Mit anderen Worten: Wir verhindern, ohne es zu merken, selbst den Fortschritt, den wir propagieren.

Ideologisches Sammelsurium

Wie unbeholfen die heutige Managergeneration diesem Dilemma gegenübersteht, zeigt sich, wenn man in den Führungsgrundsätzen großer Unternehmen blättert. Da findet sich, neben liberalen, ja visionär zukunftsgerichteten Ideen, autoritärstes, hierarchisch-bürokratisches Gedankengut.

Die eine Seite des Spektrums markieren Aussagen folgender Art:

- »Arbeitsfreiheit umfaßt das Recht, zu irren.«
- »Es kann dem einzelnen Vorgesetzten nicht vorgeschrieben werden, wie er in jedem besonderen Falle seine Mitarbeiter zu führen hat. Da er es immer mit Menschen verschiedener Wesensart zu tun hat und selbst individuell geprägt ist, sind Verhaltensrezepte von Übel.«
- »Wir wollen revolutionäre Neuerer, die ihr Ziel mit ehrlicher Überzeugung verfolgen, eine loyale Opposition dulden und fördern und unseren Kritikern aufmerksam Gehör schenken.«

Auf der anderen Seite findet man aber dann Sätze wie diese:

- »Führen bedeutet, andere Menschen so zum Handeln anspornen, daß ein bestimmtes Ziel erreicht wird. Vorgesetzte sollten es daher zuwege bringen, daß sich ihre Mitarbeiter die von ihnen entwickelten Zielvorstellungen zu eigen machen.«

- »Zusammenarbeit bestimmt mehr denn je den Erfolg des einzelnen und des Unternehmens. Der Vorgesetzte schafft dazu die Plattform: Er legt zunächst Aufgaben und Zuständigkeiten fest.«
- »Aufsicht bedeutet systematische Kontrolle durch den Vorgesetzten in Form von Stichproben. Der Vorgesetzte hat zu wechselnden Zeiten einen bestimmten Vorgang aus dem Delegationsbereich eines Mitarbeiters gründlich auf seine ordnungsmäßige Erledigung hin zu überprüfen, und zwar vorzugsweise durch gezielte Fragen, Einsichtnahme in die Unterlagen oder Anordnung eines Berichts.«
- »Bevor der Vorgesetzte sich zur Anerkennung entschließt, hat er zu prüfen, ob das Arbeitsergebnis ursächlich auf den Mitarbeiter zurückzuführen ist oder andere Einflüsse eine wesentliche Rolle gespielt haben.«
- »Betrachten Sie die Ziele des Unternehmens als Ihre eigenen und identifizieren Sie sich mit ihnen!«

Diese Stilblüten sind hier aus ihrem inhaltlichen Zusammenhang herausgerissen und in keiner Weise repräsentativ. Aber sie entstammen den derzeit gültigen, schriftlich niedergelegten Führungsgrundsätzen einiger der größten deutschen Industriekonzerne. Sie veranschaulichen die Vielfalt der in unserer Wirtschaft gleichzeitig vorhandenen Ideologien, das Dilemma, in dem sich die Führung heute befindet, und die inneren Widersprüche, die sich daraus ergeben.

Die sogenannte Dynamik

»Der Job eines Managers besteht darin, andere Leute dazu zu bringen, das zu tun, was er will. Und wenn das nun so klingt, als ob der Manager andere für seine eigenen Ziele benutzen würde, dann nur, weil es wahr ist. Das ist genau seine Aufgabe. Wenn er es wegen moralischer Prüderie nicht zugeben will – weil ›andere Leute benutzen‹ schrecklich klingt – oder wenn er es sich gar selbst nicht eingestehen will, handelt er sich nur eine Menge Probleme ein.« Diese Worte stammen von einem Mann, der sich selbst als »turn-around man« bezeichnet – als »ein Mann, der eine kränkelnde Firma übernimmt, sie von innen her gründlich umkrempelt und an einen Nachfolger übergibt, sobald sie wirtschaftlich wieder auf eine gesunde Basis gestellt ist«.

Das markige Credo dieses professionellen »Trouble-Shooters« steht für die Meinung vieler Führungskräfte. Es hört sich zunächst auch ganz logisch an. Doch man vergißt darob leicht die Realität: In unserer Wirtschaft herrscht nicht überall der wilde Westen. Es ist eine Sache, in einem heruntergewirtschafteten Laden Ordnung zu schaffen – und eine ganz andere, die Zukunftsprobleme eines soliden, stabilen, im Kern gesunden Betriebes zu lösen. Hier geht es nicht darum, die Organisation »umzukrempeln«, sondern sie sorgfältig zu entwickeln. Das Ziel heißt nicht »law and order«, sondern bessere Kommunikation, mehr Teamarbeit, mehr Selbständigkeit und Verantwortungsbereitschaft der Mitarbeiter.

Selbständigkeit und Verantwortungsbereitschaft setzen nun aber ein gewisses Mindestmaß an Vertrauen in das eigene Potential, in die eigenen Fähigkeiten und Erfolgschancen voraus. Und eben dieses Vertrauen ist bei den meisten Arbeitnehmern nicht in erforderlichem Maße vorhanden. Es muß erst entwickelt werden. Daraus leitet sich die Hauptanforderung an das Führungsverhalten ab: Es muß geeignet sein, bei den Mitarbeitern Selbstvertrauen aufzubauen und Abhängigkeit abzubauen.

Lernen am eigenen Erfolg

Nun muß man sich aber Rechenschaft geben über die Grenzen führungstechnischer Beeinflussung von Mann zu Mann: Selbstvertrauen kann man niemandem einreden. Selbstvertrauen ist das Resultat eigener Erfolgserlebnisse. Die Hand des Vorgesetzten auf der Schulter kann den Erfolg zwar versüßen. Aber der Erfolg – der eigene Erfolg – kommt zuerst. Dies ist der springende Punkt, der so oft mißverstanden wird: Es ist die Überzeugungskraft eigenen Gelingens, nicht diejenige einer charismatischen Führungspersönlichkeit, die einen Menschen wirklich weiterbringt. Dies bedeutet, daß der Führungsstil, wenn er Abhängigkeit abbauen soll, auf den persönlichen Erfolg der Mitarbeiter ausgerichtet sein muß. Die organisatorischen und psychologischen Voraussetzungen schaffen für ein schrittweises Lernen der Mitarbeiter am eigenen Erfolg – dies ist die Aufgabe des modernen Managers.

Es gibt nun zwei typische und sehr verbreitete Muster von Führungsverhalten, welche dieser Forderung nicht entsprechen und – experimentell nachweisbar – für die Entwicklung von Selbständigkeit und Verantwortungsbereitschaft in der Belegschaft von vornherein untauglich sind. Das eine ist die sogenannte »autoritäre« oder »patriarchalische« Führung in all ihren Varianten, das andere ihr Gegenteil, nämlich das »Laisser-faire«.

»Autoritäre« Führung

Mittels straffer Führung durch Zielvorgabe und Kontrolle lassen sich kurz- und mittelfristig sehr gute Leistungsergebnisse erzielen. Dies ist nicht nur eine Erfahrungstatsache, sondern hat sich auch in wissenschaftlichen Untersuchungen über verschiedene Formen des Führungsstils bestätigt. Diese Art der Führung hat aber den Nachteil, daß es in erster Linie – wenn nicht ausschließlich – der Vorgesetzte ist, der zu einem Erfolgserlebnis kommt. Bei ihm liegt nämlich die ganze Verantwortung. Bei den Mitarbeitern entwickelt sich nicht Selbstvertrauen, sondern – im günstigsten Falle – Vertrauen in den Vorgesetzten. Das Resultat ist nicht Selbständigkeit, sondern Abhängigkeit.

Die wenigen wissenschaftlichen Experimente mit mehrjähriger Beobachtungszeit zeigen denn auch längerfristig ein Absacken der Produktivitätskurve. Die Effektivität steht und fällt mit der Person des verantwortlichen »Führers« und mit der Aufrechterhaltung des organisatorischen Status quo. Personelle und organisatorische Veränderungen, die auf die Dauer nicht zu vermeiden sind, führen zu schwerwiegenden Leistungseinbußen.

»Laissez-faire«

Der »Laissez-faire«-Stil dagegen ist das, was viele Vertreter einer »antiautoritären« Richtung praktizieren: das totale Gewährenlassen. Es beruht auf einer Verwechslung von Freiheit und Beziehungslosigkeit und ist letzten Endes auf eine völlige – wenn auch unbewußte – Ablehnung der mit jeder zwischenmenschlichen Beziehung verbundenen Verantwortung zurückzuführen.

Totales Gewährenlassen beruht auf Gleichgültigkeit dem Mitmenschen gegenüber. Diese ist im Management viel verbreiteter, als gemeinhin angenommen wird. Die Gründe für dieses Verhalten reichen von Unsicherheit bis zu unterschwelligen Aggressionen. Man läßt die Mitarbeiter in ihrem Saft schmoren, damit sie einem nicht über den Kopf wachsen – oder auch ganz einfach, weil man sich am liebsten mit sich selbst beschäftigt.

Die Folgen sind verheerend. Die Resultate des »Laissez-faire« sind Verwahrlosung, Cliquenbildung und Faustrecht – im Endeffekt also Autoritarismus in Reinkultur.

Leitbild »Coach«

Unsere Zeit erfordert deshalb ein neues Führungsleitbild: ein Selbstverständnis des Vorgesetzten als kritischer Partner – nicht als »Motor« des Geschehens, sondern als »Katalysator«, nicht als Zugpferd und Entscheidungsinstanz, sondern als Helfer und Betreuer, als »Trainer«. Mit anderen Worten: Der »Leader« wird zum »Coach«.

Ein Coach ist nicht der Star der Mannschaft, sondern ihr Diagnostiker, Ausbilder und Berater. Coaching heißt zum Experiment ermutigen und viel Zeit in gemeinsame Gespräche investieren. Da muß man nicht in erster Linie überzeugen, sondern zuhören können. Da kommt es nicht auf Zielvorgabe und Kontrolle, nicht auf Lob und Tadel an, sondern auf die Vermittlung des eigenen Wissens, auf persönliche Unterstützung und auf kritische Beobachtungen, die den Mitarbeitern helfen, die Auswirkungen ihres Verhaltens realistisch einzuschätzen.

Dazu braucht der Vorgesetzte ein kerngesundes Selbstvertrauen. Wer andere zur Selbständigkeit erziehen will, muß selbst eine gewisse menschliche Reife haben. Das Problem besteht darin, daß der Vorgesetzte seine Autorität nicht ausspielen darf. Er muß mit seinem Wissen, mit seinen Fähigkeiten und mit seinem persönlichen Einfluß äußerst haushälterisch umgehen können. Dies ist eine anspruchsvolle Aufgabe. Der Vorgesetzte darf zum einen die Probleme seiner Mitarbeiter (als Einzelpersonen oder als Gruppe) nicht alle selber lösen wollen. Er muß ihnen vielmehr helfen, selbst mit den Problemen fertig zu werden. Dies heißt oft genug nichts anderes, als im richtigen Moment das Gegenteil von dem zu tun, was man eigentlich gerne tun würde, nämlich eingreifen.

Zweitens muß der Vorgesetzte Fehler – ohne die es kein Lernen gibt – geschehen lassen und ertragen können, ohne beleidigt zu sein und ohne seine Unterstützung einzustellen. Und drittens muß er den Mitarbeitern eine gewisse »kreative Unruhe« – die Verunsicherung, die mit jeder Verselbständigung einhergeht – zumuten und selbst ertragen können. Emanzipation ist kein Sonntagsspaziergang, sondern ein harter, mit Selbstzweifeln und Konflikten gespickter Lernprozeß.

Dies alles unterscheidet sich in wesentlichen Punkten von dem, was bis heute als Inbegriff »effizienter« und »dynamischer« Führung gegolten hat. Die Erziehung zur Selbständigkeit setzt in der Praxis gute Nerven, eine gehörige Fähigkeit zum »Einstecken«, eine Portion Humor und eine gewisse Distanz zu sich selbst voraus. Andere Menschen fordern, heißt unter anderem, ihnen Dinge zumuten, vor denen sie immer wieder zurückschrecken. Da erntet man nicht nur Dankbarkeit. Da muß man auf mehreren Hochzeiten tanzen und über den eigenen Schatten springen können. In diesem modernen Sinne führen ist nichts anderes als die Kunst, sich selbst als Trouble-Shooter und Steuerungsinstanz überflüssig zu machen. Dies aber bringt nur fertig, wer seiner eigenen Rolle als Autorität nicht mit tierischem Ernst, sondern mit einem zwinkernden Auge gegenübersteht.

Wenn die Kunst menschengerechter Unternehmens- und Personalführung in unserer Zeit darin bestehen würde, den Mitarbeitern geradesoviel Entscheidungsbefugnis oder Mitsprachemöglichkeiten einzuräumen, wie sie verlangen, wäre alles viel einfacher. In Tat und Wahrheit besteht sie aber darin, die Mitarbeiter davon zu überzeugen, daß sie viel schwierigeren Aufgaben gewachsen sind, mehr Selbständigkeit brauchen und mehr Verantwortung verkraften können, als sie selbst geglaubt haben.

Dazu sind wir nur imstande, wenn wir selbst einmal mit dem Tabu »Autorität« fertig werden – wenn wir den »Hierarchen«, Bürokraten und geistigen Konformisten in uns selbst überwinden. Wir müssen lernen, aus hierarchischer Autorität keine heilige Kuh zu machen, sondern zu unterscheiden, wann und wo es sinnvoll und notwendig ist, sie einzusetzen, wann und wo aber, sie gezielt abzubauen. Dazu gehört unter anderem, daß wir lernen, Verunsicherung nicht von vornherein abzulehnen und zu vermeiden, sondern als natürliche Begleiterscheinung jeglichen Lernens, jeglicher Veränderung und damit jeder gesunden Entwicklung zuzulassen und zu akzeptieren.

Die Kunst, die den echten Führungsanspruch in der schwierigen Zeit, die vor uns liegt, legitimieren wird, kann nicht darin bestehen, eine Sicherheit auszustrahlen, die es gar nicht gibt. Sie besteht vielmehr darin, mit der Verunsicherung zu leben, sie verstehen und mit ihr umgehen zu lernen.

Die Ablehnung von Verantwortung

Nun wird zwar heute in der Wirtschaft ein zunehmendes Problembewußtsein in bezug auf die Führungsfrage spürbar. Wenn überall von »Delegation von Verantwortung« gesprochen wird, sind dies nicht leere Phrasen. Dahinter steht im allgemeinen ein durchaus ernsthaftes Bemühen, neue Formen der Zusammenarbeit zu finden. Der Weg zu einer sinnvollen Veränderung ist jedoch blockiert durch weitverbreitete Zweifel an der Bereitschaft der Mitarbeiter, mehr Verantwortung zu tragen.

Dies kommt nicht von ungefähr. Jeder Vorgesetzte, der sich bemüht, seine Mitarbeiter zu fordern, ihnen mehr Spielraum für eigene Entscheidungen zu geben, ihnen anspruchsvollere Aufgaben und mehr Verantwortung zu übertragen oder sie in die Entscheidungen auf Abteilungs- oder Betriebsebene einzubeziehen, macht immer wieder die betrübliche Erfahrung, auf passiven Widerstand oder gar offene Ablehnung zu stoßen. Dies ist ein ganz alltäglicher, fast gesetzmäßiger Vorgang: Der Versuch der »Delegation« wird zunächst einmal mit »Rückdelegation«, der Versuch des »Einbeziehens« mit einem »Zurückziehen« beantwortet. In ihrer indirekten Form besteht die Ablehnung darin, daß die Mitarbeiter sich vor den neuen Aufgaben zu drücken versuchen oder, wenn ihnen dies mißlingt, ständig wegen jeder Lappalie zum Vorgesetzten laufen, um Rat zu holen und sich im voraus gegen alle Eventualitäten abzusichern. Die direkte Form der Ablehnung besteht darin, daß die Mitarbeiter dem Vorgesetzten vorwerfen, er wolle sich um seine eigene Verantwortung herumdrükken. Entscheidungen zu treffen, sei Aufgabe des Managements.

Der Mensch – ein Herdentier?

Umfangreiche betriebliche Reformen im In- und Ausland zeigen, daß über 90 Prozent der ungelernten Arbeitskräfte, die an einer Stanzmaschine oder an einem Fließband mehrere tausendmal pro Tag ein und dieselbe Arbeit ausführen, imstande sind, in kürzester Frist komplizierteste feinmechanische Montagevorgänge von bis zu mehrstündiger Zykluszeit zu erlernen – einschließlich der selbständigen Maschinenwartung und Materialverwaltung. Geht man aber in der Planungsphase hin und fragt die Mitarbeiter, ob sie das können und ob sie das wollen, dann wehren sie sich mit Händen und Füßen gegen eine derartige Zumutung, weil sie nicht glauben, so hohen Anforderungen gewachsen zu sein.

Dies ist, wie gesagt, ein ganz alltäglicher Vorgang. Das Problem besteht in einem totalen Mißverständnis der psychologischen Zusammenhänge und in einem entsprechenden Fehlverhalten der Führungskräfte. Sie gelangen aufgrund ihrer praktischen Erfahrung in gutem Glauben zum Schluß, daß ein überwiegender Teil der Mitarbeiter an anspruchsvolleren Aufgaben, an Selbständigkeit und Verantwortung im Grunde gar nicht interessiert sei. Die einen sind darob zu Menschenverächtern geworden. Für sie ist der Mensch ganz einfach ein »Herdentier« – träge, denkfaul und von Natur aus unselbständig. Andere wiederum sehen gerade hier den »liebenswerten Kern« des Menschen. Manch einem Vorgesetzten steigt vor Rührung das Wasser in die Augen, wenn seine Untergebenen ihm zu verstehen geben, wie dankbar sie ihm sind, daß er ihnen alle wichtigen Entscheidungen abnimmt und sie nicht mit Verantwortung belastet. »Befragungen unserer Maschinenbedienerinnen zeigen immer wieder, daß diese gar keinen anderen Job haben möchten. Ist es denn eine

Schande, wenn Menschen mit einer einfachen Arbeit zufrieden sind?« So fragt ein Betriebsleiter, der in durchaus väterlicher Manier um das Wohl seiner Untergebenen besorgt ist.

Das Verlangen nach einer starken Hand

Daß viele Mitarbeiter scheinbar nicht selbständiger arbeiten wollen, ist zum Teil ein Problem des Wissens, der Kenntnisse und damit der Information und der Ausbildung. Der psychologische Kern jedoch liegt tiefer. Er liegt in der bisherigen Rolle des einzelnen im Betrieb und in der Gesellschaft – in der Selbstdefinition von Menschen, die durch das ganze bisherige Leben, durch Elternhaus, Schule und Beruf, an Führung gewöhnt worden sind. Da sind tiefsitzende Widerstände zu überwinden: Verunsicherung, Angst vor Verantwortung, Verlangen nach einer »starken Hand«, manchmal auch gewisse bequeme, aber liebgewordene Vorwurfshaltungen dem »Management«, dem »Arbeitgeber« und damit dem Vorgesetzten als dessen Vertreter gegenüber.

Dies hat mit Zynismus nichts zu tun, sondern lediglich mit der Nüchternheit, psychologische Zusammenhänge auch dann zu sehen, wenn sie nicht in gewisse gängige Klischees passen. Es ist weder in der Politik noch im betrieblichen Alltag schwierig, Machtkonzentrationen und entsprechende Privilegien ihrer Träger aufzuzeigen. Woran es uns aber weithin gebricht, ist die Einsicht, daß die Menschen sich gar nicht so ungern mit autoritären Einflüssen arrangieren – vor allem, wenn sie sie bereits mit der Muttermilch eingesogen haben –, daß der Abbau hierarchischer Führung zunächst einmal Angst und Verunsicherung auslöst und daß aus diesem Dilemma nur ein sorgfältig dosierter Lernprozeß herausführen kann.

Es hat sich in unserem Denken eingebürgert, Hierarchien einseitig als System der Unterdrückung, der Herrschaft weniger über viele zu betrachten – als ein System, in dem eine elitäre, privilegierte Minderheit die Mehrheit übervorteilt und ausnützt. Wenn dies die ganze Wahrheit wäre, müßten die meisten Menschen nur so danach lechzen, gleichgestellt zu werden, mitzubestimmen und mitzuverantworten. Die Praxis lehrt, daß dem nicht so ist.

Hierarchie als »Vertrag«

Hierarchie ist eine Art »Vertrag«, mit dem eine besondere Form der Arbeitsteilung geregelt wird: Der eine übernimmt die Steuerungsfunktion, der andere die Ausführungsfunktion. Genauso sind Hierarchien ursprünglich auch entstanden: durch Arbeitsteilung, nicht durch gewaltsame Unterdrükkung. Derjenige, der steuert, ist hinsichtlich Status und Einkommen privilegiert. Er ist angesehener und verdient mehr Geld als derjenige, der ausführt. Dafür muß er aber Entscheidungen treffen, für andere besorgt sein, für alle die Verantwortung tragen. Dies ist ein völlig ungewohntes, psychologisch aber bedeutsames Denkmodell: Derjenige, der auf der materiellen Ebene als »Ausbeuter« erscheint, ist gleichzeitig, was das Eingehen von Risiken und das Tragen von Verantwortung anbelangt, der »Ausgebeutete« – und derjenige, der materiell als »Ausgebeuteter« dasteht, erscheint auf der Ebene der Risikobereitschaft und der Verantwortung als »Ausbeuter«.

Dieses Modell eignet sich zwar schlecht für die Argumentation auf ideologischer Ebene, weil es dort nicht um psychologische Zusammenhänge, sondern um festgefügte Wert- und Zielvorstellungen geht. Für das Verständnis der alten Erfahrungstatsache, daß das Verhalten der Menschen innerhalb einer bestehenden Hierarchie nicht ohne weiteres umfunktioniert werden kann, ist diese Betrachtungsweise jedoch sehr hilfreich: Es geht um die Änderung eines zweiseitigen Vertrages. Es geht nicht nur um das Privileg der einen Seite, nämlich Macht und Geld, sondern auch um das Privileg der anderen Seite: frei zu sein von den Belastungen unberechenbarer Risiken und drückender Verantwortung.

Hierarchie – das sind im täglichen Leben immer »die dort oben«. Jedermann denkt, wenn er von Hierarchie spricht, an Vorgesetzte – in der Regel an seine Vorgesetzten. Dies gilt sogar für Manager, die selbst auch über andere verfügen. Es liegt in der Natur des Menschen, daß jeder in erster Linie das Verhalten und den Einfluß der anderen »erlebt« – nicht das eigene Verhalten und dessen Auswirkungen auf die Mitmenschen. Jeder neigt deshalb dazu, seine Vorgesetzten als »Machthaber«, sich selbst dagegen als »Opfer« zu sehen. Niemand hat soviel Distanz zu sich selbst, um zu erkennen, ob und inwieweit eigene Bequemlichkeit, eigene Anlehnungsbedürfnisse, um nicht zu sagen: anerzogene Gehorsamsreflexe und Unterwerfungsbereitschaft die Vorgesetzten zu direktivem und autoritärem Verhalten geradezu herausfordern. Und keiner merkt, wenn man es ihm nicht klipp und klar sagt, wann und wo er selbst sich Kollegen oder Mitarbeitern gegenüber in einer Art und Weise verhält, die diese als »autoritär« und »hierarchisch« empfinden. Jeder blickt nur nach oben und ist überzeugt: Hierarchie wird von den Bossen gemacht, gewollt und aufrechterhalten.

Nun, haben die »Hierarchen« tatsächlich Macht? Wenn ja: Wollen sie die Macht? Und: Wissen sie überhaupt um ihre Macht? Gespräche mit sogenannten Wirtschaftskapitänen zeigen immer wieder: Macht, die man selbst hat, wird nicht bewußt wahrgenommen. Die modernen Machthaber erleben sich selbst als »Kommunikatoren«, »Koordinatoren«, als »Diener« ihrer Organisation. Sie fühlen sich nicht mächtig, sondern vielmehr eingeklemmt zwischen Sachzwängen, Einflußfaktoren und Machtgruppen verschiedenster Art. Sie sehen sich als »Mittler« zwischen den Interessen anderer: der Mitarbeiter, der Anteilseigner, der Gewerkschaften, des Staates, der Öffentlichkeit – um nur die wichtigsten zu nennen. Sie halten den Machtumfang, der ihnen, wie sie glauben, »angedichtet« wird, für einen »Mythos«. Und genau so geht es jedem Vorgesetzten, wenn er auf seine »Machtstellung« angesprochen wird: Er fühlt sich in höchstem Maße unverstanden.

Nun läßt sich in der Praxis von vornherein nie »objektiv« feststellen, wieviel Macht ein Vorgesetzter tatsächlich hat. Man kann lediglich mit an Sicherheit grenzender Wahrscheinlichkeit davon ausgehen, daß er weniger Macht hat, als seine Umwelt annimmt – und wesentlich mehr, als ihm selbst bewußt ist. Interessanter und wichtiger ist die Frage, ob die Inhaber der Macht tatsächlich, wie vielfach behauptet wird, von vornherein darauf bedacht sind, ihre persönliche Machtstellung – sei sie ihnen bewußt oder nicht – zu verteidigen und wenn möglich auszubauen. Die Praxis lehrt: Macht ist nicht nur ein Privileg. Macht ist auch eine Last. Ich weiß aufgrund langjähriger Erfahrung, daß viele – ich behaupte: die meisten – Chefs durchaus bereit wären, Verantwortung abzugeben und Macht zu teilen, wenn sie wüßten, wie dies zu bewerkstelligen ist, ohne daß die Organisation ihre Leistungsfähigkeit einbüßt.

»Ob ich es will oder nicht – die Entscheidungen bleiben doch immer wieder bei mir hängen. Allen schönen Motivationstheorien zum Trotz muß ich sagen, daß die Menschen sich im allgemeinen nicht um Verantwortung reißen. Die wenigsten sind wirklich bereit, Risiken einzugehen. Daß diejenigen, die ihren Kopf hinhalten, dann auch entsprechend bezahlt werden, ist lediglich eine Frage der Gerechtigkeit.« Dieses Credo vieler gestandener Manager beruht auf langjähriger, persönlicher Lebenserfahrung und ist als subjektive Realität genau so »wahr« wie die Empfindung derer, die sich durch eben diese Vorgesetzten in ihrer Freiheit, Selbstverwirklichung und Persönlichkeitsentfaltung eingeschränkt fühlen.

So schwer es jedem direkt Beteiligten fallen mag, dies nachzuvollziehen: Hierarchie beruht auf wechselseitiger Beeinflussung und wechselseitiger Abhängigkeit zwischen »Führern« und »Geführten«. Die Aktivität und das Engagement der »Führer« bewirken, fördern und verstärken Passivität und Gleichgültigkeit bei den »Geführten« – und umgekehrt. Das Ganze ist ein geschlossener Regelkreis. Es ist wie bei einem Mikrofon, das dem Lautsprecher zu nahe kommt: Das eine wirkt auf das andere zurück. »Ursache« und »Wirkung« sind nicht mehr zu unterscheiden.

Die unsichtbare Grenze zur Manipulation

Nun kann man aber im zwischenmenschlichen Bereich nicht einfach »umpolen« oder »abschalten«, um den Teufelskreis zu unterbrechen. Der Versuch, den »Vertrag« durch einseitigen Beschluß kurzfristig zu ändern, autoritäre Macht und hierarchische Strukturen per Dekret kurzerhand abzuschaffen, hat so gut wie gesetzmäßig einen Entwicklungsrückschlag zur Folge. Das Resultat ist nicht die Überwindung autoritärer Strukturen, sondern deren sofortige Wiedererrichtung mit neuen Trägern. Die Pferde werden gewechselt, der Weg bleibt der alte. Dieser Mechanismus zeigt sich nicht nur im Schicksal großer Revolutionen, sondern auch bei vielen mit besten Absichten eingeleiteten betrieblichen Reformen in der Wirtschaft.

»Freiheit« und »Mündigkeit« sind nicht nur eine Frage der Staatsverfassung und der Volljährigkeit, sondern unter anderem des persönlichen Selbstvertrauens und der Erfahrung. Nun kann man aber dem Menschen weder Selbstvertrauen noch Erfahrung »einhauchen«. Der Mensch wächst und erstarkt am eigenen Erfolg, an der persönlichen Erfahrung des Gelingens im täglichen Leben. Hier, wenn überhaupt, erwirbt er die Fähigkeit, selbständig zu denken und Verantwortung zu tragen – von der Pike auf.

Echte Partnerschaft im Betrieb kann deshalb nicht angeordnet, sondern nur durch geduldiges und hautnahes gemeinsames Denken und gemeinsames Handeln von Grund auf erlernt werden. Da genügt es nicht, den Mitarbeitern die Ziele, die andere festgelegt haben, zu »erklären«. Engagiert mitmachen kann nur derjenige, der bei der Problemanalyse und bei der Planung des Vorgehens von Anfang an mit dabeigewesen ist. Wenn man den Mitarbeitern lediglich zu verkaufen sucht, was man vorher im stillen Kämmerlein ausgeheckt hat, ist dies nicht Führung, sondern Manipulation – unabhängig davon, wie »logisch« und »zweckmäßig«, ja wie »human« die präsentierte Lösung im einzelnen sein mag. Die Folgen der Manipulation aber sind nicht Engagement, Selbständigkeit und Verantwortungsbereitschaft, sondern Desinteresse, Trägheit und Abhängigkeit. Mit anderen Worten: Die sogenannte Menschenführung, wie sie heute gemeinhin verstanden und praktiziert wird, ist selbst ein Teil des Problems, für dessen Lösung sie sich hält.

Der Unterschied zwischen Wollen und Können

Der Mensch möchte »gebraucht werden«. Er möchte ein wertvolles, ja notwendiges Mitglied einer Gemeinschaft sein, eine Identität haben, die eigene Persönlichkeit entwickeln. Dies aber kann niemand für sich allein. Nur in der lebhaften und regelmäßigen zwischenmenschlichen Auseinandersetzung, im Kontakt mit anderen, können wir uns selbst überhaupt »definieren« (also eine Identität aufbauen) und können wir uns »entwickeln« (also unsere Persönlichkeit entfalten).

So beruhigend es für einen Arbeiter oder Angestellten sein mag, seine Interessen durch Vorgesetzte, Gewerkschaftsfunktionäre oder Kollegen an höherer Stelle treuhänderisch vertreten zu wissen: Erlebbar und damit ausschlaggebend für seine persönliche Entwicklung – also für die vielzitierte Selbstverwirklichung – ist nur die direkte Mitwirkung. Sie ist der mächtigste Motivator, den es überhaupt gibt.

Wollen und Können sind aber in der Praxis zweierlei. Wer jahraus, jahrein an einem Einzelarbeitsplatz seine Routinearbeit verrichtet, ist nicht nur seelisch unterernährt. Er hat auch nicht gelernt, Probleme zu analysieren, seine Gedanken in verständliche Worte zu fassen und sich vor anderen frei zu äußern. Managerpersönlichkeiten fallen ja auch nicht einfach vom Himmel. Jede Führungskraft hat Dutzende von Kursen und Seminaren sowie Hunderte von Sitzungen und Konferenzen hinter sich, bevor sie wirklich anspruchsvolle Aufgaben übernimmt. Mitdenken und Mitwirken muß jeder gewöhnliche Sterbliche »on-the-job« lernen: in Arbeitsgruppen, Projektteams und Ausschüssen. Wer kein solches Training gehabt hat, fühlt sich als Diskussionspartner gestandener Manager – am Arbeitsplatz oder im Betriebsrat – von vornherein als Kanonenfutter und potentieller Hanswurst.

Es ist erstaunlich, wie viele an sich gescheite Leute dieses Dilemma ihrer Mitarbeiter verkennen und ihnen billigstes Desinteresse unterstellen. Aber wer nur noch leitend tätig ist, verlernt eben mit der Zeit, die Dinge aus der Froschperspektive zu sehen.

Die Entwicklung partnerschaftlicher Formen der Zusammenarbeit und der Entscheidungsbildung ist keine Sozialutopie, wie viele Technokraten glauben. Sie ist aber auch kein Befreiungsfest, wie uns einzelne Mitbestimmungsstrategen in schlichter Verkennung der realen Verhältnisse einreden wollen. Sie ist eine anspruchsvolle Erziehungs- und Entwicklungsaufgabe.

Die Ohnmacht in der Demokratie

Entfremdung, kollektive Leistungsverweigerung, eine Minderheit, die steuert, und eine Mehrheit, die sich jeglicher persönlicher Beteiligung und Verantwortung entzieht – dieses Problem stellt sich nicht nur in der Wirtschaft. Es stellt sich mit gleicher Schärfe und womöglich noch größerer Gefährlichkeit im Staat.

Politik ist in unseren westlichen Demokratien zum Geschäft einer kleinen Elite von Halb- und Vollprofessionellen geworden. Diese wenigen »Macher« diskutieren, regieren, kontrollieren den Staat. Die Masse der Bürger steht unbeteiligt im

Abseits. Einige sehen auf dem Bildschirm zu, wie die Stars der politischen Manege gekonnt mit Argumenten und Pseudo-Argumenten fechten. Andere haben auch dies bereits aufgegeben. Sie wissen überhaupt nicht mehr, was in ihrem Lande vor sich geht. Staat ist für sie noch die Polizei, die einen Terroristen gefaßt oder nicht gefaßt hat, die Verkehrsampel, die nicht funktioniert, und die Steuerrechnung am Ende des Jahres. Viele haben überhaupt keine Meinung, wenn es um wichtige Fragen geht, und fast alle sind unzufrieden mit dem Status quo.

Die Schweiz hat eine verhältnismäßig alte demokratische Tradition. Sie gilt im Ausland auch heute – und sicher nicht ganz zu unrecht – als eine der noch am besten »funktionierenden« Demokratien. Doch auch in der Schweiz besteht kein Grund zum Jubeln. Trotz seiner überschaubaren Größe und trotz des »Schonraumes«, in dem sich das Land dank seiner politischen Neutralität befindet, gibt es alarmierende Signale für wachsende innere Widersprüche, für eine zunehmende Entfremdung zwischen Bürger und Staat, für Entwicklungen, die sich mit dem Bild einer »lebendigen Demokratie« schwer vereinbaren lassen. Die durchschnittliche Stimmbeteiligung ist in den letzten 20 Jahren von über 50 Prozent auf heute 38 Prozent gesunken. Regionale Beteiligungsquoten von 30 Prozent und weniger sind keine Seltenheit. Von den Arbeitern gehen 76 Prozent überhaupt nie zur Urne. Von 126 eingereichten Volksinitiativen sind insgesamt sieben angenommen worden. Und last not least: Rund zehn Prozent der Schweizer Bevölkerung gehören einer Partei an; sechs (!) Prozent der Bevölkerung haben laut Befragungen eine positive Einstellung zu den Parteien; im Parlament sitzen so gut wie keine parteilosen Volksvertreter. Lebendige Demokratie?

Das Unbehagen im Staat hat viele Gesichter. Da ist einmal ein weit verbreiteter Mangel an politischem Interesse – die Gleichgültigkeit all derer, die Politik als das betrachten, was sie de facto ist: Sache der Politiker. Sie unterteilen sich in Vertrauensselige, die glauben, »daß die dort oben es schon recht machen werden«, und in die anderen, die denken, »daß die dort oben ohnehin machen, was sie wollen«. Der Effekt ist bei beiden der gleiche: die Absage an die Politik, der Rückzug ins Privatleben. Und da ist auf der anderen Seite die Enttäuschung, die Resignation. Sie hat zu tun mit der Ohnmacht und Bedeutungslosigkeit des einzelnen einem immer gewaltiger werdenden, anonymen Staatsapparat gegenüber. Sie hat ferner zu tun mit teils Langeweile, teils Verbitterung angesichts endloser, auf »Kuhhandel« und »faule Kompromisse« hinauslaufenden Auseinandersetzungen zwischen mächtigen Interessengruppen – denen »man« ohnehin meist nicht angehört. Und sie hat nicht zuletzt zu tun mit der Überforderung des Menschen durch Gesetzesvorlagen, die so kompliziert sind, daß der einzelne sie nicht mehr zu verstehen, geschweige denn zu beurteilen vermag. Auch wenn er noch möchte – er kann gar nicht mithalten.

Arbeitsplatz, Ort der Bildung?

Die Antwort auf die Frage, ob unsere Demokratien in der Zukunft ohne eine direkte Beteiligung weiter Kreise der Bevölkerung an der politischen Willensbildung überhaupt noch regierbar sein werden, oder ob wir die heutigen Formen der Arbeitsteilung zwischen Regierung, Parlament und Bürger von Grund auf neu überdenken müssen, steht noch aus. Sicher erscheint nur eines: Der Mensch ist unteilbar. Er kann nicht im einen Bereich, nämlich in der Politik, kritisch denken und verantwortungsbewußt handeln – und gleichzeitig im anderen Bereich, nämlich im Beruf, von morgens bis abends eine Tätigkeit verrichten, die ihm nichts anderes abverlangt als die Anpassung an vorgegebene Abläufe, Sachzwänge und sakrosankte Verhaltensnormen.

Eine funktionsfähige Demokratie stellt nicht nur hohe Anforderungen an Regierung und Parlament, sondern auch an das einzelne Individuum. Gebraucht wird der »mündige

Bürger« – ein Mensch, der sich selbständig informiert und persönlich engagiert. Wo aber, so ist zu fragen, soll der Mensch, wenn er einmal erwachsen und aus der Schule entlassen ist, das Analysieren von Problemen, das Denken in Ursache-Wirkung-Zusammenhängen, das Formulieren von Gedanken, das Vertreten eigener Ansichten vor anderen, das Austragen von Meinungsverschiedenheiten und das Tolerieren Andersdenkender lernen und üben – wo, wenn nicht am Arbeitsplatz? Hier – wenn überhaupt – kann der Mensch sich weiterbilden und entwickeln. Nichts hat auf seine Fähigkeiten einen größeren Einfluß als seine berufliche Tätigkeit. Ihr widmet der Mensch ein Drittel seiner Zeit. Ein Drittel verschläft er, und in das restliche Drittel muß alles andere sich teilen: die Liebe, die Familie, die Freunde, der Sport, das Hobby oder was immer im Leben des einzelnen noch eine Rolle spielen mag.

Dies ist allein schon ein Denkschritt, den wir noch nicht vollzogen haben: daß der Mensch nicht mit 20 Jahren zu lernen aufhört und daß er durch nichts so sehr geprägt wird wie durch das, was er acht Stunden pro Tag tut.

Aber auch diejenigen, die dies im Grundsatz akzeptieren, können hier keine soziale Verantwortung der Wirtschaft erkennen. »Sind wir denn eine Wohlfahrtsinstitution«, so fragen sie, »oder ist es unsere Aufgabe, eine wirtschaftliche Leistung zu erbringen?«

Eine zwingende Logik – so scheint es auf den ersten Blick. Aber was nützt es, am einen Ort »Wohlstand« zu produzieren, wenn die Bedingungen, unter denen er zustande kommt, an einem anderen Ort Folgekosten verursachen, die niemand bezahlen kann? Und haben wir überhaupt noch die Freiheit, nach unserem Gutdünken zu entscheiden? Werden wir auch in der Zukunft noch gefragt werden, was uns zweckmäßig erscheint? Der Mensch ist immer weniger bereit, am einen Ort zu leiden, um sich an einem anderen Ort ein ihm sinnvoll erscheinendes Leben leisten zu können. Er akzeptiert Arbeit zunehmend nur noch als sinnvollen Teil eines sinnvollen

Lebens. Und endlich: Ist es wirklich so, daß Lern- und Entwicklungsmöglichkeiten für die Mitarbeiter und Wirtschaftlichkeit sich gegenseitig ausschließen? Ist es nicht vielleicht gerade umgekehrt? Die Erfahrung vieler Betriebe zeigt jedenfalls, daß menschengerechte Formen der betrieblichen Zusammenarbeit sich nicht nur auf das allgemeine Wohlbefinden der Mitarbeiter, auf ihr Privatleben und auf ihre Aktivität als Staatsbürger positiv auswirken – sondern auch auf die Produktivität.

Wir dürfen uns also nicht mit allzu einfachen Fragestellungen zufriedengeben.

6. KAPITEL:
DER GEPLANTE WANDEL

DAS ENDE DER TECHNOKRATIE

Die industrielle Entwicklung ist die Geschichte des Versuchs, mit wenigen gebildeten und vielen ungebildeten Menschen in großem Umfang komplizierte technische Leistungen zu vollbringen. Dieses Wunder wurde möglich durch die Zerlegung der Arbeitsvorgänge in kleine, leicht lernbare Einzelschritte sowie durch entsprechend straffe, zentrale Steuerung und Kontrolle. Es ist letzten Endes dieses Organisationsprinzip, dem wir unseren heutigen Massenwohlstand und unsere modernen technischen Errungenschaften verdanken.

Doch so stürmisch die Entwicklung einmal war – die Kurve ist abgeflacht. Wir befinden uns heute an einem Punkt, wo wir erkennen müssen, daß die Mittel, die wir brauchen, um die Zukunft zu bewältigen, nicht mehr die sind, die uns in der Vergangenheit weitergebracht haben. Die Menschen sind anspruchsvoller geworden. Sie brauchen mehr Handlungsspielraum, mehr persönliche Entfaltungsmöglichkeiten, als die starren Strukturen von gestern dem einzelnen an seinem Arbeitsplatz einräumen. Die Organisations- und Führungsprinzipien, die seinerzeit die Industrialisierung ermöglicht haben, sind heute unsere schwerste Hypothek. Drei Viertel der berufstätigen Menschen betrachten ihre Arbeit als »Muß«, mehr als die Hälfte empfindet sie als Belastung, und rund ein Viertel holt sich dabei zum Teil irreparable gesundheitliche Schäden. Wir produzieren heute nicht nur Güter und Dienstleistungen, sondern in zunehmendem Maße auch Unzufriedenheit, Krankheit und Tod.

Dies ist zunächst einmal eine menschliche Tragödie – eine

schleichende soziale Katastrophe von unbeschreiblichen Dimensionen, die dadurch, daß wir sie verdrängen, nicht harmloser wird. Es ist aber auch ein wirtschaftliches Problem. Mit Menschen, die unzufrieden, krank oder mit sinnlosen Routineaufgaben beschäftigt sind, läßt sich keine befriedigende betriebliche Leistung erzielen. Wie groß die brachliegenden Leistungsreserven sind, läßt sich mindestens der Größenordnung nach schätzen. Solchen Hochrechnungen liegen im allgemeinen die in einzelnen Pionierunternehmen erzielten Erfolge sowie verschiedene in den USA durchgeführte überbetriebliche Vergleiche zugrunde. Über den Daumen gepeilt kann man sagen, daß der Nutzungsgrad des menschlichen Fähigkeits- und Leistungspotentials in der Wirtschaft heute zwischen 30 und 40 Prozent liegt.

Die produktive Leistung ist also – gemessen an dem, was theoretisch möglich wäre und in einzelnen Betrieben auch erreicht ist – mehr als unbefriedigend. Dies ist jedoch nur die betriebswirtschaftliche Seite. Die in der Arbeitswelt erzeugten körperlichen und seelischen Schäden belasten den Staat mit sozialmedizinischen Folgekosten, die wir auf die Dauer nicht mehr werden finanzieren können. Auf dem Umweg über Steuern und Geldentwertung nehmen sie dem einzelnen einen immer größeren Teil dessen, was er glaubt erarbeitet zu haben, wieder weg.

Und endlich hat das Problem im Arbeitsbereich einen eminent politischen Aspekt: Ein großer Teil der Arbeitsplätze in der Wirtschaft und in der Verwaltung leistet keinen Beitrag zur Entwicklung von kritischer Urteilsfähigkeit, Verantwortungsbereitschaft und demokratischem Verhalten in der Bevölkerung, sondern zur Infantilisierung der Massen. Was eingeübt wird, ist nicht Selbständigkeit, aktive Beteiligung und persönliches Engagement, sondern Abhängigkeit, Trägheit und Gleichgültigkeit.

Wandel tut also dringend not. Doch dies ist leichter gesagt als getan. Wie sollen hierarchische Entscheidungsmechanismen und bürokratische Arbeitspraktiken verändert werden – mit Menschen, die kaum für sich selbst, geschweige denn in übergeordneten Fragen und gemeinsam mit anderen entscheiden und verantwortlich sein gelernt haben? Mit Menschen, die – so scheint es – am liebsten in Ruhe gelassen werden möchten und an anspruchsvolleren Aufgaben und an einer aktiven Mitwirkung bei den Entscheidungen gar nicht interessiert sind?

Man kann die Menschen nicht einfach »umpolen«. Und aus eben diesem Grunde kann man auch bestehende Organisationsstrukturen nicht einfach umkrempeln. Die einzig realistische Möglichkeit besteht darin, eine langfristig angelegte Evolution einzuleiten – die Organisation im Sinne einer Strategie der kleinen Schritte systematisch zu entwickeln. Organisationsentwicklung ist ein Managementkonzept, das auf einem neuen Menschenbild, einem neuen Organisationsverständnis und auf einem neuen Wirtschaftlichkeitsdenken beruht. Der Mensch wird nicht als ein vom lieben Gott durch die Erbanlagen ein für allemal vorprogrammiertes, sondern durch Umwelt und Erfahrung geprägtes, lern- und entwicklungsfähiges Wesen betrachtet. Die Organisation wird als Umwelt des Menschen, als sein Verhalten prägender Faktor und damit als Teil des Problems gesehen, für dessen Lösung man sie bisher gehalten hat. Und Wirtschaftlichkeit wird nicht mehr nur als das Ergebnis technischer, sondern ebensosehr psychologischer und sozialer Effektivität verstanden.

Verhalten wird gelernt. Wir müssen auf allen Ebenen schrittweise, aber konsequent, neue Formen der Zusammenarbeit und neue Formen der Entscheidungsbildung einüben. Wenn wir wollen, daß die Mitarbeiter kooperieren, daß sie sich engagieren und daß sie die betrieblichen Probleme lösen helfen, dann müssen wir ihnen Gelegenheit geben, dies von Grund auf zu lernen – »on-the-job«.

Organisationsentwicklung ist eine Strategie des gemeinsamen Lernens an der gemeinsamen Aufgabe. Dreierlei gehört dazu: ein gemeinsames Problembewußtsein, gemeinsame Arbeit an der Lösung der betrieblichen Probleme – und das Erkennen und Anpacken von Kommunikationsproblemen.

Gemeinsames Problembewußtsein – das heißt gemeinsam kritisch Bilanz ziehen und gemeinsam kritisch in die Zukunft blicken. Dies heißt, in einem Unternehmen, einem Ressort, einer Abteilung die Frage stellen: »Was muß bei uns anders werden, damit wir in der Zukunft nicht nur erfolgreicher, sondern auch zufriedener sind und unsere Ziele besser erreichen können als in der Vergangenheit?« Gemeinsames Problembewußtsein schaffen heißt nicht, im stillen Kämmerlein der Geschäftsleitung die Probleme definieren, sondern die Mitarbeiter fragen, wo sie die Probleme sehen – die Ergebnisse dieser Diagnosen mit ihnen diskutieren und gemeinsam Schlüsse daraus ziehen. Mitwirken beginnt beim Mitdenken – und Mitdenken beginnt beim Gefragtwerden.

Gemeinsame Arbeit an der Lösung der betrieblichen Probleme – das heißt aktive Beteiligung der Mitarbeiter bei der Suche nach Lösungen für die ermittelten Probleme. Dies heißt gemeinsame Diskussionsrunden, die Bildung von Arbeitsgruppen, den Einsatz von Projektteams.

Erkennen und Anpacken von Kommunikationsproblemen – das heißt die Bereitschaft, nicht nur nach Sachproblemen zu fragen, sondern auch nach Problemen der gegenseitigen Verständigung, des Informationsflusses, des Umgangs miteinander, der Art und Weise der Entscheidungsbildung, des Führungsstils.

Erhebungen zeigen, daß in drei von vier Fällen von Betriebs- oder Firmenzusammenschlüssen fünf Jahre nach der Zusammenlegung die Fusionsziele nicht erreicht sind. Das liegt nicht daran, daß bei der Planung von Fusionen meistens von sachlich falschen Überlegungen ausgegangen wird. Das Problem liegt tiefer. Es gibt eine Logik des Organigramms – und es gibt daneben eine Logik der Einstellungen und Verhaltensweisen der betroffenen Mitarbeiter. Diese ist für den Erfolg oder Mißerfolg der Veränderung von mindestens ebenso großer Bedeutung, wird aber bei der Vorbereitung und Durchführung von Fusionen in der Regel sträflich vernachlässigt. Dies gilt nicht nur für Fusionen. Es gilt für Produktionsverlagerungen, für Änderungen der Führungsstruktur, für Umstellungen in der Arbeitsorganisation. Es gilt für organisatorische Änderungen schlechthin: Technokratisches Vorgehen führt zu aktivem und passivem Widerstand der Mitarbeiter.

Organisationsplanung im herkömmlichen Sinne ist ein drastischer Eingriff in die organisatorische Struktur und damit ins Arbeitsleben der Beteiligten. Ihr Ziel ist organisatorische Effektivität aufgrund rein technischer Rationalität. Da sind es immer die einen, die die Veränderung planen – nämlich eine Beratungsfirma, die zentrale Organisationsabteilung oder eine höhere Managementstelle –, und andere, die davon betroffen sind. Organisationsentwicklung dagegen ist ein kollektiver Lernprozeß. Ihr Ziel ist Effektivität unter Einbeziehung des Faktors Mensch.

Menschen engagieren sich für das, was sie aktiv mitgestalten können und woran sie sich beteiligt fühlen. Organisationsentwicklung ist deshalb kein Hobby für Organigrammstrategen, keine neue Heilslehre und auch nicht einfach ein neues Wort für Organisationsplanung, sondern der Versuch, Veränderungen in partnerschaftlicher Zusammenarbeit vorzubereiten und durchzuführen. Sie ist nicht die Antwort auf die Frage: »Wie verkaufe ich den Mitarbeitern das, was ich mit ihnen vorhabe?«, sondern auf die Frage: »Wie beteilige ich sie am Nachdenken über notwendige Veränderungen, an der Planung von Maßnahmen und an den erforderlichen Entscheidungen?«

Etwas vereinfacht kann man sagen: Organisationsentwicklung ist die Veränderung organisatorischer Strukturen und menschlicher Verhaltensmuster durch offene, wechselseitige Verständigung unter allen direkt Beteiligten anstatt durch den Einsatz hierarchischer Macht. Offene Verständigung aber bedeutet mehr als den Versuch, einen netten, sachlichen, kollegialen Umgangston zu finden. Sie bedeutet unter anderem, daß vorhandene Meinungsdifferenzen und Interessenkonflikte offengelegt und ausdiskutiert werden.

Konfliktmanagement in einer Setzerei

In einem Betrieb der graphischen Industrie standen in einem größeren Raum acht Bleisetzmaschinen. Diese Gießautomaten mußten täglich während ganz bestimmter Stunden alle gleichzeitig auf Hochtouren laufen, damit das Produkt – eine große Tageszeitung – überhaupt hergestellt werden konnte. Das Personal bestand aus acht Operatoren mit zwei Schichtführern und fünf Mechanikern mit einem Gruppenführer. Die Operatoren bedienten, überwachten, reinigten und warteten die Maschinen. Die Mechaniker standen auf Abruf bereit für die Behebung von technischen Störungen.

Das Klima in dieser Abteilung war gespannt. Es traten immer häufiger kleinere und größere Störungen an den Maschinen auf, deren Behebung sich immer komplizierter zu gestalten schien. Die Mechaniker behaupteten, die Maschinen seien nicht ordentlich gewartet. Dies sei der Hauptgrund für die Ausfälle. Im übrigen würden sie – die Mechaniker – laufend wegen jeder Bagatelle an die Maschinen gerufen. »Wir sind Mechaniker, keine Maschinenbediener.«

Die Operatoren dagegen warfen den Mechanikern vor, sich

bei der Behebung der Störung absichtlich Zeit zu lassen. Im übrigen säßen sie den ganzen Tag demonstrativ, meistens Zeitung lesend, herum, während sie – die Operatoren – unter einem argen Produktionsdruck stünden.

Nachdem mehrere Male der redaktionelle Umbruchtermin gefährdet war, die Operatoren immer häufiger erst mit stundenlanger Verspätung Feierabend machen konnten und nachdem bei internen Auseinandersetzungen die ersten Schraubenschlüssel herumzufliegen begannen, kamen einzelne Mitarbeiter beider Gruppen nur noch unregelmäßig zur Arbeit. In dieser Situation rief der Betriebsleiter die Operatoren, die Mechaniker und die Führungskräfte der Abteilung zu einer Konferenz zusammen.

Er eröffnete die Sitzung mit folgenden Worten: »Meine Herren, der Zustand, in dem wir uns befinden, ist unhaltbar geworden. Wir haben alle darunter zu leiden, jeder einzelne von Ihnen, von der Gefährdung der Produktion ganz zu schweigen. Wir müssen dieser Sache irgendwie auf den Grund kommen. Wie, weiß ich auch nicht. Ich sehe nicht klar, was eigentlich los ist.« Er hatte kaum geschlossen, als auch schon eine derartige Flut von gegenseitigen Vorwürfen und Anschuldigungen losbrach, daß kaum mehr einer den anderen verstehen konnte. In diesem Durcheinander war es niemandem möglich, irgendwelchen Zusammenhängen auf die Spur zu kommen. Nach einiger Zeit unterbrach der Betriebsleiter den allgemeinen Tumult: »Ich hätte eine Idee: Wir versuchen zusammen in einem ruhigen Gespräch zu ermitteln, wo der Hund begraben liegt. Wir wollen uns nicht gegenseitig beschuldigen für irgend etwas, was geschehen ist, sondern herausfinden, was wir in der Zukunft neu einführen oder anders machen können. Es wird nichts von vornherein abgelehnt. Jeder soll sagen, was er meint.«

In der anschließenden Gesprächsphase wurde bereits sachlicher diskutiert. Zweierlei schien sich abzuzeichnen: Die Mechaniker wollten, daß die Operatoren kleinere Störungen selbst beheben; die Operatoren dagegen fanden, die Mechaniker könnten ihnen in toten Zeiten bei der Überwachung der Produktion helfen. Erneut griff der Betriebsleiter ein: »Es scheint, daß wir doch einen Schritt weitergekommen sind. Aber das Problem ist noch lange nicht gelöst. Dazu wird wesentlich mehr Zeit erforderlich sein. Wenn Sie damit einverstanden sind, würde ich vorschlagen, daß die Herren Operatoren und Mechaniker sich in Form einer Arbeitsgruppe regelmäßig zusammensetzen und das Problem gemeinsam weiter studieren.« Ein Produktionsleiter wurde beauftragt, an diesen Sitzungen als Verbindungsmann und potentieller Vermittler teilzunehmen. Damit wurde die Sitzung aufgehoben. In den folgenden zwei bis drei Monaten fanden insgesamt acht längere Arbeitssitzungen in diesem engeren Kreise statt. Und dies waren die Resultate:

1. Es lag eine elf Schreibmaschinenseiten lange Liste mit allen Störungen vor, die in den vergangenen Jahren jemals aufgetreten waren. Für jede war die Zuständigkeit festgelegt. Fast 70 Prozent aller Störungen sollten in Zukunft im Normalfalle von den Operatoren selbst behoben werden. Falls diese jedoch unter akutem Produktionsdruck stünden, würden die Mechaniker als Ersatz einspringen.
2. Es wurde ein Ersatzteil-Pufferlager eingerichtet. Dieses enthielt von jedem Teil eine Stückzahl, die in einem realistischen Verhältnis stand zur Häufigkeit, mit der dieses Teil erfahrungsgemäß kaputtzugehen pflegte. Es hatte sich nämlich gezeigt, daß Maschinen oft nur deshalb nicht sofort repariert werden konnten, weil ausgerechnet das benötigte Ersatzteil nicht vorrätig war.
3. Die Mechaniker verpflichteten sich, in toten Zeiten als Operatoren bei der Überwachung der Produkton auszuhelfen.

4. Die Arbeitsgruppe hatte ein Schulungsprogramm für die Operatoren aufgestellt. Dieses sah vor, daß zwei Operatoren-Schichtführer sowie zwei Mechaniker eine Woche lang einen auswärtigen technischen Kurs bei der Herstellerfirma der Setzautomaten besuchen würden – mit Hotelaufenthalt. Dieses von der Arbeitsgruppe selbständig ermittelte Quartett würde anschließend an einer Reihe von freien Samstagen die zu Hause gebliebenen Kollegen so lange ausbilden, bis alle Operatoren in der Lage sein würden, die in ihren Zuständigkeitsbereich fallenden Störungen selbständig zu beheben.

Früher hatte man im Maschinenraum die Operatoren in ihren grauen Arbeitskitteln, in einem Nebenraum dagegen die Mechaniker in ihren standesgemäßen hellblauen Overalls gesehen. Wenn man fortan durch diese Abteilung ging, sah man praktisch nur noch Leute in Arbeitskitteln. Der Nebenraum war leer. Operatoren und Mechaniker arbeiteten einträchtig miteinander an den Maschinen. Man ging sich gegenseitig zur Hand – sowohl bei der Überwachung der Produktion als auch bei der Behebung von Störungen. Dazu der Betriebsleiter: »Was die da gemacht haben, ist ja weit mehr, als was wir uns je vorzuschlagen gewagt hätten!« In der Abteilung herrscht heute Ruhe und Zufriedenheit. Die Produktion läuft reibungslos. Die Organisation hat sich von innen heraus regeneriert.

Verschiedene psychologische Voraussetzungen sind für diesen Erfolg entscheidend gewesen. Der Betriebsleiter hat sich von Anfang an selbst als Heilsbringer und »Trouble-Shooter« aus dem Rennen gezogen. Er hat sich vor seine Mannschaft hingestellt und sinngemäß gesagt: »Wir haben ein Problem. Ich sehe keine Lösung. Ich habe kein Konzept. Eure aktive Suche nach einer Lösung ist unsere einzige Chance.« Das allein ist schon mehr, als eine unter dem üblichen Erfolgszwang stehende Führungskraft normalerweise über sich bringt.

Darüber hinaus hat der Betriebsleiter seinen Mitarbeitern einiges gegeben. Zum einen: den menschlichen Kredit, daß sie imstande sein würden, selbständig, ohne direkte Eingriffe seitens des Managements und in gemeinsamer Arbeit eine Lösung zu finden. Zweitens: die Gelegenheit, ihre eigene Arbeitsumwelt aktiv zu gestalten. Drittens: die Zeit, die erforderlich ist, wenn ein Lernprozeß in Gang kommen soll, ohne den es keine Konfliktlösung geben kann. Dieser Haltung steht die Überzeugung des Durchschnittsmanagers gegenüber, wonach eine führerlose Gruppe von vornherein nur wertvolle Zeit verplempert, die Probleme zerredet und nie zu einer Entscheidung gelangt.

Die beiden Manager – sowohl der Betriebsleiter als auch der Produktionsleiter – haben also nicht die Rolle von dynamischen Führerfiguren, Zugpferden und Entscheidungsinstanzen, sondern diejenige von Analytikern, Beratern und Vermittlern wahrgenommen.

Das Geheimnis des Managementerfolges in unserer schwierigen Zeit liegt nicht mehr so sehr in raschen, klaren Entscheidungen aufgrund harter, eindeutiger Tatbestände. Die Kunst des Managers zeigt sich vielmehr in seiner Fähigkeit, die vielfältigen sozialen Konflikte, mit denen wir unternehmensintern wie -extern konfrontiert werden, und deren Folgen wirtschaftlich dramatisch zu Buche schlagen, mit Vorbedacht und Konsequenz in kollektive Lernprozesse überzuleiten. Je akuter ein Konflikt ist – dies gilt für die hohe Politik genauso wie für den betrieblichen Alltag –, desto sicherer kann er nämlich überhaupt nur auf diesem Wege gelöst werden.

Harte Zahlen bei Donnelly Mirrors

Donnelly Mirrors ist eine von 20 amerikanischen Firmen, die sich an einem langfristigen Forschungsprojekt des Instituts für Sozialforschung der Universität Michigan beteiligt haben. Dieses Projekt mit der Bezeichnung »Intercompany Longitudinal Studies« – zu deutsch etwa »Überbetriebliche Längsschnittuntersuchungen« – wurde 1970 begonnen und beinhaltet die regelmäßige Erhebung exakter Daten über Arbeitszufriedenheit, Führungsstil, Organisationsentwicklungsmaßnahmen sowie alle relevanten betriebswirtschaftlichen Kennzahlen. Die teilnehmenden Firmen sind deshalb alle vorbildlich dokumentiert.

Die Firma Donnelly Mirrors hatte im Jahre 1968 mit einer Phase besonders intensiver Organisationsentwicklung begonnen. Drei Jahre später, 1971, konnte wie folgt Bilanz gezogen werden: Die Herstellungskosten lagen 25 Prozent unter dem Niveau von 1952. Die Kostensenkungen betrugen total 1,5 Millionen Dollar. Der Mitarbeiterbonus lag im Mittel bei zwölf Prozent des Grundlohns. Das Qualitätsniveau war von 92 Prozent auf 98,5 Prozent angehoben worden. Die Arbeitszufriedenheit war laut Befragungen deutlich gestiegen. Die Produktivität (Output pro direkte Arbeitskraft) war um 48 Prozent gestiegen.

Auch die Kosten der Organisationsentwicklung waren erfaßt worden: Mitarbeiterbefragungen, externe Berater, interne Trainer, Ausbildungsprogramme, Aufwand an Mitarbeiterstunden für Teambildungssitzungen. Unter der Annahme, daß die Produktivitätssteigerung zur Hälfte der Organisationsentwicklung zuzuschreiben war, ergab sich ein »Return on Investment« von 220 Prozent.

20 Jahre Partnerschaft geübt ...

Donnelly Mirrors ist ein Familienunternehmen der Glasindustrie. Es beschäftigt in vier Betrieben insgesamt 450 Personen und hat 70 Prozent des Weltmarktes für Tag- und Nacht-Automobilrückspiegel. Die Firma führte 1952 den sogenannten »Scanlon-Plan« ein, ein Mitarbeiter-Gewinnbeteiligungssystem, bei dem der Mehrgewinn aus Vorschlägen der Mitarbeiter zur Verbesserung der Produktivität je zur Hälfte an das

Unternehmen und – in Form eines Jahresbonusses – an die Mitarbeiter geht. Dieses auf regelmäßigen Gruppendiskussionen beruhende Mitwirkungssystem ist im Laufe der Jahre von Donnelly Mirrors schrittweise ausgebaut und verfeinert worden und hat zu einer einzigartigen Führungs- und Organisationsstruktur geführt. Die Basis bilden selbstgesteuerte Arbeitsgruppen von durchschnittlich zehn Mitarbeitern. Jede Gruppe ist für einen bestimmten Teil des Arbeitsprozesses verantwortlich. Der Arbeitswechsel innerhalb der Gruppe ermöglicht trotz weitgehender Massenfertigung eine verhältnismäßig flexible Arbeitsgestaltung. Die Stechuhren sind 1970 abgeschafft worden.

Bei Neueinstellungen wird die Vorauswahl der Bewerber von der Personalabteilung durchgeführt, die Endauswahl dagegen trifft das Team, das den neuen Kollegen auch selbständig einführt und ausbildet. Die Arbeitsgruppen führen selbständig Buch über die Präsenzzeiten, steuern die Produktion und liefern fertige Unterlagen über ihre Produktivität. Jeder Mitarbeiter setzt für sich eine Leistungsquote fest, die je nach Tätigkeit, Erfahrung und persönlichen Fähigkeiten variiert. Darauf aufbauend werden die Gruppenproduktionsziele festgelegt, die wiederum die Basis für die Abteilungsziele bilden.

Alle Mitarbeiter werden regelmäßig befragt zu Problemen des Arbeitsplatzes, der Zusammenarbeit innerhalb und zwischen den Gruppen, der Führung und der Organisation. Die Resultate der Befragungen werden an die einzelnen Arbeitsteams und Abteilungen rückgekoppelt und bilden die Grundlage eines kontinuierlichen Problemlösungsprozesses auf Gruppendiskussionsbasis. Den Arbeitsgruppen werden ferner laufend alle internen betriebswirtschaftlichen Kennzahlen sowie die einschlägigen Marktdaten zugeführt und alle wichtigen Fragen aus den verschiedenen Ressorts zur Stellungnahme unterbreitet. Damit ist praktisch jeder Mitarbeiter direkt am Prozeß der Planung und Entscheidungsvorbereitung beteiligt. 1970 wurde die Grundlohnerhöhung erstmals von den Mitarbeitern selbst festgelegt – in Relation zu den ebenfalls weitgehend von ihnen erarbeiteten Vorschlägen zur Produktivitätssteigerung. Die Mitarbeiter übernahmen unter anderem die direkte Verantwortung für die Qualitätskontrolle. Die Kontrolleure konnten von 19 auf vier reduziert werden.

...und nicht aufgehört zu lernen

Jeder Mitarbeiter, dessen Arbeitsplatz im Zuge der Rationalisierung aufgelöst wird, kommt in den Genuß einer Lohnfortzahlungsgarantie und hat sechs Monate Zeit, sich seitwärts oder vertikal auf eine andere Stelle im Unternehmen vorzubereiten. Die Ombudsman-Funktion ist einem Mitarbeiterausschuß übertragen. Der Manager für Organisationsentwicklung kommentiert das wie folgt: »Man kann nicht erwarten, daß ein Mitarbeiter Änderungen und Kosteneinsparungen vorschlägt, die seine eigene Arbeit betreffen – es sei denn, er kann davon ausgehen, eine andere Arbeit mit mindestens dem gleichen Lohn zu bekommen. Ich glaube, wir haben in unserer Firma ein Klima gegenseitigen Vertrauens geschaffen. Dafür gibt es keinen besseren Test, als daß jemand aus Kostenersparnisgründen die Elimination seines eigenen Jobs vorschlägt. Und das kommt vor.«

Mehrere Arbeitsgruppen sind jeweils einem Vorarbeiter unterstellt. Die Vorarbeiter bilden ihrerseits wieder eine Gruppe und haben reine Managementaufgaben. Das Management umfaßt insgesamt vier hierarchische Ebenen und operiert durchweg auf der Basis verschiedener, sich gegenseitig überlappender Gruppen. In der sogenannten Arbeitsteamkonferenz, dem zentralen Steuerungsorgan, sind alle vier Ebenen vertreten.

1967 hat das Topmanagement erstmals verhaltenswissenschaftliche Seminare und gruppendynamische Teambildungssitzungen absolviert. Inzwischen ist die gruppendynamische Schulung auch auf die unteren Stufen der Organisation ausgedehnt und auf Managementebene in Richtung Trainingslaboratorien intensiviert worden. Der Ausbildungsleiter erklärt dazu: »Wenn Sie Leute haben, die sich im wesentlichen selbst leiten, brauchen Sie Führungskräfte, die mit dieser Bewegungsfreiheit ihrer Mitarbeiter umgehen können und nicht interferieren. Gleichzeitig müssen die Führungskräfte lernen, daß der Beruf des Managers im wesentlichen Management der Veränderung beinhaltet – Veränderung in der Umwelt, Veränderung in der Firma, Veränderung in den unterstellten Gruppen und Veränderung in ihnen selbst.«

Der rote Faden

Hierarchische Schranken und bürokratische Praktiken abbauen, partnerschaftliche Zusammenarbeit und demokratische Entscheidungsbildung lernen – dies ist eine anspruchsvolle, langfristige Entwicklungsaufgabe. Es gibt nichts Schwierigeres, als aus einem alten Trott auszubrechen. Eine Reihe von Voraussetzungen muß gegeben sein, damit in einem Betrieb mit verkrusteten Strukturen und eingeschliffenen Verhaltensmustern überhaupt etwas in Bewegung geraten kann.

Eine erste und entscheidende Voraussetzung ist das persönliche Engagement, aber auch eine gewisse Bescheidenheit des Topmanagements – die Demut, sich nicht als Herren des Olymp, als dem Tagesgeschehen entrückte Strategen, sondern auch als Lernende in einer Lerngemeinschaft zu verstehen. Wenn Führen heute überhaupt noch einen Sinn hat, dann bedeutet es Maßstäbe setzen und Prinzipien vorleben. Dann beginnt die Veränderung, beginnt das Überprüfen bisheriger Kommunikationsmuster, beginnt das gemeinsame Nachdenken – etwa mit der Frage: »Sind wir eine Anzahl Einzelkämpfer, oder arbeiten wir als Team?« – nicht irgendwo in der Organisation, sondern an der Spitze.

Damit soll nicht etwa behauptet werden, eine Veränderung

sei von vornherein nur möglich, wenn der Impuls von der Spitze ausgeht. Überfällige Entwicklungen vollziehen sich – früher oder später –, auch wenn sie der Geschäftsleitung nicht ins Konzept passen. Die Frage ist nur, in welcher Form, auf welchen Umwegen, wie lange der Prozeß dauert – und wieviel Leichen am Wegrand liegen bleiben. Eine Entwicklung, die von der Geschäftsleitung gewollt, verstanden, gefördert und – dies vor allem – persönlich mitgemacht wird, vollzieht sich allemal organischer, schmerzloser, effektiver.

Kommunikation im Management

Eine weitere Voraussetzung besteht darin, daß die Verständigung innerhalb der Führungsorganisation klappt. Eine Entwicklung ist undenkbar, wenn nicht eine gemeinsame Sprachregelung, ein gemeinsamer Informationsstand und ein offener Meinungsaustausch im Management vorhanden ist. Dies aber erreicht man nicht durch interne Memoranden oder Mitteilungen in der Hauszeitschrift. Das tragende Gerüst – sozusagen das Herz- und Kreislaufsystem – der internen Kommunikation sind regelmäßige Teamsitzungen der jeweiligen Vorgesetzten mit ihren direkten Mitarbeitern zum Zwecke der laufenden gegenseitigen Orientierung und der laufenden gemeinsamen Diskussion nicht nur über das Tagesgeschäft, sondern auch über Zukunfts- und Grundsatzfragen – etwa die Verbesserung der Kommunikation oder der Organisation.

Man kann darauf wetten: Wenn in einem Betrieb oder in einer Abteilung die Entscheidungsprozesse zum Erliegen kommen oder allenthalben Mißmut grassiert, finden Teamsitzungen überhaupt nicht, nicht regelmäßig oder nicht in einer offenen Atmosphäre statt. Oft muß, bevor ein anspruchsvolleres Veränderungsprojekt in Angriff genommen werden kann, im Management erst einmal die erforderliche »Infrastruktur« entwickelt werden.

Organisationsentwicklung beruht auf Mitwirkung der Mitarbeiter. Mitwirken aber heißt nicht, einmal im Jahr in einem Fragebogen oder in einem Einzelinterview seine Meinung von sich geben. Mitwirken heißt in fortlaufende Gespräche, Diskussionsrunden, Gruppenarbeiten einbezogen sein. Nun ist aber nicht jeder Betrieb »reif« für Projektgruppen unter Einbeziehung der nicht leitenden Mitarbeiter. Oft genug muß diese Form der direkten Mitwirkung erst einmal auf Führungsebene gelernt werden.

Funktionell und hierarchisch gemischt zusammengesetzte Arbeitsgruppen sind ein Instrument von unschätzbarem Wert, um die Mitarbeiter aller Stufen in den Prozeß der Problemanalyse und der Maßnahmenplanung einzubeziehen. Der Gewinn für das Unternehmen liegt auf mehreren Ebenen. Zum einen werden auf schmerzlose Art und Weise hierarchische Barrieren abgebaut. Zum zweiten werden Kommunikationslücken zwischen verschiedenen Abteilungen oder Ressorts geschlossen. Vor allem aber werden die infolge ihrer Sandwichposition meist besonders frustrierten unteren und mittleren Führungskräfte durch aktive Beteilung am Entscheidungsprozeß aufgewertet und können ihren Sachverstand einbringen.

Oft genug wird allerdings mit Arbeitsgruppen nur Leerlauf produziert. Dies sind die bewährtesten Rezepte: Eine Arbeitsgruppe wird gebildet, weil das Topmanagement die Frage für zu unwichtig hält, um sich selbst damit zu befassen; die Arbeitsgruppe wird mit Mitarbeitern bemannt, für die man sonst keine vernünftige Verwendung hat oder die aufgrund ihrer Funktion im Unternehmen kein unmittelbares Interesse am Thema der Gruppenarbeit mitbringen; die Gruppe ist zu groß, hat keine klare Aufgabenstellung erhalten oder kommt nach der konstituierenden Sitzung überhaupt nie mehr zusammen, weil die Mitglieder von ihren Linienvorgesetzten wegen angeblich wichtigeren Aufgaben nicht freigegeben werden.

Dies ist der vielleicht wichtigste Aspekt: Wir müssen völlig umdenken in bezug auf betriebliche Weiterbildung. Wir müssen wegkommen von Kursen und Seminaren, in denen eine bunt zusammengewürfelte Schar von Teilnehmern im luftleeren Raum theoretischen Wissensstoff bearbeitet. Wir müssen das Lernen in den Betrieb, an den Arbeitsplatz, ins tägliche Leben jedes Mitarbeiters bringen. Wir müssen erreichen, daß diejenigen, die im Alltag zusammenarbeiten, gemeinsam über die konkreten Probleme reden, die ihnen das Arbeitsleben schwer machen und den gemeinsamen Erfolg in Frage stellen. So interessant Vorträge und Fallstudien, so lustig Rollenspiele in der keimfreien Luft eines Schulungsinstitutes als Ergänzung sein mögen – was uns allen fehlt, ist Übung darin, wie man die Probleme dort anpackt, wo sie entstehen und wirklich weh tun.

Und endlich: Wir alle verbringen einen immer größeren Teil unserer Zeit in Gruppen. Was aber Gruppen sind und was nicht, wie sie funktionieren, wie es zu Zusammenarbeit kommt und wie Meinungsverschiedenheiten konstruktiv ausgetragen werden – davon haben wir im Grunde keine Ahnung. Wenn wir also schon Schulung betreiben, dann sollte sie uns hier, wo es besonders dringend notwendig ist, Wissen, Denkanstöße und Erfahrungen vermitteln.

Hierarchie, Bürokratie und ein falsch verstandener Individualismus – all dies ist uns längst in Fleisch und Blut übergegangen. Freie Meinungsbildung und Gemeinschaft lernen – dies dauert viele Jahre, auch wenn wir sehr viel guten Willen haben und alle Mittel gezielt einsetzen, die uns zur Verfügung stehen. Was für Schwierigkeiten in der Praxis auftreten können, zeigt sich am Beispiel eines kleinen Unternehmens, das sich dieses Ziel gesetzt hat: Hierarchie zu verlernen.

DIE GRENZEN DES MACHBAREN

»Schon wieder ein neues Führungsmodell!« stöhnten die Mitarbeiter der Firma Ernst Schweizer AG, eines Familienunternehmens der Metallbaubranche in der Nähe von Zürich, als der Chef – Leiter und Inhaber der Firma – ihnen vor knapp drei Jahren erklärte, wie er sich die Zukunft des Unternehmens vorstellt: Weg vom patriarchalischen Führungsstil, hin zur Kooperation – weg von einsamen Entscheidungen, hin zu pluralistischer Meinungsbildung und Teamarbeit – weg von ausschließlicher Einzelverantwortung, hin zur Mitverantwortung im Kollektiv.

Kollektive Verantwortung

Die neue Führungsstruktur ist ein Modell umfassender Mitbestimmung. Sie soll zunächst auf den beiden obersten Führungsebenen – in der Unternehmensleitung und in den vier Bereichsleitungen Produktion, Technik, Verkauf und Verwaltung – eingeführt werden. Später soll sie schrittweise in die Abteilungen und in jedes Team getragen werden. In der Leitung des Bereiches »Produktion« ist sie seit zwei Jahren verwirklicht, in den Bereichen »Verkauf« und »Technik« ist sie vor kurzem eingeführt worden, im Bereich »Verwaltung« steht die Einführung unmittelbar bevor. Das Management rechnet mit einer Anlaufphase von fünf bis sieben Jahren, bis sich das neue System eingespielt haben wird.

Früher waren die Abteilungsleiter einzeln einem Bereichsleiter verantwortlich. Heute bilden drei Bereichsleiter als Dreierteam gemeinsam die Bereichsleitung. Eine hierarchische Ebene fällt also von vornherein weg. Jeder der drei Kollegen betreut eine der drei unterstellten Abteilungen, aber alle wichtigen Entscheidungen – etwa die Einstellung eines neuen Mitarbeiters oder die Jahresplanung für den Bereich und die Abteilungen – werden gemeinsam erarbeitet.

Einer der drei Bereichsleiter ist jeweils für ein Jahr als Delegierter mit Stimmrecht Mitglied der Unternehmensleitung, ein zweiter nimmt als Stellvertreter ohne Stimmrecht an allen Unternehmensleitungssitzungen teil. An der Erarbeitung der dort vorgeschlagenen Lösungen – also an der »Politik« und an den Projekten des Bereiches – sind alle drei gleich intensiv beteiligt. Nach jeweils einem Jahr werden die Rollen des Sprechers und des Stellvertreters rotierend gewechselt.

Alternative zur Sozialisierung

Wie ist es zu diesem Reformvorhaben gekommen? Die Gründe sind teils wirtschaftlicher, teils »ideologischer« Natur. Da ist einmal die Rezession. Sie hat dem Unternehmen schwere Verluste gebracht, die – so meint der Firmenchef – in dieser Größenordnung hätten vermieden werden können, »wenn wir rechtzeitig weit genug vorausgedacht hätten«. Eine Überlebensstrategie mußte entwickelt werden. Hierbei wurde immer klarer, daß unter den erschwerten wirtschaftlichen Bedingungen die Zukunft nur noch zu bewältigen sein würde, wenn zwei Grundvoraussetzungen gegeben wären: mehr Flexibilität und Kreativität in der Produktentwicklung, in der Produktion und im Vertrieb – und eine stärkere Identifikation der Mitarbeiter mit dem Betrieb. Mehr Identifikation war aber nicht denkbar ohne direkte Mitverantwortung.

»Ich habe das Unternehmen viele Jahre lang weitgehend im Alleingang, und ich glaube, man kann sagen: mit Erfolg geführt. Die Anforderungen an das Unternehmen sind aber in der letzten Zeit derart gestiegen, daß an einen Alleingang gar nicht mehr zu denken wäre. Das schaffe ich ganz einfach nicht.« In der Konjunktur war eben alles einfacher. Die Aufträge kamen fast von selbst herein. Geld war vorhanden in Hülle und Fülle. Heute aber ist alles anders. Man muß härter arbeiten, schärfer kalkulieren, differenzierter denken, flexibler disponieren und gleichzeitig längerfristig planen, um konkurrenzfähig zu bleiben. In dieser Situation erweist sich eine engere Zusammenarbeit als unerläßlich. Es scheint, daß die Krise uns zwingt, uns auf das Zweckmäßige zu besinnen.

Das zweite große Problem war die Nachfolgefrage. Herr Schweizer ist mit 63 Jahren noch ein äußerst vitaler Mann und kerngesund. Aber das ganze Unternehmen hängt von ihm als zentraler Führerfigur ab. Wenn er ausfällt, ist die Kontinuität der Firma, welche heute 250 Mitarbeiter umfaßt, nicht sichergestellt. Er hat zwar einen Sohn. Dieser arbeitet seit kurzer Zeit im Unternehmen – als Ingenieur in einer neugegründeten Entwicklungsgruppe »Energie«. Aber ob er in der Firma bleibt, ist noch nicht sicher. Und auch wenn er bleibt, muß er mit dem Betrieb erst »verwachsen«. Das Management muß deshalb unabhängig von der Inhaberfamilie sichergestellt werden.

Ein dritter Faktor war die Erkenntnis des Firmenchefs, daß sich in unserer Gesellschaft soziale Veränderungen vollziehen und daß diese auf die Dauer nicht ohne Einfluß bleiben können auf die Führungsstruktur eines Unternehmens. »Die Menschen verändern sich. In zehn Jahren wird man eine Firma überhaupt nur noch kooperativ führen können. Das ist meine feste Überzeugung.« Und nicht zuletzt hat das Ganze für ihn auch politische Implikationen: »In Mitsprache und Partnerschaft sehe ich die Alternative zur Sozialisierung, die wir haben. Sie ist die einzige Überlebenschance für ein freies Unternehmertum.«

Doch das Modell ist eine Sache, die Umsetzung in die Praxis eine andere. Von der Absichtserklärung des Firmeninhabers ist es ein weiter Weg bis zur funktionierenden Mitbestimmung und Mitverantwortung. Der Unternehmer: »Das glaubt kein Mensch, wie mühsam das ist, und wieviel Geld das kostet!« Die angestrebten Änderungen in den Entscheidungsstrukturen bedeuten im Grunde eine Enthierarchisierung. Diese aber ist nicht einfach eine Frage des Organigramms – und sie läßt sich nicht über die Köpfe der Betroffenen hinweg erzwingen. Sie muß vielmehr im praktischen Alltag erarbeitet werden.

Hierarchie verlernen

Die Sitzungen der Unternehmensleitung sind für das ganze Jahr im voraus terminiert. Die Gruppe trifft sich regelmäßig alle 14 Tage und befaßt sich abwechselnd einmal mit dem Unternehmen »heute und morgen«, also mit dem laufenden Geschäft und mit der unmittelbaren Zukunft, einmal mit dem Unternehmen »morgen und übermorgen«, also mit dem, was in drei, fünf oder zehn Jahren sein wird. Die Sitzungen sind nicht immer erfreulich. Es wird noch zu sehr in »Kästchen« gedacht. Vor allem diejenigen, die noch im Alleingang führen, sehen oft nur ihren unmittelbaren »Zuständigkeitsbereich«.

Teils wegen dem unterschiedlichen Interesse an übergeordneten oder langfristigen Fragen, teils wegen mangelnder Vorbereitung einzelner Mitglieder auf die Sitzungen können gewisse Themen nicht – oder nicht eingehend genug – diskutiert werden. Es kommt zu Frustrationen bei denjenigen, die höhere Erwartungen in das Ergebnis gesetzt hatten: »Bei einzelnen fehlt es oft ganz einfach an einer gewissen Systematik und an Professionalismus!«

Aber das ist nicht alles. Das hierarchische Verhaltensmuster sitzt uns meistens noch tief in den Knochen. Es ist deshalb oft schwierig, die unverblümte Meinung jedes einzelnen auf den Tisch zu bekommen. Dies möchte der Vorgesetzte zwar, und er ist bereit, nicht nur zuzuhören, sondern seinen Mitarbeitern auch das entsprechende Gewicht bei den Entscheidungen einzuräumen: »Es geht im Grunde um eine Teilung der Macht.« Aber er steht sich oft selber im Wege. Dynamisch, wie er ist, greift er immer wieder aktiv ein – und spielt damit alle andern an die Wand. Er versucht zwar, sich zurückzuhalten. Er hat auch längst gelernt, nicht gleich am Anfang Meinungen von sich zu geben. Aber das hierarchische Muster funktioniert auch auf der Basis des Erratens munter weiter. Manchmal scheint es, als ob einzelne nur darauf warten würden, eine mögliche Denkrichtung des Bosses herauszufinden, um dann alsbald in diese Richtung zu marschieren. Im übrigen denken die meisten: »Letzten Endes passiert ja doch das, was der Chef für richtig hält.« Von dieser Erwartung ist es ein kleiner Schritt zu einem entsprechend abwartenden Verhalten in der gemeinsamen Sitzung – und nach dem Prinzip der sich selbst erfüllenden Prophezeiung kommt es dann auch so: Der Chef bestimmt die Richtung.

Halten die Mitarbeiter sich bewußt oder unbewußt zurück, weil sie sich von ihrem Chef als Arbeitgeber abhängig fühlen und von vornherein keine Chance sehen, mit abweichenden Meinungen durchzukommen? Oder greift der Vorgesetzte durch, weil die Mitarbeiter zu wenig Eigendynamik entwickeln, sich nicht einigen können, ihre Vorschläge nicht überzeugend genug untermauern, in ihren Vorstellungen von einer zu engen Optik ausgehen? »Ursache« und »Wirkung« können da nicht mehr auseinandergehalten werden. Das eine bewirkt das andere. Das Ganze ist ein Teufelskreis.

Die Dominanz des Chefs ist für die Mitarbeiter ein echtes Problem. »Die große Frage, die wir uns heute stellen müssen, ist die, ob der Chef selbst, als Prototyp des erfolgreichen Einzelkämpfers, sich je in unser Modell kollektiver Führung wird integrieren können.« In diesem Satz liegt vieles von dem, was die Mitarbeiter empfinden. Da sind die Zweifel und die potentielle Resignation angesichts hierarchischer Macht, die vieles in Frage zu stellen scheint, was mit dem Führungsmodell erreicht werden soll. Da klingt aber gleichzeitig auch Bewunderung mit für den Pionier, für die starke, dynamische

Persönlichkeit, die bereit ist, ungewöhnliche und schwierige Wege zu gehen. Und da wird schließlich echte Zuneigung spürbar zu einem Menschen, mit dem man als Mitarbeiter seit Jahren oder Jahrzehnten persönlich verbunden ist und von dem man weiß, wie sehr er sich bemüht und wie schwer er sich tut – nicht nur mit der Umwelt, auch mit sich selbst. »Er kann ganz einfach nicht über seinen Schatten springen.« Doch auch die andere Seite der Medaille wird klar erkannt: »Wir müssen uns zum Teil selbst bei der Nase nehmen. Wir sind in der Entscheidungsphase sehr oft nicht offen und nicht hart genug, um unsere Meinung konsequent zu vertreten. Oft beginnt das Problem schon in der Vordiskussion. Es kommt mir manchmal vor, als wollten sich die Teammitglieder einzeln profilieren. So kommen wir gar nicht erst zu einer geschlossenen und überzeugenden Argumentation. Kein Wunder, daß wir dann überspielt werden.«

Mut zur Konfrontation

Doch vielleicht ist dieses Team schon weiter, als es selbst glaubt. Vielleicht liegt der Erwartungspegel hinsichtlich der pro Zeiteinheit erreichbaren Fortschritte etwas zu hoch. Ein Mitglied, das erst kürzlich in die Firma eingetreten ist, und ein Außenstehender, der an einer Sitzung der Unternehmensleitung teilnahm, sagten unabhängig voneinander dasselbe: Eine so kritische Diskussion, eine so offene Atmosphäre hätten sie anderswo in einer Managementsitzung noch nicht erlebt. Und genau diese Offenheit wird in der Gruppe auch systematisch geübt: »Man spricht ja heute viel von Toleranz. Aber damit ist es nicht getan. Man muß auch den Mut haben, sich gegenseitig zu fordern und herauszuforden. Das ist das A und O kollektiver Verantwortung.«

Kein Zweifel: Die Gruppe befindet sich in einem Lernprozeß. Und sie arbeitet hart daran. Nach jeder Konferenz wird kritisch Bilanz gezogen: Ist das Sitzungsziel erreicht? Wie waren die Teilnehmer vorbereitet? Wie war die Diskussion? Was war gut? Was war weniger gut? Nicht selten entwickelt sich aus dieser Analyse ein langes Gespräch, das, wenn die Zeit nicht reicht, in der nächsten Sitzung wieder aufgenommen und vor Beginn der Sachdiskussion vertieft wird. Nur so ist es möglich, gemeinsam neue Wege zu einer besseren Verständigung zu finden. Viel Zeit muß investiert werden. Den einen ist es oft zu viel, den anderen immer noch zu wenig. »Wenn man bedenkt, wie lange wir uns nun schon kennen, ist es paradox – aber wir müssen lernen, miteinander zu reden«, sagt Herr Schweizer, »und wir müssen lernen, nicht nur reden, sondern gemeinsam zu arbeiten: Probleme zu lösen, zu Entscheidungen zu kommen.«

Der neue Stil erfordert von jedem sehr viel Engagement. »Manchmal habe ich das Gefühl, viel zuviel antreiben zu müssen. Ein gewisser Zwang scheint immer noch notwendig zu sein. Aber wir haben schon große Fortschritte gemacht. Kürzlich ist mir ein einjähriges Sitzungsprotokoll in die Hände gekommen. Da habe ich mich buchstäblich selbst reden gehört. Das ist heute doch wesentlich anders.« Doch die Mitarbeit in dieser Gruppe muß auch schon früher etwas Reizvolles an sich gehabt haben: »In all den vielen Jahren, seit diese Firma besteht, hat noch nie jemand bei einer Unternehmensleitungssitzung gefehlt. Gesund scheinen wir jedenfalls zu sein.«

Schrittweise in die Zukunft

In der Bereichsleitung »Produktion« ist das Kollegialprinzip seit rund zwei Jahren Wirklichkeit. Die drei Bereichsleiter möchten keinesfalls zu irgendeiner herkömmlichen Organisationsform zurückkehren. Nicht daß es ihnen leicht gefallen wäre, sich umzustellen: »Wir haben vorher jeder sein Reich gehabt und oft aneinander vorbeigelebt. Wir haben uns seinerzeit auch nicht sonderlich gemocht, zum Teil sogar bekämpft. Entsprechend schwierig war es dann auch, als wir zusammenarbeiten sollten. Da hat es manche Krise gegeben. Der eigentliche Wendepunkt war dann eine längere Aussprache, in der wir beschlossen, uns so zu geben und uns gegenseitig so zu akzeptieren, wie wir sind – ohne falsche Rücksichten. Von da an haben sich unsere Beziehungen entkrampft.«

Wo liegen die Vorteile des Kollektivprinzips aus der Sicht der Beteiligten? »Es ist einfach sehr viel effizienter. Wir kriegen zum Beispiel Projekte durch, die wir als einzelne nie durchgekriegt hätten. Es ist nicht leicht, etwas vom Tisch zu wischen, hinter dem ein Team steht.« Einer der Bereichsleiter fügt bei: »Das Team ist auch ein wirksamer Gegenpol gegen einsame Entscheidungen von oben.« Und er sagt dies in Gegenwart des Chefs. Zusammenfassend meint er: »Man kann sagen, man ist stärker, ohne aggressiv sein zu müssen.«

Dies merken offensichtlich zunehmend auch die anderen, noch traditionell strukturierten und geführten Bereiche. Neid bahnt sich an: »Ihr habt gut reden, ihr seid immer drei.« Dies wiederum wird von denjenigen, die das Gruppenprinzip befürworten, aufmerksam registriert: »Morgenröte«, meint der Chef, »das Ganze beginnt, Früchte zu tragen.«

Die Mitarbeiter in der Produktion haben sich ausgezeichnet mit der neuen Situation abgefunden. Niemand vermißt die Einzelperson als Chef. Die Probleme liegen eher im Team selbst. Viel Zeit muß von allen dreien geopfert werden für gemeinsame Gespräche. Oft genug besteht die Gefahr, daß man sich nicht findet, überhaupt nicht zu einer Entscheidung gelangt. »Am Anfang war das in 90 Prozent der Fälle so. Heute ist es vielleicht noch ein Drittel aller Entscheidungen.« Aber der Druck von außen zwingt zur Auseinandersetzung, zwingt zu Kompromissen.

Liegt dann einmal ein Lösungsvorschlag oder eine Entscheidung auf dem Tisch, ist es für die Außenstehenden oft nicht mehr möglich, alle Überlegungen nachzuvollziehen, die das Team angestellt hat. »Ein Chef, der sowas einführt, muß in eine Gruppe wesentlich mehr Vertrauen investieren als in eine Einzelperson. Er kann gar nicht im einzelnen sehen, was die Gruppe leistet und wie sie dazu gelangt ist.«

Eigene Spielregeln

Wenn es um ganz grundsätzliche Dinge geht – etwa um eine neue Unterschriftenregelung –, dann nimmt sich das Team viel Zeit, um das zu erreichen, was man gemeinhin einen »Gruppenkonsens« nennt. Sonst aber werden im Alltag auch mal schnellere Wege beschritten. Es kommt durchaus vor, daß einer von den beiden anderen mit einem Vorhaben konfrontiert wird: »Das und das wollen wir, dies sind die Gründe weshalb, und wir beide sind uns im Prinzip bereits einig.« Dies funktioniert in der Praxis recht gut. Die Dinge liegen von Anfang an klar auf dem Tisch, und im akuten Konfliktfalle kann immer diskutiert werden. Es wird niemand einfach »vergewaltigt«. Es handelt sich nicht um den Mechanismus informellen Untergruppenterrors, sondern um eine allseitig akzeptierte Spielregel. »Man kann nicht wegen jeder Kleinigkeit stundenlang reden. Wenn es speditiv gehen soll, muß jeder den Mut haben, seine Meinung klipp und klar zu sagen – aber auch die Bereitschaft, zurückzustecken, wenn die anderen bessere Argumente haben.«

Trotzdem: Eine ständige gegenseitige Kontrolle ist notwendig. »Eine Zeitlang meinten wir, wir müßten so etwas wie unbeschränktes gegenseitiges Vertrauen entwickeln, das dann jede Kontrolle überflüssig macht. Aber das funktioniert nicht. Wir müssen uns gegenseitig immer wieder an getroffene Vereinbarungen erinnern. Meist ist es gar nicht böser Wille, sondern Überlastung oder sonst etwas durchaus Verständliches, was einer Unterlassung oder einem Übergriff zugrunde liegt. Aber es muß besprochen sein, *damit* kein Mißtrauen aufkommt.«

Ausdehnung nach unten

Werden Mitbestimmung und Mitverantwortung, wird das Gruppenprinzip auf das Management beschränkt bleiben? Für den Chef und für diejenigen, die bereits im Kollektiv arbeiten, steht es außer Zweifel, daß das Prinzip mit der Zeit nach unten – und zwar bis ganz unten – ausgedehnt werden sollte und ausgedehnt werden wird. Aber wann, wo, in welcher Form, kann zur Zeit noch niemand sagen. In der Produktion finden im Meisterbereich seit Jahren wöchentliche Zusammenkünfte statt. Hier wird ein erster Ansatzpunkt sein. Auch wird man jede sich bietende Gelegenheit, in einer Abteilung oder in einer Gruppe auf das Kollektivprinzip überzugehen, benützen oder mindestens eingehend prüfen – etwa, wenn ein Abteilungsleiter befördert wird oder altershalber zurücktritt. Im übrigen vertrauen die Befürworter des Gruppenprinzips darauf, daß sich die Idee aufgrund ihrer praktischen Bewährung ganz natürlich durchsetzen wird. »Partnerschaft ist ansteckend.« Erste Anzeichen dafür sind bereits vorhanden.

In jedem Bereich wird zur Zeit intensiv an der Aufgabenumschreibung für das Dreierteam gearbeitet. Darin ist festgehalten, was und wie kollektiv entschieden wird und wo der einzelne seine Aufgaben hat. Die Erfahrung im Bereich »Produktion« hat gezeigt, daß das Aushandeln dieser Vereinbarung außerordentlich wichtig ist für die spätere Zusammenarbeit. Die getroffenen Vereinbarungen sind aber nicht eine Regelung für alle Zeit, sondern werden in der Praxis laufend erprobt, hinterfragt und, wo nötig, wieder angepaßt. »Am Anfang neigt man eher dazu, sich möglichst viel Spielraum für Einzelentscheidungen vorzubehalten. Mit zunehmender Erfahrung fließt dann aber immer mehr in den Entscheidungsbereich des Kollektivs ein.«

Das Ganze ist also nicht nur eine Reorganisation, sondern gleichzeitig ein konsequentes »on-the-job-training« in Zusammenarbeit. Spezielle Schulungskurse werden nicht durchgeführt. Ein Betriebsberater ist ein bis zwei Tage pro Monat im Hause. Er nimmt an Sitzungen teil und wertet sie anschließend mit der Gruppe arbeitstechnisch aus. So ist er phasenweise etwa bei der Erarbeitung der Aufgabenumschreibung für das neu zu bildende Kollektiv oder bei Sitzungen der Unternehmensleitung dabei und hilft der Gruppe, ihre eigene Arbeitsweise zu verbessern.

Wie beurteilen die Mitglieder des Managements das Führungsmodell knapp drei Jahre nach Beginn seiner Einführung? »Es funktioniert noch nicht richtig« – darin sind sich alle einig. Aber der Trend ist positiv, sowohl was die Wirtschaftlichkeit als auch was die Zusammenarbeit anbelangt. »Bis jetzt haben wir vor allem investiert und Erfahrungen gesammelt«, resümiert ein Mitglied der Unternehmensleitung. »Die Entscheidungen fallen zwar eindeutig langsamer als vorher, dafür aber im einzelnen fundierter. Mit Sicherheit aber kann man sagen, daß diese Form der Führung und der Zusammenarbeit für alle Mitarbeiter eine Bereicherung bedeutet. Ich war seinerzeit einer der größten Skeptiker. Bei allen Fragezeichen, die noch gesetzt werden müssen, sage ich aber heute: Das *kann* funktionieren!«

Die horizontale Kommunikation zwischen den verschiedenen Bereichen läßt zu wünschen übrig. Das »Bereichsdenken« ist nach Ansicht mehrerer Beteiligter immer noch ein großes Problem. Zuviel Energie muß in der gegenwärtigen Phase »nach innen«, in die Teambildung innerhalb der einzelnen Bereichsleitungen aufgewendet werden. Dazu kommt, daß alle unter hohem Arbeitsdruck stehen. Woher also die Zeit für noch mehr Sitzungen? »Wir haben ganz einfach unser Wachstum noch nicht verdaut.« Dies gilt für die Firma im allgemeinen und für das neue Führungsmodell im besonderen. »Es kommt mir vor, als wäre da ein Sämann im Laufschritt durch den Acker gehastet.«

In der Unternehmensleitung selbst ist der Prozeß des Lernens von »Gemeinschaft« und »Zusammenarbeit« zusätzlich erschwert: Bei ihrem heutigen Entwicklungsstand ist die Gruppe mit zwölf Mitgliedern für eine fruchtbare Diskussion im Grunde zu groß. Außerdem hat der Versuch einer Systematisierung des Managements in eine zunehmende Bürokratisierung geführt. »Wir laufen Gefahr, nur noch Tagesordnungspunkte abzuhaken, anstatt wirklich miteinander zu reden und mit gesundem Menschenverstand zu entscheiden.« Es zeigt sich: Neue Lösungen schaffen neue Probleme – und diese müssen auch wieder gelöst werden. Anpassungen an die Entwicklung sind notwendig. Das Modell ist selbst einem Wandel unterworfen.

Ideologieprobleme

Die Probleme im Innern sind vielleicht die schwierigsten, aber bei weitem nicht die einzigen. Im Kreise seiner Unternehmerkollegen erntet Herr Schweizer mit seinen Ideen nicht nur Beifall. Im Gegenteil, die meisten prophezeien ihm Schiffbruch:: »Das ist ja verrückt! So etwas kann nie funktionieren.« Doch dies bereitet ihm wenig Sorge. »Es ist nur schade, daß man keine Partner findet, mit denen man gemeinsam so etwas aufbauen und Erfahrungsaustausch betreiben könnte.« Zu fruchtbaren Diskussionen kommt es überhaupt nicht. Man wittert subversives Gedankengut, assoziiert »Kollektivismus«, »Sozialismus«, »Kommunismus«. Herr Schweizer fühlt sich nicht nur mißverstanden, sondern auch ein wenig isoliert.

Hier zeigt sich die wirkliche Gefahr für unsere freiheitliche Ordnung: die sofortige Verketzerung dessen, der aus der Reihe tanzt. Von der Konvention, von der »Linie« abweichende Ideen sind nicht Anlaß zur Diskussion, zur geistigen Auseinandersetzung, sondern zum Ausschluß. Der Unbotmäßige wird exkommuniziert.

Der Stein des Anstoßes ist die kollektive Verantwortung. »Ich werde mir ein anderes Wort für ›kollektive Verantwortung‹ einfallen lassen müssen. ›Kollektiv‹ scheint ein fürchterliches Reizwort zu sein. Man kann natürlich von ›Kooperation‹ reden, und das tun wir ja auch. Aber ›Zusammenarbeit‹ trifft das, was wir meinen, nicht genau. Kollektive Verantwortung – das ist es im Grunde, klar und präzise.«

Daß er von seinem Vokabular abrücken wird, ist wenig wahrscheinlich. Er hat es gar nicht nötig, seinen Überzeugungen untreu zu werden. Zudem macht ihm die Rolle des Hechts im Karpfenteich auch ein wenig Spaß – eine durchaus legitime Zusatzmotivation dessen, der sich ohne Rückendeckung in Neuland vorgewagt hat.

Vom Einzelfall zum Grundsätzlichen

Es kann hier nicht darum gehen, ein Einzelbeispiel zum Modellfall hochzustilisieren, die Lösungen, die in einer speziellen Situation gefunden wurden, zur allgemeinen Nachahmung zu empfehlen. Es ist in diesem Buch mehrfach dargestellt worden, daß in jedem Betrieb aufgrund der besonderen Gegebenheiten eigene Wege beschritten, individuelle Lösungen gefunden werden müssen.

Beispielhaft aber, um nicht zu sagen: allgemeingültig, sind in dem beschriebenen Einzelfall die Gründe, die zu einer Reform geführt haben – und die Schwierigkeiten, die mit ihrer Verwirklichung verbunden sind. Die doppelte Problematik wirtschaftlicher und psychologischer Faktoren, die Notwendigkeit von mehr Flexibilität, mehr Kreativität und mehr Effektivität, damit verbunden die Notwendigkeit einer stärkeren Identifikation der Mitarbeiter mit dem Unternehmen, und damit wiederum verbunden die Notwendigkeit einer direkten Mitbestimmung und Mitverantwortung – dies allerdings ist eine Ausgangslage, die in unserer Wirtschaft Anspruch auf Allgemeingültigkeit erheben kann.

Nachgerade klassisch sind aber auch die Probleme, die in der Umbruchphase auftreten. Da sind die Mitarbeiter, die zur Mitwirkung eingeladen sind – und die kneifen. »Freiheit«, sagte George B. Shaw, »bedeutet Verantwortung. Dies ist der Grund, weshalb die meisten Menschen sich vor ihr fürchten.« Da ist der Chef, der Macht teilen möchte, sich aber durch sein eigenes Verhalten immer wieder selbst im Wege steht. Da ist das Dilemma aller Beteiligten, Neues lernen und einüben zu wollen – gleichzeitig aber unter harten Konkurrenzbedingungen das laufende Geschäft bewältigen zu müssen: »Wir sind ja letzten Endes nicht eine Weiterbildungsinstitution, sondern ein Produktionsbetrieb.« Da sind die Konflikte, die ausgetragen werden müssen zwischen den einen, die mehr Gemeinsamkeit wollen, und den anderen, die lieber ihr eigenes Süppchen kochen möchten. Da sind die Monate und Jahre, die ins Land gehen – mit vielen Enttäuschungen und Fortschritten, die oft so klein sind, daß man sie gar nicht bewußt wahrnimmt: »Manchmal hat man das Gefühl, man macht einen Schritt vorwärts und zwei zurück.«

Und da sind die vielen, die das Ganze nicht verstehen, Umsturz wittern, Evolution und Revolution durcheinanderbringen. Bei ihnen verfängt nicht einmal das Argument einer Alternative zur Sozialisierung, denn »so weit haben die alle noch gar nicht gedacht«. Sozialisierung ist für sie ebenfalls nicht viel mehr als ein Reizwort. Der Boden für ernsthafte politische Diskussion ist gar nicht vorhanden. Qualifiziertes Denken muß erst gelernt werden.

Wahrhaftig: »Es gibt viel zu tun. Packen wir's an.« Wenn dieser Slogan nicht lediglich geschaffen worden wäre, um das nach der Ölkrise ramponierte Image einer multinationalen Ölgesellschaft durch massive Anzeigenkampagnen aufzupolieren, und wenn mit den Dingen, die es anzupacken gilt, nicht lediglich neue Erdölbohrungen und neue technische Errungenschaften, sondern auch die Veränderung unseres sozialen Zusammenlebens gemeint gewesen wäre – man möchte in den Gesang einstimmen. Doch erst wenige von denen, die sich selbst als Pioniere sehen, und die von den anderen gerne als Pioniere gesehen werden möchten, sehen den Schwerpunkt ihrer Aufgabe in dem Bereich, in dem der Nachholbedarf am größten ist: im Bereich der Gemeinschaftsbildung und in der Entwicklung von Partnerschaft.

NEUE DENKMODELLE

Immer kürzer werdende Lebenszyklen der Produkte, die Notwendigkeit einer breiten Sortimentsgestaltung, der Zwang zur Diversifikation der Fertigung und der Dienstleistungen – dies alles führt heute zu ununterbrochenen technischen und organisatorischen Umstellungen in den Betrieben. Die Internationalisierung der Märkte bedeutet darüber hinaus eine Anpassung an die unterschiedlichsten nationalen Konsumentenbedürfnisse und Gesetzesvorschriften, die Abhängigkeit von instabilen Währungsverhältnissen und das Damoklesschwert politischer Unsicherheitsfaktoren. Der Zwang zur Rationalisierung und die beschleunigte Entwicklung neuer Technologien bringen neben einer laufenden Umgestaltung der internen Organisation die Schaffung völlig neuer Tätigkeiten für die Mitarbeiter und fast nicht zu bewältigende Ausbildungsprobleme mit sich. Und endlich häufen sich Betriebsschließungen, Neugründungen und Firmenzusammenschlüsse. Sie bedeuten Verpflanzung von Menschen und Verschiebung von Mitteln im Großmaßstab. Sie bedeuten drastische Kursänderungen in ungezählten Einzelschicksalen, Interessenkonflikte gigantischen Ausmaßes und das plötzliche Aufeinanderprallen der unterschiedlichsten Führungsideologien.

Aber das ist nicht alles. Das einzelne Unternehmen gerät zusehends ins Spannungsfeld seiner sozialen Umwelt. Der Staat, die Gewerkschaften und die öffentliche Meinung machen in zunehmendem Maße ihren Einfluß geltend. Sie fordern auf der einen Seite laufend zusätzliche, zum Teil völlig neue Leistungen, schränken aber auf der anderen Seite laufend den Bewegungs- und Entscheidungsspielraum des Unternehmens weiter ein. Und da ist schließlich die Mitbestimmung. Sie verspricht, die Grundstruktur der Entscheidungsbildung im Unternehmen zu verändern.

Mit der Veränderung leben lernen

Die Veränderung ist also total, sie beschleunigt sich, und sie trifft im Kern. Ein derartiges Ausmaß an Wandel aber ist nur zu verkraften, wenn die Belegschaft engagiert mitmacht – wenn die Mitarbeiter gut informiert sind, von sich aus miteinander kommunizieren und den Mut haben, selbständig zu handeln. Dies aber ist aufgrund traditioneller Formen der Organisation und der Führung von vornherein nicht möglich. Die Frage, die sich heute stellt, lautet deshalb nicht, ob Veränderung notwendig ist. Die Frage lautet, wie lange wir noch leben, wenn wir uns nicht verändern. Die Frage lautet ferner, ob Veränderung etwas ist, das schicksalhaft hingenommen, passiv erduldet und wie eine bösartige Krankheit bis zum bitteren Ende durchgestanden werden muß – oder ob Veränderung geplant und bewußt gefördert werden kann. Und die Frage lautet, ob Veränderung – da sie nun mal unausweichlich geworden ist – durch Revolution, durch einen Big Bang und durch schmerzhafte Eingriffe oder durch Evolution, durch organische Umstrukturierung, durch einen schrittweisen, gemeinsamen Lernprozeß im Unternehmen stattfinden soll. Für das letztere zu sorgen, ist wahrscheinlich die wichtigste, die lohnendste und damit attraktivste Zukunftsaufgabe des Managements.

Strategiefragen

Wie aber soll die Veränderung in Gang gebracht werden? An Rezepten – vor allem an einfachen – fehlt es nicht. Die meisten schicken ihre Leitenden einfach in externe Kurse und auf Seminare, in der Hoffnung, daß sie dort Entscheidungsfindung und Menschenbehandlung lernen. Sie wollen »Veränderung«, meinen aber nur die der anderen. Wer wirklich etwas bewirken will, muß die Treppe von oben kehren. Er muß mit dem Trainung bei sich selbst beginnen, und er muß die Bereitschaft haben, bestehende Verhaltensmuster, Strukturen und Abläufe selbst in Frage zu stellen, durch andere in Frage stellen zu lassen – und auch konkret zu verändern.

Andere beteiligen die Mitarbeiter am Kapital oder am Gewinn des Unternehmens, in der Erwartung, damit bereits den entscheidenden Schritt getan zu haben. Doch dies erweist sich allzuoft als ein Schlag ins Wasser: Mitarbeiter, die sich am Arbeitsplatz und auf betrieblicher Ebene nicht an den Entscheidungen beteiligt fühlen, sind an einer finanziellen Beteiligung überhaupt nicht interessiert. Wer keinen direkten Einfluß auf die Gestaltung der gemeinsamen Zukunft hat, ist auch nicht bereit, das Risiko mitzutragen. In diesen Fragen tun sich viele Unternehmer so schwer, weil sie nicht aus einer antiquierten kapitalistischen Geisteswelt herausfinden. Es ist nicht in erster Linie der materielle Besitz, nicht die Funktion eines »Anteilseigners«, die die Menschen aufwertet. Was sie brauchen, ist das Gefühl, »Mitunternehmer« zu sein. Unternehmer aber ist, wer Einfluß auf das Geschick der Firma hat. Es ist deshalb durchaus möglich, Mitarbeiter durch direkte Mitwirkung glücklich zu machen, ohne sie am Kapital zu beteiligen. Aber es ist so gut wie aussichtslos, sie durch Kapitalbeteiligung allein beglücken zu wollen.

Wieder andere versuchen, neue Strukturen, die sie im stillen Kämmerlein ausgeheckt haben, kurzerhand einzuführen. Doch isolierte Maßnahmen und abrupte Eingriffe in das organisatorische Gefüge lösen Unruhe, Streß und Widerstände aus. Dies verkennen nicht nur hochfliegende Systemveränderer, sondern auch Heere von Technokraten und Organigrammstrategen klassischer Managementschule. Partnerschaft beginnt nicht damit, daß man sie anordnet, sondern damit, daß man gemeinsam nachdenkt, miteinander spricht, sich für die Meinung des anderen interessiert – und ihm Einfluß auf die Gestaltung der gemeinsamen Zukunft einräumt. Was wir heute brauchen, ist die Bescheidenheit, ist die Weisheit und sind die Nerven, um in unserer Gesellschaft und in jedem einzelnen Unternehmen kollektive Lernprozesse einzuleiten, systematisch zu fördern und – gesagt muß es sein – selbst mitzumachen. Das ist die Realität, und alles andere sind Illusionen.

Freiheit, die ich meine

Es ist im Grunde auch müßig zu fragen, ob die Veränderung nicht zuerst in der Familie und in der Schule stattfinden sollte – ob nicht erst »ein neuer Menschenschlag« geboren sein müßte, bevor man in den Betrieben an eine Veränderung bestehender Strukturen denken könnte. Erstens herrscht mit Ausnahme des Heeres in keinem sozialen Bereich ein so großes Demokratiedefizit wie in der Wirtschaft. Und zweitens bleibt uns wohl kaum die Zeit, jahrzehntelange soziale Entwicklungsprozesse abzuwarten und dann zu entscheiden, ob wir sie mitmachen wollen oder nicht. Die entscheidende Schlacht um unser freiheitliches Wirtschaftssystem wird heute geschlagen – und zwar nicht in der UNO, nicht im Bundestag und nicht in den Aufsichtsräten, sondern an der betrieblichen Front. Hier geht es darum, Freiheit und Gemeinschaft zu lernen.

Man muß heute außerordentlich vorsichtig sein, wenn in der Politik von »Freiheit« die Rede ist. Am meisten strapaziert wird der Begriff von Meinungsmachern, die in erster Linie ihren eigenen Entscheidungsspielraum gefährdet sehen. Die Zukunft unserer freiheitlichen Ordnung hängt aber nicht nur davon ab, ob beispielsweise der staatliche Einfluß auf das Wirtschaftsgeschehen etwas stärker oder etwas schwächer ausgeprägt ist, oder nach welchem Schlüssel mögliche Pattsituationen in einem paritätisch besetzten Aufsichtsrat geregelt werden. Sie hängt vor allem davon ab, ob es uns gelingt, mehr geistige und persönliche Freiheit dorthin zu bringen, wo die meisten Menschen ihr halbes Leben verbringen – an den Arbeitsplatz. Freiheit, wenn sie überhaupt etwas bedeutet, ist nicht das, wovon andere reden, sondern das, was man an eigener Selbstverwirklichung erlebt. Mehr Freiheit und mehr Gemeinschaft am Arbeitsplatz – dies wäre für viele Menschen der natürliche Weg zu einem echten Demokratieverständnis.

Humanisierung des Denkens

Zu antworten ist aber auch denjenigen, die der Meinung sind, für Demokratie zu sorgen sei Sache des Staates; die Aufgaben der Wirtschaft seien die Güterversorgung und die Erhaltung und Vermehrung von Wohlstand.

Die drei großen wirtschaftlichen Herausforderungen unserer Zeit, Geldentwertung, Wirtschaftsrückgang und Arbeitslosigkeit, sind das Resultat einer im Verhältnis zu den gestiegenen Konsumansprüchen ungenügenden produktiven Leistung. Die Hauptursache für den schlechten Leistungsgrad liegt in den hierarchisch-bürokratischen Organisations- und Führungsprinzipien in Wirtschaft und Verwaltung. Diese stehen nicht nur im Widerspruch zu den Bedürfnissen und Wertvorstellungen der Menschen, sondern sind auch unvereinbar mit der Dynamik der Arbeits- und Entscheidungsvorgänge in einer modernen Leistungsorganisation.

Das Ausschöpfen der brachliegenden Leistungsreserven setzt eine grundlegende Innovation der betrieblichen Sozialstrukturen voraus. Diese aber verlangt entsprechende Verhaltensänderungen und damit eine Verlagerung der Prioritäten auf psychologische und soziale Aspekte der Unternehmensführung. Sie bedeutet das Ende der Technokratie.

Fortschritt in der heutigen Zeit setzt also ein ganz anderes Wirtschaftlichkeitsdenken voraus: Die Sozialstruktur eines Unternehmens, das zukünftigen Aufgaben gewachsen sein soll, muß systematisch entwickelt werden.

Organisationsentwicklung ist – im Gegensatz zum technokratischen Pragmatismus herkömmlichen Managertums – eine Lernstrategie und damit langfristig ausgerichtet. Die meisten Manager stehen aber unter einem permanenten, kurzfristigen Erfolgszwang und betrachten infolgedessen alles, was länger als ein paar Wochen oder Monate dauert, von vornherein als »kontraproduktiv«. Dies ist der Fetisch »Effizienz«. Hinter ihm verbirgt sich in der Regel nichts anderes als die Unfähigkeit – oder die mangelnde Bereitschaft –, über den Tag hinaus zu denken.

Dies hat nichts mit Intelligenzmangel zu tun, sondern mit dem, was man das Dominospiel der Hierarchie nennen könnte: Die Mitarbeiter aller Stufen werden von ihren jeweiligen Vorgesetzten laufend mit kurz- und mittelfristigen Forderungen und Kurskorrekturen bombardiert, ununterbrochen in Zugzwang versetzt und in Trab gehalten sowie aufgrund entsprechend kurzfristig produzierter Ergebnisse bewertet und ausgelesen. Kaum jemand gelangt heutzutage durch das zu Lorbeeren, was er für die langfristige Funktionsfähigkeit der Organisation tut. Im Gegenteil: Wer gemeinsames Nachdenken und Diskutieren über Grundsatzfragen anregt, kommt in den Geruch, kein Geschäftsmann zu sein, das wesentliche Ziel der Unternehmung, nämlich zu produzieren und Geld zu verdienen, aus den Augen verloren zu haben. »Es hat noch niemand durch Reden Geld verdient.« Dies ist eine der typischen Phrasen, mit denen Manager sich gegenseitig vom Nachdenken abhalten.

So, wie viele Menschen einen ersten Herzinfarkt oder sonst einen existentiellen Schock überleben müssen, um sich auf das Grundsätzliche zu besinnen, ihr Leben bewußter zu gestalten und bewußter zu leben, genauso scheinen viele Unternehmungen erst dann in der Lage zu sein, ihre innere Verfassung grundsätzlich zu überdenken, wenn sie durch eine Krise, die ihren Fortbestand in Frage stellt, dazu gezwungen werden. In einer akuten Krisensituation kann aber durch langwierige Prozesse in der Regel ohnehin nicht mehr Remedur geschaffen werden. Die Entwicklung in der Wirtschaft wird sich deshalb nach dem darwinistischen Selektionsprinzip vollziehen. Einige Unternehmen werden die Notwendigkeit des Wandels nicht rechtzeitig erkennen. Sie werden wirtschaftlich nicht lebensfähig bleiben und von der Bildfläche verschwinden. Andere werden den Wandel rechtzeitig als Chance erkennen und bewußt vorantreiben. Sie werden das Gesicht der Arbeitswelt von morgen prägen.

Feuer von rechts und von links

Aber auch diejenigen, die sich rechtzeitig für den langfristigen Weg der Organisationsentwicklung entschließen, haben es nicht leicht. Wer hierarchische und bürokratische Verhältnisse ändern will, kann nicht mit Applaus von allen Seiten rechnen. Er gerät, wie die Erfahrung zeigt, mit an Sicherheit grenzender Wahrscheinlichkeit ins Kreuzfeuer der Kritik. Die einen werden die Bereitschaft zur gemeinsamen Willensbildung als Schwäche auslegen, Chaos wittern und die Funktionsfähigkeit des Unternehmens gefährdet sehen – nach dem Motto: »Es untergräbt das Vertrauen in die Führung, wenn man den Leuten erlaubt, sich ihre eigene Meinung zu bilden.« Anderen wird alles zu langsam gehen. Sie werden – lediglich unter anderem Vorwand – ein und dasselbe verlangen: autoritäres Durchgreifen.

Einige Moralisten werden besorgt fragen, ob die gezielte Veränderung, und sei sie noch so wohlgemeint, nicht einer »Indoktrination«, einer unterschwelligen Manipulation der Mitarbeiter gleichkomme, die möglicherweise gar keine Veränderung wollen. Die Klassenkämpfer vom Dienst werden in den angestrebten Reformen nichts anderes sehen als eine humanitär bemäntelte Rationalisierung zum Zwecke einer noch konsequenteren, noch raffinierteren Ausbeutung der

Mitarbeiter. Und einige ganz Linke werden den Evolutionsgedanken als solchen von vornherein ablehnen, weil ein Lernprozeß die revolutionäre Veränderung verzögern oder gar verhindern könnte. Womit sie zweifellos völlig recht haben.

Schmerzen im Innern

Doch die größte Belastung ist nicht die Kritik von außen, sondern die Veränderung im Innern. Dies ist der schwierigste Punkt: Organisationsentwicklung ist kein Sandkastenspiel, keine Trockenübung, sondern ernstgemeinte innovative Arbeit. Sie ist der Versuch, die unausweichlich gewordene Entwicklung betrieblicher Sozialstrukturen und menschlichen Sozialverhaltens nicht schicksalhaft hinzunehmen, sondern durch aktive Beteiligung der Mitarbeiter an den Entscheidungsvorgängen gezielt zu fördern. Es hieße, sich etwas in die Tasche lügen, wenn man nicht akzeptieren würde, daß sich hierbei Änderungen im Machtgefüge vollziehen. Man kann die Mitarbeiter nicht mitreden lassen und dann etwas anderes entscheiden. Man kann mit ihnen auch nicht nur über das Handtuch im Klo und den Kaffeeautomaten im Pausenraum reden. Man muß mit ihnen über all das reden, was bei der Erfüllung der gemeinsamen Aufgabe eine Rolle spielt – die Werkzeuge, die Maschinen, die Arbeitsabläufe, der Führungsstil, das Lohnsystem.

Es geht also bei der Organisationsentwicklung um wesentlich mehr als lediglich um die Anwendung bestimmter, sozialwissenschaftlich fundierter Managementtechniken. Es geht um eine Haltung, um persönliche Überzeugungen, um geistige Auseinandersetzung. Um dieses persönliche Betroffensein kommt keiner herum, der wirklich etwas verändern will. Macht zu teilen, tut immer weh – auch wenn man dafür noch so reichlich entschädigt wird.

Wenn Organisationsentwicklung betrieben wird, sind aber nicht nur Mitarbeiter und Management, sondern auch der Betriebsrat und die Gewerkschaft betroffen. Hier aber liegt ein großes Problem. In der Bundesrepublik stehen die Gewerkschaften – anders als etwa in Skandinavien – der Organisationsentwicklung skeptisch bis ablehnend gegenüber. Die Kritik setzt auf vielen Ebenen an. Etwa: »Organisationsentwicklung ist eine der vielen Strategien, die das kapitalistische Management entwickelt hat, um die Unterwerfung menschlicher Arbeit unter die Zwänge maschineller und bürokratischer Systeme zu ermöglichen und zu beschleunigen. Organisationsentwicklung ist nichts anderes als eine durch einen ›human touch‹ getarnte Rationalisierungsstrategie, die letztlich nur zu einer höheren Belastung und damit zu einer noch konsequenteren Ausbeutung der Mitarbeiter führt.« Oder: »Organisationsentwicklung bezweckt die Anpassung der Beschäftigten an das Produktionssystem. Die menschlichen Widerstände gegen Entfremdung und Ausbeutung werden unterlaufen. An die Stelle des Kommandos in der klassischen Bürokratie treten Dinge wie ›Zielabsprache‹ oder ›Mitarbeitermotivation‹, also die subtile Ausleuchtung und Manipulation der menschlichen Bedürfnisse. Organisationsentwicklung ist eine Integrationsstrategie, durch welche die Abhängigkeit der Beschäftigten verstärkt und gefestigt wird.« Oder: »Die ganze Humanisierungsforschung hat bisher wenig gebracht, jedenfalls nicht für die Betroffenen in den Betrieben. Herausgekommen ist höchstens eine Förderung von wissenschaftlichen Instituten und Beratern.«

Um es gleich vorwegzunehmen: Die Kritik der Gewerkschaften ist nicht von vornherein und in allen Punkten unbegründet. Es stimmt, daß unter dem Motto »Humanisierung« vieles läuft (und zum Teil staatlich subventioniert wird), was in erster Linie als technokratische Rationalisierung gedacht ist. Es stimmt auch, daß wissenschaftliche Institute und Berater einen Boom erleben – und dies nicht immer zum Wohle des Unternehmens oder der Mitarbeiter. Ich weiß von bedeutenden Projekten, die ausschließlich deshalb gescheitert sind, weil zu viele externe »Köche« mitgemischt haben, von denen jeder nur seine eigenen Interessen und Ideologien zu verwirklichen suchte und keiner bereit war, sich mit den anderen »Experten« an einen Tisch zu setzen, um mögliche Zielkonflikte vor Inangriffnahme der Arbeit im Kreise der Kollegen anstatt im Laufe des Projektes auf dem Rücken des Klienten auszutragen.

Nur: Die Gewerkschaften schütten das Kind mit dem Bade aus. Mit etwas gutem Willen läßt sich auch aus der deutschen Organisationsentwicklungs- und Humanisierungsszene sehr viel Sinnvolles, wenn auch nicht immer Spektakuläres berichten. Mir ist jedoch kein einziger derartiger Fall bekannt, der von gewerkschaftlicher Seite anerkennend erwähnt, geschweige denn systematisch gefördert oder gar initiiert worden wäre. Kein Zweifel: Hinter der passiven Haltung und der einseitigen Kritik verbergen sich grundsätzlichere Bedenken. Erfolgreiche Organisationsentwicklung bringt zwar auch, aber nicht nur, mehr Wirtschaftlichkeit. Sie bringt unter anderem mehr Handlungsspielraum an die Basis, d.h. mehr Einfluß der Mitarbeiter auf die Entscheidungen. Daß damit eine stärkere Identifikation mit dem Unternehmen verbunden ist, ist allerdings nicht zu bestreiten. Die Frage ist lediglich, wie man dies bewertet.

Hier liegt das tragische Dilemma der Gewerkschaften: Als Anwälte der Arbeitnehmerinteressen müßten sie eigentlich alles fördern und entwickeln, was den Beschäftigten mehr Selbständigkeit und mehr Einfluß – und zwar *direkten* Einfluß – bringt. Gleichzeitig verspricht sich aber die Gewerkschaft von einer Zunahme des Einflusses an der Basis einen schleichenden Abbau der eigenen, der gewerkschaftlichen Macht. »Autonome Gruppen gibt es nicht.« Dieser Satz stammt von einem einflußreichen Gewerkschaftsvertreter, der ein umfangreiches Humanisierungsprojekt, das wissenschaftlich begleitet und staatlich unterstützt werden sollte, zu Fall gebracht hat.

Man muß sich jedoch auch hier vor Verallgemeinerungen hüten. In den Reihen der Gewerkschaften herrscht eine ähnliche Meinungs- und Ideologienvielfalt wie unter betrieblichen Führungskräften und Unternehmern. Auch auf gewerkschaftlicher Seite fehlt es oft ganz einfach an dem notwendigen Grundwissen und an einschlägigen praktischen Erfahrungen. Auch hier werden Desorientierung und Ratlosigkeit mit markigen Sprüchen übertönt, die Klarheit der Ziele und Konsens bezüglich der zu beschreitenden Wege vortäuschen sollen. Und genau wie das Management befindet sich die Gewerkschaft in einem nicht wegzudiskutierenden Rollenkonflikt. Die Zunahme des Einflusses der Mitarbeiter an der Basis geht nicht nur auf Kosten hierarchischer Macht des Linienmanagements, sondern auch auf Kosten zentralisierter Macht der Vertretungs-Hierarchien. Mit anderen Worten: Gerade *wenn* Organisationsentwicklung nicht als Alibi-Übung verläuft, sondern ihrem emanzipatorischen Anspruch gerecht wird, bedeutet dies notwendigerweise Veränderung auch und nicht zuletzt bei den Gewerkschaften.

Wir sind ganz am Anfang

Die angewandte Organisationspsychologie befindet sich zur Zeit in der Pionierphase. Daß wir auf allen Stufen mehr persönliches Engagement, mehr Zusammenarbeit und mehr Verantwortungsbereitschaft brauchen, darüber sind sich zwar heute alle einig. Daß aber die Art und Weise, wie wir organisiert sind – das heißt, wie wir die Aufgaben verteilt haben und die Entscheidungen treffen –, diesem Ziel diametral entgegengesetzt ist, darüber sind sich heute erst wenige im klaren. Das grundsätzliche Infragestellen der herkömmlichen Organisationsprinzipien ist tabu. Die Auseinandersetzung mit dem Thema »Hierarchie« bleibt Sozialwissenschaftlern und linken Chaoten vorbehalten.

Dies hat zum einen damit zu tun, daß nicht nur Wirtschaftsunternehmen und Staatsbetriebe, sondern praktisch alle unsere Organisationen – die politischen Parteien, die Gewerkschaften, aber auch die Kirchen, die Universitäten, die Kliniken – hierarchisch und bürokratisch organisiert sind. Wir kennen überhaupt nichts anderes.

Zum zweiten sind die wissenschaftlichen Erkenntnisse, die zu einem neuen Menschenbild und zu einem neuen Organisationsverständnis geführt haben, verhältnismäßig neu und haben noch kaum Eingang gefunden in das Denken der Führer unserer Organisationen. Diejenigen, von denen die entscheidenden Impulse zu strukturellen und verhaltensmäßigen Reformen in unseren Organisationen eigentlich kommen müßten – die Politiker, die Unternehmer, die Gewerkschaftsführer –, sind heute teils aus ihrem eingeübten Rollenverständnis heraus, teils aus zeitlicher Überlastung, teils aber schlicht aufgrund eines sozialpsychologischen Bildungsdefizits gar nicht dazu in der Lage.

Ihre Situation läßt sich vergleichen mit derjenigen der Ärzte. Wir wissen heute, daß der weitaus größte Teil der Leiden, mit denen die Patienten zum Arzt kommen, psychische und soziale Ursachen hat. Der Arzt ist aber gar nicht in der Lage, diesen Ursachen nachzugehen; erstens, weil er dafür nicht ausgebildet ist, und zweitens, weil er dafür keine Zeit hat. Es bleibt deshalb bei der Behandlung von Symptomen. Das Resultat ist die Ineffizienz des Gesamtsystems – sind zu viele Tote, zu viele Kranke und Kosten, die uns fast erdrücken.

Die Zukunft gestalten

Die Arbeitswelt ist ein ähnlich komplexes System. Wir haben auch hier neue Einsichten in psychologische und soziale Zusammenhänge gewonnen. Wir müssen ökologisch denken, komplexe Wechselwirkungen zwischen Umwelteinflüssen und menschlichem Verhalten verstehen, längerfristige Entwicklungsprozesse einleiten und steuern lernen. Die Erkenntnis drängt sich heute geradezu auf, daß es ohne sozialen und organisatorischen Wandel keine Wirtschaftlichkeit mehr geben wird. Humanisierung und Mitbestimmung – von vielen zu Unrecht noch immer in den Bereich der reinen Sozialethik verwiesen – sind integrierende Bestandteile einer zukunftsgerichteten, wissenschaftlich begründeten Führungskonzeption.

Zugegeben: Was die moderne Sozialwissenschaft unter Mitbestimmung versteht, und was die Politik daraus gemacht hat, sind zwei Paar Schuhe. Doch dies entbindet niemanden von der Aufgabe, sich kritisch und unvoreingenommen mit den Problemen menschlichen Zusammenlebens und Zusammenwirkens – in unserer Gesellschaft im allgemeinen und in der Unternehmung im speziellen – auseinanderzusetzen. Im Gegenteil: Wer als Unternehmer auch in den kommenden Jahren noch Freude an seinem Beruf haben will, muß sich gerade mit diesen Problemen befassen. Und wer nicht blind ist, kann im Grunde gar nicht anders: Er wird früher oder später einen Sozialreformer in sich entdecken. Er wird den Wandel mit den ihm zur Verfügung stehenden Mitteln und dort, wo er wirklich nottut, in die Hand nehmen wollen.

Wir könnten mit gleich vielen Menschen eine wesentlich größere produktive Leistung erbringen, als dies heute der Fall ist. Diese Menschen könnten zufriedener und gesünder sein. Und das Geld, mit dem heute Millionen von Kranken und Arbeitslosen finanziert werden müssen, würde möglicherweise reichen, um sinnvolle Arbeit für alle Gesunden zu schaffen. Wir könnten mehr Vertrauen in eine gemeinsame Zukunft haben – und dazu noch, ohne selbst darben zu müssen, vermehrt denen auf dieser Welt helfen, die heute noch verhungern müssen.

Utopie? Jeremias Gotthelf hat die Antwort gegeben: »Wer es nicht der Mühe wert findet, bessere Zeiten herbeiführen zu helfen, der ist auch nicht gut genug für bessere Zeiten.«

GLOSSAR

Im nachfolgenden Stichwortverzeichnis sind rund hundert der häufigsten Begriffe und Fachausdrücke der Organisationspsychologie kurz erklärt, und zwar unabhängig davon, ob sie vom Autor verwendet werden oder nicht. Es soll dem Leser ermöglichen, jederzeit den einen oder anderen Ausdruck des psychologischen »Fachchinesisch« nachzuschlagen, der sich in den allgemeinen Managementjargon oder gar in unsere tägliche Umgangssprache eingeschlichen hat.

Die im Verzeichnis enthaltenen und erklärten Stichwörter sind im Text der Erklärungen *kursiv* gedruckt.

Action Research
  Aktionsforschung

Aggression
  Angriff; absichtliche Schädigung, Verletzung oder Zerstörung.

Aktionsforschung
  Fortlaufender Prozeß von Diagnose – Maßnahmenplanung – Diagnose bei Veränderungsprojekten im Rahmen der *Organisationsentwicklung.* Aufgrund von *Mitarbeiterbefragungen,* Gruppendiskussionen etc. werden Probleme und Schwachstellen diagnostiziert. Davon ausgehend erfolgt eine entsprechende Maßnahmenplanung (*Intervention),* deren Auswirkungen wiederum untersucht werden und zu entsprechenden Folgemaßnahmen führen. Laufendes Überprüfen der Organisation nach strukturellen und psychologischen Mängeln.

Arbeitsstrukturierung
  Sammelbegriff für Techniken zur menschengerechten Gestaltung der Arbeit, u.a. *Job Enlargement, Job Enrichment, Job Rotation, autonome Gruppen.*

authentisches Verhalten
  In der *Gruppendynamik* Ausdruck für offenes, unverkrampftes, auf Einsichtsbereitschaft und Vertrauen beruhendes zwischenmenschliches Verhalten. Aus seinem Herzen keine Mördergrube

machen. Lernziel im *gruppendynamischen Training:* Zuhörenkönnen und offen, aber nicht verletzend Kritik äußern, das heißt geben und akzeptieren von *Feed-back.*

autoritativ

Einflußreich, maßgebend.

autonome Gruppe

Auch »selbststeuernde« Gruppe: selbständige, nicht durch einen Vorgesetzten geleitete, kollektiv für einen Teil des Arbeitsprozesses verantwortliche Mitarbeitergruppe. Wichtig für die Gestaltung flexibler und partizipativer Formen der Arbeitsorganisation. Grundlage der Mitbestimmung am Arbeitsplatz. Da in hierarchischen Organisationen der Entscheidungsspielraum einer Arbeitsgruppe meist ziemlich begrenzt bleibt, wird heute in der Regel von *teilautonomen Arbeitsgruppen* gesprochen.

autoritär

Selbstherrlich. Autoritäre Führung: Führung durch Anwendung von Macht, das heißt durch Anordnung und Kontrolle, Lob und Tadel. Autoritäre Persönlichkeit (nach Th. W. Adorno): konformistisch (im Konventionellen verhaftet), konservativ (Widerstand gegen Veränderung), rationalistisch (Unterdrückung der Gefühle, Humor- und Phantasielosigkeit), schematisches Denken (starr an Klischees orientiert), mißtrauisch gegenüber Mitmenschen (zwanghaftes Kontrollbedürfnis), selbstgerecht (unfähig, sich selbst in Frage zu stellen). Ganz allgemein: Ausrichtung auf Macht anstatt auf offene Verständigung.

Autorität (1) Einfluß, Macht, Ansehen, (2) einflußreiche Person, angesehener Fachmann, (3) Behörde, Obrigkeit.

Back-home

In der *Gruppendynamik* Begriff für die Rückkehr in den Arbeits- oder Familienalltag nach einem Training in Klausur. Betrifft u.a. die Schwierigkeit, das in einer Laboratoriumssituation Gelernte in den praktischen Alltag zu übertragen (*Transfer).*

Brainstorming

Methode zur Ideenfindung und Problemlösung in Gruppen. Grundregeln: freies Produzieren von Ideen, Aufnehmen und Weiterführen von Gedanken anderer, Verzicht auf Kritik.

Bürokratie

Pedantischer Formalismus, engstirnige Beamtenherrschaft. Organisation, die durch eine Vielzahl vorgegebener Abläufe, durch schriftlich fixierte Regelungen und Verhaltensvorschriften, die für den einzelnen keinen erkennbaren Sinn mehr haben, schwerfällig und unproduktiv geworden ist.

Change Agent

Im engeren Sinne betriebsinterner oder -externer Berater oder

Trainer im Rahmen der *Organisationsentwicklung.* Im weiteren Sinne jede Person, die bei anderen Personen Verhaltensänderungen bewirkt, ohne Macht auszuüben (*Katalysator).*

Clique

»Staat im Staat«; informelle Gruppierung (innerhalb einer bestehenden Gruppe oder Organisation), die sich nicht an die allgemeinen Spielregeln hält.

Coach

Betreuer und Berater eines Sportlers oder einer Mannschaft. Im übertragenen Sinne Ausdruck für einen Vorgesetzten, der ein unterstützendes Führungsverhalten zeigt.

Dominanz

Überlegenheit, Vorherrschaft im Rahmen einer *Hierarchie.*

empirisches Lernen

Praktisches Lernen durch Erfahrung »am eigenen Leib« im Gegensatz zu theoretischem Lernen von Wissensstoff. Betrifft vor allem soziales Lernen im Rahmen der *Organisationsentwicklung* im allgemeinen und des *gruppendynamischen Trainings* im speziellen.

Encounter

Wörtlich: Begegnung. Sammelbegriff für verschiedene, auf *Selbsterfahrung* in Gruppen beruhende Lernmethoden. Hauptziele sind unmittelbarer Kontakt, menschliche Nähe und Wärme, weniger die Analyse und das Verstehen von Gruppenprozessen. Der Schwerpunkt liegt auf dem Ausdrücken von Gefühlen, vor allem auch durch *nichtverbale Kommunikation.*

Entfremdung

Unbestimmtes Gefühl der Fremdheit, der Anonymität, der Verlassenheit, der Sinn- und Ausweglosigkeit, der Ohnmacht. Psychologisch: Identitätskrise des Individuums bei gestörten oder durch organisatorische Zwänge unterdrückten sozialen Umweltbeziehungen. Der Begriff wird oft verwendet als Synonym für *Frustration.*

Ethologie

Vergleichende Verhaltensforschung.

»face-to-face«-Interaktion

Direkte, persönliche Verständigung (*Kommunikation)* von Angesicht zu Angesicht, zum Beispiel in einem Gruppengespräch.

Family Group

Organisatorische »Familie«, *Familien-Gruppe.*

Familien-Gruppe

In der *Gruppendynamik* eine *Trainingsgruppe,* deren Mitglieder auch in der täglichen Arbeit miteinander in direktem Kontakt stehen. Im Gegensatz zu *Fremden-Gruppe.*

Feed-back

Wörtlich: Rückkoppelung, Rückmeldung. Ein der *Kybernetik* entlehnter Begriff für ein wichtiges Prinzip in der *Gruppendynamik:* spontanes Reagieren auf das Verhalten eines anderen, Mitteilen von persönlichen Beobachtungen und Gefühlen, die im normalen Alltagskontakt unterdrückt oder verschwiegen werden. Jemandem offen, aber nicht verletzend sagen, wie er auf einen wirkt, was für Gefühle sein Verhalten bei einem auslöst, wie man zu ihm steht. Feed-back ist eine wichtige Voraussetzung für natürliches soziales Lernen, das heißt für nicht durch Macht erzwungene Verhaltensänderungen.

Fish Bowl

Gruppendynamische Übung, bei welcher eine Teilnehmergruppe einen inneren Kreis bildet und ein Problem bespricht, während eine zweite Gruppe einen äußeren Kreis bildet, die arbeitende Gruppe beobachtet und ihr anschließend *Feed-back* gibt.

formelle Gruppe

Gruppe, deren Struktur (*Gruppenstruktur)* durch bestimmte Vorschriften geregelt und festgelegt ist, zum Beispiel eine Arbeitsgruppe in einem Betrieb. Im Gegensatz zu *informelle Gruppe.*

Fremden-Gruppe

In der *Gruppendynamik* eine *Trainingsgruppe,* deren Mitglieder sich zu Beginn der Veranstaltung persönlich nicht kennen. Im Gegensatz zu *Familien-Gruppe.*

Frustration

Unzufriedenheit, Unerfülltsein oder Enttäuschung als Folge von Versagung bei nicht befriedigten Bedürfnissen. Bewußtes oder unbewußtes Erlebnis des Zukurzkommens.

Grid

Kurzform für Managerial Grid, *Verhaltensgitter.*

Großgruppe

Gruppe, deren Mitglieder zwar durch eine *Gruppenstruktur* miteinander verbunden sind, sich jedoch nicht alle persönlich kennen oder mindestens nicht in direktem Kontakt stehen (zum Beispiel Partei, Gewerkschaft etc.). Im Gegensatz zu *Kleingruppe.*

Gruppe

Mehrere Personen, die in irgendeiner Form miteinander in Verbindung (*Kommunikation)* stehen. Die Gruppe unterscheidet sich von der *Masse* dadurch, daß sie eine Struktur hat (*Gruppenstruktur),* die bei den Mitgliedern zu einem Zusammengehörigkeitsgefühl (»Wir-Gefühl«) führt. Unterscheidungen: *Kleingruppen* und *Großgruppen, Primärgruppen* und *Sekundärgruppen, formelle* und *informelle Gruppen.*

Gruppendynamik
Der Begriff (nach K.Lewin) hat drei verschiedene Bedeutungen: (1) Lehre von den Verhaltensweisen in und zwischen *Gruppen*. Kleingruppenforschung als Zweig der Sozialpsychologie. (2) Sammelbegriff für die auf *Selbsterfahrung* in *Gruppen* beruhenden Lernmethoden, deren Urform und bekannteste Variante das *Sensitivity Training* ist. (3) Oft auch verwendet für die in *Gruppen* ablaufenden psychologischen Vorgänge (zum Beispiel Cliquenbildung, Meinungsumschwung etc.).

gruppendynamisches Laboratorium
In der *Gruppendynamik* eine Lernveranstaltung mit mehreren *Trainingsgruppen* und mehrfachen Lernzielen (Verbesserung der individuellen Kommunikations- und Kooperationsfähigkeit, Verständnis für Vorgänge in Kleingruppen, Verständnis für Vorgänge zwischen Gruppen).

gruppendynamisches Training
Labortraining

Gruppenkonsens
Übereinstimmung oder Übereinkunft aller Mitglieder einer *Gruppe* aufgrund eingehender Diskussion, Erwägung aller Einflußfaktoren und Einsicht in die gegenseitigen Abhängigkeiten. Echte Gruppenentscheidung im Gegensatz zu Mehrheitsbeschlüssen (Vergewaltigung von Minderheiten) oder Schiedssprüchen (autoritäre Entscheidung).

Gruppenprozeß
Ablauf und Entwicklung der psychologischen Vorgänge innerhalb einer *Gruppe*. In der *Gruppendynamik* wird unterschieden zwischen dem Inhalt einer Aufgabe oder einer Diskussion und dem Prozeß. Der Inhalt ist das, *was* eine Gruppe tut (zum Beispiel Budgetberatung), der Prozeß ist das, *wie* sie es tut (zum Beispiel ineffektiv, weil Interessenkonflikte zwischen den Mitgliedern nicht offen besprochen werden).

Gruppenstruktur
Eine *Gruppe* unterscheidet sich von einer *Masse* durch das Vorhandensein einer Struktur, nämlich (1) gemeinsame Interessen (*Ziele*), (2) bestimmte Spielregeln und Wertvorstellungen (*Normen*) und (3) eine bestimmte Arbeits- oder Funktionsteilung (*Rollen*). Voraussetzung für das Entstehen einer Struktur ist *Kommunikation*.

Hackordnung
Ausdruck für *soziale Rangordnung* bei Tieren, die zuerst bei Hühnern erforscht wurde. Innerhalb einer Hühnerschar ist genau festgelegt, wer wem überlegen ist, das heißt u.a., wer wen hacken darf und wer nicht.

Hierarchie

Wörtlich: heilige Ordnung, Herrschaft der Heiligen. Auf Einzelverantwortung, Spezialisierung und Rangordnung beruhende, pyramidenförmig nach oben sich verjüngende und in eine Ein-Mann-Spitze mündende Organisation mit mehreren, meist vielen Stufen von sogenannten »Vorgesetzten« und »Untergebenen«, von denen jeder innerhalb seines eigenen, fest abgegrenzten Zuständigkeitsbereiches mehr oder weniger weitreichende, außerhalb seines Zuständigkeitsbereiches wenig bis gar keine Einflußmöglichkeiten hat. Oft vereinfachend verwendet als Synonym für »Rangordnung« oder »soziale Rangordnung«.

Hier-und-jetzt

Wichtiger Grundsatz im *gruppendynamischen Training:* Beschränkung der Diskussion auf das gegenwärtige Geschehen in der Gruppe, also auf das, was sich vor Ort im direkten Kontakt zwischen den Gruppenmitgliedern abspielt – im Gegensatz zur Analyse von Erlebnissen der Teilnehmer in der Vergangenheit (Kindheit, Familien- oder Liebesleben etc.).

Homöostase

Fließgleichgewicht selbstregulierender Systeme in der Natur oder in der Technik (*Kybernetik).*

Humanisierung

Sammelbegriff für alle Bestrebungen zur menschengerechten Gestaltung sozialen Zusammenlebens im allgemeinen und betrieblicher Organisationen im speziellen.

Human Relations

Auf E. Mayo zurückgehender Begriff für eine betriebswissenschaftliche Denkrichtung (»Schule«), wonach das Verhalten der Menschen innerhalb einer *Organisation* beeinflußt wird durch soziale Bedürfnisse, die zur Bildung von *informellen Gruppen* führen.

Hygienefaktoren

Ausdruck von F. Herzberg für diejenigen Faktoren des Arbeitslebens, die kein engagiertes Leistungsverhalten (*Motivation),* wohl aber Unzufriedenheit bewirken können: Lohn, Betriebsklima, organisatorische Abläufe etc. Im Gegensatz zu *Motivatoren.*

informelle Gruppe

Gruppe, deren Struktur auf persönlichen Beziehungen und Gefühlen beruht, nicht aber durch bestimmte, allen Beteiligten bekannte Vorschriften festgelegt ist.

Input

Eingang oder Eingabe von Information (Computertechnik). Im übertragenen Sinne Ausdruck für aufgenommenen Reiz oder Gedanken.

Interaktion

Wörtlich: Wechselwirkung. Sinngemäß: wechselseitige Beeinflussung durch *Kommunikation.* Alles das, was sich beim Informationsaustausch zwischen Individuen oder Gruppen abspielt. Der *Kybernetik* entlehnter Begriff für die Beziehung zwischen sich wechselseitig beeinflussenden Elementen. Der dynamische Aspekt von Kommunikation.

Interdependenz

Wechselseitige Abhängigkeit (zum Beispiel der Individuen innerhalb einer Gruppe oder verschiedener Gruppen innerhalb einer Organisation).

Intervention

Geplante Maßnahme zur Einwirkung auf das betriebliche Geschehen. In der *Organisationsentwicklung* Maßnahme, die zu Struktur-, Ablauf- oder Verhaltensänderungen führt (zum Beispiel *Mitarbeiterbefragung, Arbeitsstrukturierung* etc.).

Intergruppen-Laboratorium

In der *Gruppendynamik* eine Klausurveranstaltung, in der zwei oder mehrere Gruppen gemeinsam die zwischen ihnen bestehenden Beziehungen analysieren.

Job Design

Arbeitsstruktuierung. Oberbegriff für Techniken zur menschengerechten Gestaltung der Arbeit. Betrifft vor allem: *Job Enlargement, Job Enrichment, Job Rotation, autonome Gruppen.*

Job Enlargement

Arbeitserweiterung. Erweiterung des Arbeitsinhaltes durch Aneinanderreihen mehrerer aufeinanderfolgender Arbeitsschritte. Aufwertung der Arbeit hinsichtlich Abwechslung. Erweiterung des sogenannten »Tätigkeitsspielraumes«.

Job Enrichment

Arbeitsbereicherung. Anreicherung der Aufgabe mit Entscheidungsbefugnissen, Planungs- und Kontrollfunktionen. Aufwertung der Arbeit hinsichtlich Selbständigkeit und Verantwortung. Erweiterung des sogenannten »Handlungsspielraumes«.

Job Rotation

Arbeitswechsel. Wechsel des Arbeitsplatzes oder des Arbeitsinhaltes als organisatorische Lösung zur Bekämpfung der Monotonie oder für die gezielte Weiterbildung der Mitarbeiter.

Katalysator

Praktisch gleichbedeutend wie *Change Agent:* Berater oder *Trainer* im Rahmen der *Organisationsentwicklung.* Bezeichnet die Rolle des Helfers bei Veränderungsprozessen, der durch *nichtdirektives Verhalten* bei anderen Verhaltensänderungen bewirkt, ohne Macht auszuüben.

Kleingruppe

Gruppe, deren Mitglieder sich alle persönlich kennen und in direktem Kontakt miteinander stehen (zum Beispiel Familie, Arbeitsgruppe etc.). Im Gegensatz zu *Großgruppe.*

Kommunikation

Wörtlich: Verbindung, Mitteilung. Sinngemäß: Verständigung, Informationsaustausch. Wird oft verwendet als Begriff für Transport von Information schlechthin. Kommunikation im eigentlichen Sinne ist jedoch erst dann gegeben, wenn die von einem »Sender« abgeschickte Information von einem »Empfänger« aufgenommen wird und bei diesem zu einer Reaktion (Verhaltensänderung) führt, zum Beispiel zu einer »Antwort« (*Feed-back).* Kommunikation ist die Grundlage jeder Verhaltensänderung, jeder zwischenmenschlichen Beziehung, jedes Lernens, ja unserer Fähigkeit, zu denken und zu fühlen. Die wichtigste Form der Kommunikation ist die Sprache, das miteinander Reden. Andere Formen: Blickkontakt, Gesichtsausdruck, Körperhaltung und -bewegungen, Körperberührung etc.

Konfliktmanagement

Entkrampfung gestörter Beziehungen zwischen Individuen oder Gruppen durch Einleiten gegenseitiger Verständigung *(Kommunikation),* in einer ersten Phase meist über eine neutrale Drittpartei.

Konfrontation

Gegenüberstellung. In der Psychologie u. a. Zusammenbringen von zwei Personen oder zwei Gruppen zwecks gemeinsamer Analyse bestehender Konflikte.

Kybernetik

Lehre von den Steuerungs- und Regelungsvorgängen. Systemtheorie (*System).* Die Gesetzmäßigkeiten (»Logik«) der Wechselwirkungen zwischen Information austauschenden Elementen in belebten und unbelebten Systemen. Betrifft Organismen in der Natur (zum Beispiel Stoffwechselvorgänge im menschlichen Körper), Maschinen in der Technik (zum Beispiel elektronische Datenverarbeitung, automatische Wärmeregelung etc.), aber auch soziale Gebilde bei Tieren und Menschen (*Gruppen, Organisationen).*

Labortraining

In der *Gruppendynamik* Ausdruck für *Verhaltenstraining* in Gruppen (*Trainingsgruppe).* Auf *Selbsterfahrung* beruhende Lernveranstaltung unter Laboratoriumsbedingungen (in Klausur, das heißt außerhalb der täglichen Umgebung) in Gegenwart eines *Trainers* mit dem Ziel, die Wechselwirkungen zwischen eigenem Verhalten und fremdem Verhalten kennenzulernen und zu verstehen, die individuelle Kommunikations- und Kooperationsfähigkeit zu verbessern und die Gesetzmäßigkeiten der in Kleingruppen ablaufenden psychologischen Vorgänge (zum Beispiel effektive bzw. ineffektive Entscheidungsbildung, Führungs- und Autoritätsproblematik, soziale Rangordnung, Konfliktbewältigung etc.) zu studieren. Wichtigste methodische Prinzipien: *Feed-back, Hier-und-jetzt, Prozeßberatung.* Urform und bekannteste Variante des Labortrainings ist das *Sensitivity Training.*

Laissez-faire

Ausdruck für das Verhalten des Inhabers einer Führungsrolle, der weder Autorität ausübt noch Autorität delegiert noch sich helfend oder unterstützend beteiligt. Totales Gewährenlassen. Falsch verstandene »antiautoritäre« Führung oder Erziehung.

Manipulation

Form der Beeinflussung, bei welcher der Beeinflußte die Ziele und die Methode der Einflußnahme nicht durchschaut und im Glauben, sich frei zu entscheiden, sein Verhalten zum Vorteil anderer verändert.

Masse

Nicht organisierte Anzahl von Individuen. Mehrere oder viele Individuen, die nicht in einer Beziehung zueinander stehen, sondern höchstens durch einen gemeinsamen Zustand (zum Beispiel alle zur gleichen Zeit am gleichen Ort), durch eine gemeinsame Tätigkeit (zum Beispiel Flucht) oder durch ein gemeinsames Gefühl (zum Beispiel Wut) miteinander verbunden sind. Unterscheidet sich von einer *Gruppe* durch das Fehlen einer *Gruppenstruktur.*

Matrix-Organisation

Komplexe, zwei- oder mehrdimensionale Organisationsstruktur. Organisation, innerhalb welcher verschiedene Gliederungen sich gegenseitig durchdringen, wobei ein Stelleninhaber in allen Gliederungen in jeweils verschiedener Funktion vertreten sein kann (zum Beispiel Ressortleiter Vertrieb Stammhaus, gleichzeitig Geschäftsführer einer Tochtergesellschaft, gleichzeitig Mitglied eines Entwicklungsteams für neue Produkte).

Metakommunikation

Verständigung über Beziehungsfragen (Kommunikation über Kommunikation). Metakommunikation findet statt, wenn an einem wissenschaftlichen Kongreß über Gruppenpsychotherapie gesprochen wird oder wenn zwei Menschen über ihre Beziehung zueinander reden.

Mitarbeiterbefragung

Betriebsinterne Datenerhebung über die Meinungen, Einstellungen und Verhaltensmotive von Mitarbeitern durch Fragebogenumfrage, Einzelgespräche (Tiefeninterviews) oder Gruppendiskussionen. Diagnostisches Instrument für die Vorbereitung und laufende Kontrolle innerbetrieblicher Veränderungsprozesse im Rahmen der *Organisationsentwicklung.*

Motiv

Beweggrund für ein Verhalten.

Motivation

(1) Sammelbegriff für die psychologischen Faktoren (Interessen, Bedürfnisse, Einstellungen), die das Verhalten eines Menschen bestimmen.

(2) Im normalen Sprachgebrauch oft auch verwendet für engagiertes Leistungsverhalten, Einsatzbereitschaft aufgrund eines ausgeprägten persönlichen Interesses.

Motivatoren

Ausdruck von F. Herzberg für diejenigen Faktoren des Arbeitslebens, die Zufriedenheit und engagiertes Leistungsverhalten (*Motivation)* auslösen: Anerkennung, Selbständigkeit und Verantwortung, Wachstum und Lernfortschritt. Im Gegensatz zu *Hygienefaktoren.*

nicht-direktives Verhalten

Auf C. Rogers zurückgehender Ausdruck für eine helfende (nicht die Richtung bestimmende) Form der Gesprächsführung in der Psychotherapie. Heute allgemein verwendet für ein Verhalten, das nicht auf Ausübung von Macht, sondern auf Verständnis und Unterstützung ausgerichtet ist, speziell bei Inhabern einer Führungsrolle in der Ausbildung oder in der Beratung (*Trainer, Change Agent, Katalysator).* Wichtigste Kriterien: Zuhören, Beobachten, Fragen stellen, Alternativen aufzeigen, *Feed-back* geben – aber nicht werten, nicht urteilen, nicht entscheiden.

nicht-verbale Kommunikation

Oberbegriff für alle nicht-sprachlichen Formen der Verständigung (*Kommunikation, Interaktion),* zum Beispiel Mimik, Gestik, Körperkontakt, Blickkontakt, Art und Weise der Kleidung etc.

Normen

Geschriebene und ungeschriebene Gesetze, Wertvorstellungen und Spielregeln, die das Verhalten (die Art und Weise der gegenseitigen Verständigung, des Umgangs miteinander, des sozialen Zusammenlebens) innerhalb einer *Gruppe,* einer *Organisation* oder einer Gesellschaft bestimmen. Die Einhaltung der sozialen Normen wird von der Umwelt belohnt, ihre Übertretung bestraft. Normen sind eines der Merkmale für die Strukturierung eines sozialen Gebildes (*Gruppenstruktur).*

OD
Kurzform für Organization Development, *Organisationsentwicklung (OE).*

Ökologie
Lehre von den Wechselwirkungen zwischen Lebewesen in ihrer natürlichen Umwelt. Gesamtheit der Beziehungen zwischen Individuen und Umwelt.

Ombudsman
Aus dem Schwedischen stammender Ausdruck für unabhängige Beschwerdeinstanz des Bürgers, die die parlamentarische Kontrolle verstärken soll.

Organisation
Wörtlich: Ordnung, Struktur, Verbindung von Einzelteilen zu einem Ganzen. In den Sozialwissenschaften: System von mehreren, in Verbindung stehenden *Gruppen.* Definition nach E. Schein: »Rationale Koordination der Aktivitäten einer Anzahl von Menschen, um einige gemeinsame, explizit definierte Ziele und Zwecke zu erreichen, und zwar durch Arbeits- und Funktionsteilung sowie eine Hierarchie der Autorität und Verantwortung.«

Organisationsentwicklung (OE)
Abgeleitet von »Organization Development (OD)«: geplanter organisatorischer Wandel. Sammelbegriff für den koordinierten Einsatz sozialwissenschaftlich fundierter Methoden der Verständigung, der Arbeitsorganisation und der Ausbildung mit dem Ziel, in einer Organisation notwendig gewordene Struktur- und Verhaltensänderungen zu erkennen und auf der Basis eines kollektiven Lernprozesses, also durch Evolution, zu verwirklichen. Organisationsentwicklung ist ein jüngerer, interdisziplinärer Zweig der Sozialwissenschaften und beinhaltet die Anwendung vor allem verhaltenspsychologischer und kommunikationswissenschaftlicher Erkenntnisse auf alle Fragen der Führung und der Organisation. Es gibt methodisch verschiedene Richtungen (»Schulen«). Aber allen gemeinsam ist der ökologische Denkansatz: Das Verhalten des Menschen wird verstanden als Resultat bestimmter Umwelteinflüsse. Konsequenz: Sinnvolle Strukturveränderungen müssen mit entsprechenden Verhaltensänderungen einhergehen – und umgekehrt. Die OE geht von der Erkenntnis aus, daß Verhalten »gelernt« wird – und zwar vor allem durch praktische Erfahrung »am eigenen Leib«, durch unmittelbare Auseinandersetzung mit den konkreten Problemen des täglichen Lebens in der direkten, persönlichen Begegnung (*Kommunikation)* mit anderen. Die *Gruppendynamik* spielt deshalb in der OE eine wichtige Rolle. Organisationsentwicklung ist im Grunde eine teamorientierte

Management- und Veränderungsstrategie. Die drei wesentlichen Komponenten sind: (1) gemeinsames Problembewußtsein (»Was muß bei uns anders werden, damit wir in der Zukunft unsere Ziele besser erreichen als in der Vergangenheit?«), (2) direkte Beteiligung der Betroffenen bei der Erarbeitung von Maßnahmen zur Lösung der eingekreisten Probleme, (3) Anpacken nicht nur von Sachproblemen, sondern auch von Kommunikations- und Verhaltensproblemen, das heißt Problemen des Informationsflusses, der Art und Weise der Entscheidungsbildung, des Umgangs miteinander, des Führungsstils.

Organisationslaboratorium

Gruppendynamisches Laboratorium mit mehreren *Trainingsgruppen.* Der Lernschwerpunkt liegt auf dem Studium der sich zwischen Gruppen abspielenden Vorgänge: Entstehung und Wirkungsweise verschiedener Formen der Organisation, Umgang mit Macht und Abhängigkeit, Beziehungen zwischen Mehrheit und Minderheit, Bewältigung kollektiver Konflikte etc.

Organisationspsychologie

Jüngerer Zweig der Psychologie, der – in Anwendung von Erkenntnissen u. a. der Verhaltensforschung, der Psychoanalyse, der Systemtheorie *(Kybernetik)* und der *Gruppendynamik* – das Verhalten des Menschen aus der Gesamtheit der Umwelteinflüsse erklärt *(Ökologie).*

Organization Development

Organisationsentwicklung

Output

Ausgang oder Ausgabe von Information (Computertechnik). Im übertragenen Sinne Ausdruck für Ausstoß von Produkten (Betriebswirtschaft) oder Reaktion auf einen Reiz oder Gedanken (Psychologie).

Primärgruppen

Die natürlichen und wichtigsten Gruppen, in denen der Mensch lebt, im Gegensatz zu spezielleren, weniger wichtigen Gruppen *(Sekundärgruppen).* In unserer Gesellschaft ist die Primärgruppe in der Regel die Familie, Sekundärgruppen sind Schulklassen, Vereine, Freundeskreis etc. Im betrieblichen Bereich ist mit Primärgruppe die im Organisationsplan festgelegte Gruppe (zum Beispiel ein Vorgesetzter und seine direkten Mitarbeiter) gemeint, im Gegensatz zu anderen Gruppierungen wie Projektteams, Ausschüsse oder Ausbildungsgruppen.

Prozeßberatung

(Prozeßanalyse, Prozeßbeobachtung) Wichtiger Grundsatz in der *Organisationsentwicklung* im allgemeinen und im *Labortraining* im speziellen: »Manöverkritik« und Fortschrittskontrolle in bezug auf die Art und Weise der gegenseitigen Verständigung und Zusammenarbeit. Gemeinsame, kritische Zwischenbilanz und Lageberatung. Laufendes Überprüfen der sich in einer *Gruppe* oder zwischen Gruppen abspielenden sozialen Vorgänge (*Gruppenprozeß*).

Return on Investment

Ertrag auf das eingesetzte Kapital. Allgemein verwendet als Ausdruck für Gewinn im Verhältnis zum Aufwand.

Rollen

In der *Gruppendynamik* eines der wesentlichen Merkmale für das Vorhandensein einer *Gruppenstruktur:* Übernahme bestimmter Funktionen durch einzelne Individuen in einer *Gruppe,* verbunden mit entsprechenden Erwartungen der übrigen Gruppenmitglieder. Eine beginnende Rollenverteilung ist das ausschlaggebende Merkmal für die Bildung einer Gruppe und damit für die Unterscheidung zwischen Gruppe und *Masse.* Es wird unterschieden zwischen formellen Rollen innerhalb einer festgelegten *Organisation* (zum Beispiel Konstruktionszeichner, Lehrer, Gewerkschaftssekretär etc.) und informellen Rollen (zum Beispiel Anführer, Mitläufer, Vermittler, Prügelknabe, Störenfried etc.).

Scientific Management

Wörtlich: wissenschaftliche Betriebsführung. Geht auf das 1911 erschienene Buch »Scientific Management« von F.W. Taylor über systematische Betriebsrationalisierung zurück. Taylor propagierte die konsequente Trennung der Leitungs- von der Ausführungsfunktion, die Aufteilung der Arbeitsvorgänge in kleine, leicht lernbare Einzelschritte sowie deren Optimierung aufgrund von Zeit- und Bewegungsstudien. Zusammen mit den flankierenden Maßnahmen (rigorose Personalselektion, systematisches Anlernen, materieller Leistungsanreiz) bildeten seine Empfehlungen die Grundlagen einer »Managementphilosophie«, die zwar seinerzeit die wesentlichen Impulse für die industrielle Entwicklung gegeben, in der Folge dann aber zur Problematik der *Entfremdung* vieler Menschen in einer übertechnisierten Arbeitswelt ohne Möglichkeit der individuellen und sozialen Entfaltung geführt hat.

Sekundärgruppen

s. Primärgruppen

Selbsterfahrung

In der *Gruppendynamik* Ausdruck für nicht verstandesmäßiges (kognitives), sondern gefühlsmäßiges (emotionales) Lernen in bezug auf die Wirkungsweise des eigenen Verhaltens auf andere. In einem allgemeineren Sinne auch verwendet als Begriff für

Lernen durch praktische Erfahrung »am eigenen Leib«. Betrifft vor allem Selbsterfahrungsgruppen (*Trainungsgruppen, Sensitivity Training, Encounter*).

Selbststeuerung

Ausdruck für die Selbständigkeit (Erweiterung des Entscheidungsspielraumes) vor allem von Arbeitsgruppen *(autonome Gruppen)*.

Selbstverwirklichung

In der Motivationstheorie (*Motivation*) von A. Maslow die oberste Stufe der »Hierarchie« oder »Pyramide« der menschlichen Bedürfnisse (1. Existenz, 2. Sicherheit, 3. sozialer Kontakt, 4. Selbstachtung und Anerkennung, 5. Selbstverwirklichung). Wachstum und Lernfortschritt, Entwicklung und Entfaltung der eigenen Fähigkeiten und der eigenen Persönlichkeit.

Sensitivität

Wörtlich: Empfindsamkeit. Sinngemäß: Fähigkeit und Bereitschaft, die Gefühle, Bedürfnisse und Interessen anderer Menschen wahrzunehmen und auf sie einzugehen.

Sensitivity Training

Gruppendynamische, auf *Selbsterfahrung* beruhende Lernveranstaltung mit dem ausschließlichen oder hauptsächlichen Ziel der individuellen Verbesserung der Selbsterkenntnis und der Fähigkeit, auf andere einzugehen *(Sensitivität)*. Die klassische, für Anwendung im beruflichen Bereich einzig geeignete Form ist die *Trainingsgruppe*. Andere Formen: Psychodrama, Marathon, *Encounter* etc. (*Gruppendynamik*).

soziale Rangordnung

Durch Rollenverteilung in *Gruppen* und *Organisationen* entstehende Gliederung (Ordnung), innerhalb welcher einzelne Individuen mehr Macht (*Autorität*) und Ansehen (Prestige) erwerben als andere.

soziale Wahrnehmung

Fähigkeit, auf andere einzugehen und soziale Vorgänge (Verhaltensänderungen) in der Umwelt zu erkennen und zu verstehen.

Sozialisation

Prozeß der schrittweisen Anpassung eines Individuums an die Verhaltensnormen einer *Organisation* oder Gesellschaft (zum Beispiel Prozeß des Erwachsenwerdens beim Kinde).

Soziogramm

Ausdruck von J.L. Moreno: »Landkarte, die zwischenmenschliche Beziehungen in einer Gruppe zeigt.« Graphische Darstellung der persönlichen Gefühlsbeziehungen zwischen Mitgliedern einer Gruppe (im Gegensatz zu den formellen Beziehungen etwa des Organisationsplanes). Das Soziogramm wird erstellt aufgrund eines sogenannten soziometrischen Tests, dessen einfachste Form darin besteht, daß jedes Gruppenmitglied in einer offenen oder anonymen Umfrage angibt, welches andere Gruppenmitglied ihm am sympathischsten ist, welches am nächstsympathischsten etc.

sozio-technisches System

Von Sozialwissenschaftlern des Londoner Tavistock Institutes für Human Relations geprägter Ausdruck für die Beschreibung betrieblicher Organisationen als *Systeme,* innerhalb welcher die technisch-organisatorischen Strukturen und die sozialen Bedürfnisse und Verhaltensweisen der Menschen in einer direkten Wechselwirkung stehen und aufeinander abgestimmt sein müssen, wenn die Effektivität erhalten bleiben soll. Ökologisch orientiertes Organisationskonzept, das u.a. im Zusammenhang mit betrieblichen Veränderungen von Bedeutung ist (*Organisationsentwicklung).*

Stranger Lab

Fremdengruppe im *Labortraining*

Streß

Wörtlich: Druck, Belastung (ursprünglich das Verhalten von Werkstoffen bei der Verformung betreffend). Vom Wissenschaftler H. Selye erstmals angewendet auf die komplexen, automatisch ablaufenden Stoffwechselvorgänge im tierischen und menschlichen Organismus bei der Anpassung an Umweltveränderungen im allgemeinen und bei drohender Gefahr im speziellen (reflexartige Erstellung höchster Angriffs-, Abwehr- oder Fluchtbereitschaft). Heute allgemein verwendet als Ausdruck für körperliche und seelische Belastungen.

Synergie

Sinnvolles Zusammenspiel verschiedener Kräfte, Faktoren oder Individuen zu einer Gesamtleistung.

System

In der *Kybernetik (*Systemtheorie) eine Gruppe von Elementen, die in einer dynamischen Beziehung zueinander stehen, das heißt die Information austauschen. Soziales System: *Gruppe* oder *Organisation* von Individuen.

Taylorismus

Die auf die Rationalisierungsgrundsätze von F.W. Taylor zurückgehende »Managementphilosophie« des *Scientific Management.*

Technokratie

Herrschaft bzw. Vorherrschaft der Technik. In den USA entwickelte Lehre, wonach die Geschicke der Wirtschaft und der Gesellschaft von Technikern geleitet werden sollten, Organisationen nach Prinzipien und Prioritäten der Technik zu gestalten sind.

teilautonome Arbeitsgruppen
Arbeitsgruppen mit einem gewissen Spielraum für selbständige Entscheidungen (*autonome Gruppen, Arbeitsstrukturierung).*

T-Gruppe
(TG) in der *Gruppendynamik* Ausdruck für *Trainingsgruppe.*

Themenzentrierte Interaktion (TZI)
Von Ruth Cohn entwickeltes und heute in den »Workshop Institutes for Living-Learning« (WILL) im Rahmen berufsbegleitender Fortbildungsseminare gelehrtes therapeutisches und pädagogisches Konzept zur sinnvollen Gestaltung zwischenmenschlicher Verständigung im allgemeinen und effektiver Gruppenzusammenarbeit im besonderen. Wichtigste Regeln: »Sei dein eigener Chairman« und »Störungen haben Vorrang«.

Theorie X und Theorie Y
D. McGregors Gegenüberstellung zweier gegensätzlicher Persönlichkeitstheorien. Die Theorie X ist das »Menschenbild« der klassischen Managementschule: Der Mensch ist von Natur aus denkfaul, arbeitsscheu und weicht jeder Verantwortung aus. Die Theorie Y ist das »Menschenbild« der modernen Sozialwissenschaften: Der Mensch hat ein natürliches Tätigkeitsbedürfnis sowie eine natürliche Erfindergabe und kann unter geeigneten Bedingungen lernen, Verantwortung nicht nur zu akzeptieren, sondern sogar zu suchen.

Trainer
In der *Gruppendynamik* Leiter einer *Trainingsgruppe.* Professionell geschulter Begleiter, Betreuer und Ausbilder einer Lerngruppe im *Labortraining, Sensitivity Training* etc.

Trainingsgruppe
In der *Gruppendynamik* Ausdruck für eine Lerngruppe: mehrere Menschen, die zusammenkommen, um die Wechselwirkungen zwischen eigenem und fremdem Verhalten sowie die in einer Gruppe sich vollziehenden sozialen Vorgänge durch Erfahrung am eigenen Leib kennenzulernen. Eine Trainingsgruppe umfaßt in der Regel acht bis zwölf Teilnehmer sowie ein bis zwei *Trainer,* bleibt eine bis drei Wochen in Klausur zusammen und ist während dieser Zeit gleichsam »ihr eigenes Studienobjekt«, das heißt, sie befaßt sich nicht mit irgendwelchen Sachthemen, sondern vor allem mit dem, was sich in der Gruppe selbst zwischen den Teilnehmern abspielt.

Transaktionsanalyse
Ein von E. Berne entwickeltes Konzept der Einzel- und Gruppenpsychotherapie, von dem in den USA bestimmte Techniken zur Verbesserung der zwischenmenschlichen Beziehungen bei

Gesunden (u.a. mit betrieblichen Anwendungen) abgeleitet worden sind. Es wird unterschieden zwischen drei menschlichen »Ich-Zuständen« (Kommunikationsebenen): »kindliches Ich«, »Eltern-Ich«, »Erwachsenen-Ich«. Konflikte entstehen, wenn Menschen auf ungleichen Ebenen miteinander kommunizieren. Sie sprechen dann gleichsam verschiedene Sprachen und reden aneinander vorbei.

Transfer

Wörtlich: Übertragung. Sinngemäß: Übertragung von Verhaltensweisen, die in einer bestimmten Situation (Umwelt) erworben wurden, in eine andere. Betrifft vor allem die Schwierigkeit, das unter Laboratoriumsbedingungen in einer *Trainingsgruppe* Gelernte (zum Beispiel Offenheit, *authentisches Verhalten)* in den Alltag am Arbeitsplatz zu übertragen.

Trouble-Shooter

Ausdruck für einen Manager, der sich hauptsächlich oder ausschließlich mit der kurzfristigen Behebung akuter Störungen, nicht aber mit der längerfristigen Verbesserung der Gesamtsituation befaßt.

TZI

Themenzentrierte Interaktion

unstrukturierte Situation

In der *Gruppendynamik* Ausdruck für die offene, nicht vororganisierte Ausgangssituation im *Labortraining:* Fehlen eines Programms und vorgegebener Sachthemen, passives Verhalten des *Trainers.* Künstlich erzeugtes Führungsvakuum als Voraussetzung für das Ingangkommen eines *Gruppenprozesses.*

Verhaltensgitter

Urheberrechtlich geschütztes, als 6-Phasen-Programm auf dem Markt angebotenes System der *Organisationsentwicklung* nach Blake/Mouton. In der ersten Phase wird der Führungsstil der einzelnen Vorgesetzten nach zwei verschiedenen Dimensionen (Aufgabenorientierung und Menschenorientierung) analysiert und diskutiert.

Verhaltenstraining

Von der Verhaltenstherapie abgeleitete Lernmethode zur Verbesserung des Sozialverhaltens von Gesunden. Ein Konzept zum Erzielen von Verhaltensänderungen, das nicht in erster Linie auf dem Lernen von theoretischem Wissensstoff oder auf der verstandesmäßigen Analyse psychologischer Zusammenhänge beruht, sondern auf dem praktischen Einüben bestimmter Verhaltensweisen. Unerwünschte Verhaltensweisen werden gezielt und bewußt abgeschwächt (das heißt durch Nichtanwendung »verlernt«), erwünschte Verhaltensweisen werden gezielt und bewußt verstärkt (das heißt durch Anwendung »gelernt«).

Ziele

In der *Gruppendynamik* Zweck eines sozialen Zusammenschlusses. Gemeinsame Ziele sind eine der Voraussetzungen für die Bildung einer *Gruppe* oder einer *Organisation (Gruppenstruktur)*.

LITERATURAUSWAHL

Die nachfolgende Auswahl von Büchern ist der Versuch einer Orientierungshilfe in der kaum mehr übersehbaren Literatur über sozialen und organisatorischen Wandel. Damit der Leser sich besser zurechtfindet, sind die Bücher nach folgenden Sachgebieten geordnet:

- Hierarchie und Bürokratie
- Humanisierung und Demokratisierung
- Organisationspsychologie
- Arbeitsstrukturierung
- Kommunikation
- Verhaltensforschung
- Gruppendynamik
- Organisationsentwicklung
- Psychoanalyse und Gesellschaft
- Ökologie

Titel, die der Autor – zu Recht oder zu Unrecht – für besonders wichtig oder interessant hält oder die sich seiner Ansicht nach besonders gut als Einführung in das entsprechende Gebiet eignen, sind jeweils zuerst genannt und mit einem kurzen Kommentar versehen.

Die Liste enthält alle Titel, auf die in diesem Buch durch die Übernahme von Gedanken und Zitaten direkt Bezug genommen ist, ergänzt durch weitere Standardwerke des entsprechenden Sachgebietes sowie durch besonders interessante Neuerscheinungen. Bei englischen und französischen Büchern wurde – soweit vorhanden und dem Autor bekannt – die deutsche Übersetzung aufgeführt.

1. Hierarchie und Bürokratie

G. Büschges (Hg.), »Organisation und Herrschaft – Klassische und moderne Studientexte zur sozialwissenschaftlichen Organisationstheorie«, Rowohlt 1976

Ausgezeichnete Auswahl klassischer Texte aus dem Gebiet der Organisationstheorie (man kann Schlüsselstellen von Marx, Engels oder Weber nachschlagen), verknüpft mit den neueren Denkrichtungen (zum Beispiel Touraine: »Die postindustrielle Gesellschaft«, Schluchter: »Aspekte bürokratischer Herrschaft«). Ein Buch, das eine halbe Bibliothek erspart.

P. Freire, »Pädagogik der Unterdrückten«, Kreuz 1973
Fundamentales Werk über soziales Lernen im allgemeinen und über den Prozeß der Emanzipation im besonderen. Untersucht eines der zentralen Probleme sozialer Veränderung: die verhängnisvolle gegenseitige Abhängigkeit zwischen »Führer« und »Geführten« und das Wesen der Veränderung als wechselseitiger Prozeß der Befreiung. Ein außerordentlich wichtiges Buch für jeden, der sich mit Problemen sozialer Lern- und Entwicklungsprozesse befaßt – und für jeden, der im weitesten Sinne politisch interessiert ist. Eindrückliche, unmittelbare, von jedem Fachjargon »befreite« Sprache.

E. Canetti, »Masse und Macht«, Claassen 1960

P. Herbst, »Alternatives to Hierarchies«, Nijhoff 1976

A. Kieser / H. Kubicek, »Organisationstheorien« Kohlhammer 1978

F. Lauxmann, »Die kranke Hierarchie – Not und Hoffnung der öffentlichen Verwaltung«, Deutsche Verlagsanstalt 1971, (vergriffen)

U. Lohmar, »Staatsbürokratie – Das hoheitliche Gewerbe«, Goldmann 1978

R. Mayntz (Hg.), »Bürokratische Organisation«, Kiepenheuer & Witsch 1968

C. Parkinson, »Parkinsons Gesetz und andere Untersuchungen über die Verwaltung«, Econ 1958

A. Tannenbaum, »Hierarchy in Organizations«, Jossey-Bass 1974

2. Humanisierung und Demokratisierung

D. Jenkins, »Job Power – Demokratie im Betrieb«, Deutsche Verlagsanstalt 1973

Sehr lebendig geschriebene, umfassende und nicht doktrinäre Darstellung des Problems des sozialen Wandels in der Wirtschaft mit vielen betrieblichen Beispielen aus einer Reihe von Ländern, die der Autor bereist hat: USA, Skandinavien, Frankreich, Großbritannien, Jugoslawien und Israel.

U.S. Gesundheits- und Erziehungsministerium, »Die 8 Stunden am Tag«, Goldmann 1974

Deutsche Übersetzung der berühmten (im 2. Kapitel dieses Buches beschriebenen), unter der Nixon-Administration in Auftrag gegebenen und 1973 veröffentlichten Studie »Work in America« über die Probleme in der Arbeitswelt, ihre Ursachen und ihre Folgen.

P. Dienel, »Die Planungszelle – Eine Alternative zur Establishment-Demokratie«, Westdeutscher Verlag 1978

E. Gaugler / M. Kolb / B. Ling, »Humanisierung der Arbeitswelt und Produktivität – Literaturanalyse, praktizierte Beispiele, Empfehlungen für die Praxis«, (Studie im Auftrag des Bayerischen Staatsministeriums für Arbeit und Sozialordnung), Kiel 1977

H. Matthöfer, »Humanisierung der Arbeit und Produktivität in der Industriegesellschaft«, Europäische Verlagsanstalt 1977

F. Vilmar (Hg.), »Industrielle Demokratie in Westeuropa«, Rowohlt 1975

F. Vilmar (Hg.), »Menschenwürde im Betrieb«, Rowohlt 1973

3. Organisationspsychologie

H. Leavitt, »Grundlagen der Führungspsychologie. Individuum – Gruppe – Organisation«, Moderne Industrie 1974

Das zur Zeit wohl wichtigste, in deutscher Sprache erhältliche Buch über Führungs- und Organisationspsychologie gliedert sich in vier logisch aufeinander aufbauende Teile. Der erste (»Der einzelne Mensch«) befaßt sich mit Fragen der Wahrnehmung, des Denkens, der Motivation, des Lernens. Der zweite (»Zwei Menschen zur gleichen Zeit«) ist den Grundlagen der Kommunikation gewidmet: Informationsaustausch, zwischenmenschliche Beeinflussung, Autorität, Manipulation. Der dritte (»Von drei bis zwanzig Menschen«) befaßt sich mit der Leistungsfähigkeit von und den Vorgängen in

Gruppen: Verständigung, Zusammenarbeit, Konflikt und Konfliktlösung im Team. Der vierte und letzte (»Hunderte und Tausende von Menschen«) behandelt Probleme der Struktur und des Wandels betrieblicher Organisationen.

H. Rush, »Behavioral Science – Concepts and Management Application«, Conference Board 1969
Mit Abstand die knappste, übersichtlichste und verständlichste (wenn auch leider nicht übersetzte) Darstellung der »Klassiker« der modernen Organisationspsychologie (McGregor, Maslow, Herzberg, Likert, Argyris, Blake/Mouton). Enthält außerdem zehn interessante Fallbeispiele von Humanisierung bzw. Organisationsentwicklung in amerikanischen Groß- und Mittelbetrieben.

F. Herzberg, »Work and the Nature of Man«, New American Library 1966

R. Likert, »Die integrierte Führungs- und Organisationsstruktur«, Campus 1975

A. Maslow, »Motivation und Persönlichkeit«, Walter 1977

D. McGregor, »Der Mensch im Unternehmen«, Econ 1973

4. Arbeitsstrukturierung

J. Maher, »Job Enrichment – Motivierung durch Arbeitsgestaltung«, Moderne Industrie 1976
Leicht faßliche Darstellung einer Reihe von bekannteren und weniger bekannten Beispielen von Job Enrichment in verschiedenen amerikanischen Firmen.

H. Steinmann / M. Heinrich / G. Schreyögg, »Theorie und Praxis selbststeuernder Arbeitsgruppen«, Hanstein 1976
Grundsätzliche Darstellung und Diskussion des Konzepts teilautonomer Arbeitsgruppen mit verschiedenen Fallbeispielen aus skandinavischen Betrieben.

G. Bihl, »Von der Mitbestimmung zur Selbstbestimmung – das skandinavische Modell der selbststeuernden Gruppen«, Goldmann 1973

L. Davis / J. Taylor (Hg.), »Design of Jobs«, Penguin 1972

R. Ford, »Motivation Through the Work Itself«, American Management Association 1969

W. Rohmert / F. Weg, »Organisation teilautonomer Gruppenarbeit – Betriebliche Projekte, Leitregeln zur Gestaltung«, Hanser 1976

H. Rush, »Job Design for Motivation – Experiments in Job Enlargement and Job Enrichment«, Conference Board 1971

E. Ulich / P. Groskurth / A. Bruggemann, »Neue Formen der Arbeitsgestaltung – Möglichkeiten und Probleme einer Verbesserung der Qualität des Arbeitslebens«, Europäische Verlagsanstalt 1973

5. Kommunikation

R. Spitz, »Vom Dialog – Studien über den Ursprung der menschlichen Kommunikation und ihrer Rolle in der Persönlichkeitsbildung«, Klett 1976

Ausgehend von der nicht-verbalen Verständigung zwischen Mutter und Kleinkind zeigt der Autor die Bedeutung der Kommunikation als Grundlage unserer Beziehungsfähigkeit und unseres sozialen Verhaltens im späteren Leben auf. Die wohl verständlichste Darstellung des Wesens der Kommunikation in der Literatur.

P. Watzlawick / J. Beavin / D. Jackson, »Menschliche Kommunikation – Formen, Störungen, Paradoxien«, Huber 1969

Standardwerk über Kommunikation, grundlegend und umfassend. Das Buch ist allerdings keine »leichte Kost«. Es ist im Original vor mehr als zehn Jahren geschrieben worden, zu einer Zeit, als Watzlawick noch stärker von der Systematik des spezialisierten Forschers geprägt war als heute.

P. Watzlawick, »Wie wirklich ist die Wirklichkeit? – Wahn, Täuschung, Verstehen«, Piper 1976

Die sogenannte Wirklichkeit hat wenig zu tun mit »objektiver Wahrheit«, sondern lediglich mit dem, was wir aus der Umwelt an Information aufnehmen, verarbeiten und anderen mitteilen. Urteil ist von Vorurteil, Wirklichkeit von Wahn letztlich nicht zu trennen. Dieses Buch ist von fundamentaler Bedeutung für das Verständnis der Kommunikation als Grundlage jeder Verhaltensänderung – und ein Plädoyer für das ständige Überprüfen und Infragestellen der eigenen Wahrnehmung, des eigenen Urteils, eigener Meinungen, der eigenen Person.

E. Bormann / W. Howell / R. Nichols / G. Shapiro, »Kommunikation in Unternehmen und Verwaltung – Die interpersonelle Kommunikation in der modernen Organisation«, Moderne Industrie 1969

R. Cohn, »Von der Psychoanalyse zur themenzentrierten Interaktion – Von der Behandlung einzelner zu einer Pädagogik für alle«, Klett 1975

T. Gordon, »Manager-Konferenz. Effektives Führungstraining«, Hoffmann und Campe 1979

T. Harris, »Ich bin o.k., Du bist o.k. – Wie wir uns selbst besser verstehen und unsere Einstellung zu anderen verändern können – Eine Einführung in die Transaktionsanalyse«, Rowohlt 1975

R. Mucchielli, »Kommunikation und Kommunikationsnetze«, O. Müller 1974

K. Vopel / K. Kirsten, »Kommunikation und Kooperation. Ein gruppendynamisches Trainingsprogramm«, Pfeiffer 1974

6. Verhaltensforschung

S. Milgram, »Das Milgram-Experiment – Zur Gehorsamsbereitschaft gegenüber Autorität«, Rowohlt 1974

Allgemeinverständliche Darstellung der Methoden, Resultate und Schlußfolgerungen der berühmten (im 5. Kapitel dieses Buches beschriebenen) Experimente Milgrams über das Verhalten normaler Menschen gegenüber Autorität. Von fundamentaler Bedeutung für das Verständnis menschlicher Verhaltensweisen in unserer Gesellschaft im allgemeinen und in betrieblichen Organisationen im besonderen.

F. Vester, »Phänomen Streß – Wo liegt sein Ursprung, warum ist er lebenswichtig, wodurch ist er entartet?«, Deutsche Verlagsanstalt 1976

Anschauliche Darstellung der Ursachen, des Wesens und der Folgen des Stresses. Vermittelt über das spezielle Thema hinaus ein Verständnis für die engen Zusammenhänge zwischen den sozialen Umweltfaktoren, dem menschlichen Verhalten und der körperlichen Gesundheit.

I. Eibl-Eibesfeldt, »Krieg und Frieden aus der Sicht der Verhaltensforschung«, Piper 1975

I. Eibl-Eibesfeldt, »Menschenforschung auf neuen Wegen. Die naturwissenschaftliche Beurteilung kultureller Verhaltensweisen«, Molden 1976

K. Lorenz, »Das sogenannte Böse – Zur Naturgeschichte der Aggression«, Deutscher Taschenbuch Verlag 1974

7. Gruppendynamik

W. Heintel, »Das ist Gruppendynamik – Eine Einführung in Bedeutung, Funktion und Anwendbarkeit«, Heyne 1974

Ein Taschenbuch mit Beiträgen von mehreren Autoren, die nicht nur wissenschaftlich, sondern als Trainer auch praktisch zusammenarbeiten. Ausgezeichnete Einführung nicht nur in das Wesen, sondern auch in die gesellschaftliche Bedeutung der Gruppendynamik.

W. Schmidbauer, »Sensitivitätstraining und analytische Gruppendynamik«, Piper 1973

Sehr fundierte und klare Darstellung dessen, was gruppendynamisches Training bedeutet, was eine T-Gruppe ist, welche Ziele das Sensitivity Training verfolgt, was sich während des Trainings abspielt, wo die Grenzen zwischen dem Training für Gesunde und der Gruppenpsychotherapie liegen.

L. Bradford / J. Gibb / K. Benne, »Gruppentraining – T-Gruppentheorie und Laboratoriumsmethode«, Klett 1972

T. Brocher, »Gruppendynamik und Erwachsenenbildung«, Westermann 1967

M. Lakin, »Interpersonal Encounter: Theory and Practive in Sensitivity Training«, McGraw-Hill 1972

H. Richter, »Die Gruppe – Hoffnung auf einen neuen Weg, sich selbst und andere zu befreien«, Rowohlt 1972

Manfred Sader, »Psychologie der Gruppe«, Juventa 1976

W. Schmidbauer, »Selbsterfahrung in der Gruppe. Theorie, Praxis, Ergebnisse«, List 1977

8. Organisationsentwicklung

W. French / C. Bell, »Organisationsentwicklung – Sozialwissenschaftliche Strategien zur Organisationsveränderung«, Haupt 1977

Es gibt Berge von Literatur über Organisationsentwicklung – aber sehr wenig in deutscher Sprache, und fast nichts, was für den Nicht-Fachmann lesbar wäre. Hier stellt dieses Buch eine einigermaßen (wenn auch noch nicht ideale) Ausnahme dar. Ziele, Methoden sowie die wichtigsten Probleme der Organisationsentwicklung sind dargestellt – inhaltlich sehr übersichtlich, sprachlich immer noch verständlicher als das meiste, was sonst auf dem Markt ist.

B. Sievers (Hg.), »Organisationsentwicklung als Problem«, Klett 1977

Dieses Buch ist inhaltlich bereits etwas anspruchsvoller und eignet sich auch kaum als Einführung in die Thematik für einen Laien. Es enthält jedoch eine Auswahl sehr interessanter Beiträge vieler Autoren zu einer ganzen Reihe verschiedener Aspekte der Organisationsentwicklung. Außerdem findet sich je eine ausführliche Falldarstellung aus den Bereichen Industrie, Kirche, Schule und Universität/Krankenhaus.

R. Beckhard / R. Harris, »Organizational Transitions: Managing Complex Change«, Addison-Wesley 1977

W. Bennis / K. Benne / R. Chin (Hg.), »Änderung des Sozialverhaltens«, Klett 1975

D. Gebert, »Organisationsentwicklung – Probleme des geplanten organisatorischen Wandels«, Kohlhammer 1974

F. Glasl / L. d.l. Houssaye, »Organisationsentwicklung – das Modell des Niederländischen Instituts für Organisationsentwicklung (NPI) und seine praktische Bewährung«, Haupt 1975

D. Harvey / D. Brown, »An experiential approach to Organization Development«, Prentice Hall 1976

E. Huse, »Organization Development and Change«, West Publishing 1975

H. Rush, »Organization Development: a Reconnaissance«, Conference Board 1973

9. Psychoanalyse und Gesellschaft

E. Fromm, »Haben oder Sein – Die seelischen Grundlagen einer neuen Gesellschaft«, Deutsche Verlagsanstalt 1976

Der zweifellos dringend notwendige (und bereits lebhaft in Gang befindliche) soziale Wandel ist nicht einfach eine »organisatorische« Frage, sondern zunächst einmal und in erster Linie eine Frage der Veränderung menschlicher Wertvorstellungen. Fromm zeigt denn auch weniger ein »Strukturmodell« einer neuen Gesellschaft auf als vielmehr die Möglichkeit *und* die Notwendigkeit einer neuen Wertorientierung: weg von der Überbetonung materiellen Besitzstandes (mit all seinen katastrophalen Folgen wie Gier, Neid, Aggression und Unterdrückung), hin zur Betonung geistiger und seelischer Werte: gegenseitiger Liebe und schöpferischer Entfaltung.

H. Richter, »Lernziel Solidarität«, Rowohlt 1974

In diesem Buch geht es um eine ähnliche Grundthematik: um die Entwicklung neuer Leitbilder in unserer Gesellschaft. Es geht um das »Verlernen« der Isolation, der Abkapselung, der Rivalität, des falsch verstandenen Individualismus, um das »Lernen« gemeinsamen Handelns und Erlebens in allen Bereichen unseres sozialen Lebens. Das Buch ist ein Plädoyer für spontane Gruppentätigkeit als Mittel zur seelischen Befreiung des einzelnen und zur gesellschaftlichen Entwicklung.

A. Mitscherlich, »Auf dem Weg zur vaterlosen Gesellschaft – Ideen zur Sozialpsychologie«, Piper 1963

H. Richter, »Flüchten oder Standhalten«, Rowohlt 1976

G. Vinnai, »Das Elend der Männlichkeit – Heterosexualität, Homosexualität und ökonomische Struktur«, Rowohlt 1977

10. Ökologie

Y. Friedeman, »Machbare Utopien – Absage an geläufige Zukunftsmodelle«, Fischer 1977

Wenn es jemanden gibt, der sich freigemacht hat vom Ballast politischer Ideologien und wissenschaftlicher Lehrmeinungen, dann ist es der Autor dieses Buches. Unbefangen denkt er über die Grenzen der Machbarkeit einer Globalsteuerung für die Probleme auf dieser Erde nach. Was dabei herauskommt, ist ein Plädoyer für die Dezentralisierung: für intakte Lebensgemeinschaften von begrenzter Größe, die ihre eigenen, lokalen und regionalen Problemlösungen entwickeln – ein Plädoyer für kulturelle Vielfalt, für »leben und leben lassen«, für ein mögliches, menschengerechtes Leben. Ein originelles, anregendes Buch, das keine »Strukturmodelle«, sondern Denkmodelle anbietet.

J. de Rosnay, »Das Makroskop – Neues Weltverständnis durch Biologie, Ökologie und Kybernetik«, Deutsche Verlagsanstalt 1977
Die Ökologie ist mehr als einfach ein neuer Wissenszweig. Sie bedeutet das Verstehen dynamischer Wechselwirkungen, das Denken in Gesamtzusammenhängen. Sie bedeutet eine Befreiung unseres Denkens aus den »Kästchen« einzelner Spezialgebiete, eine Revolution unseres Menschen-, Gesellschafts- und Weltbildes – und damit eine grundlegende Neuorientierung nicht nur unserer Denkrichtung, sondern auch unserer Wertvorstellungen. Dieses Buch ist eine lebendige, praxisnahe Einführung in die wissenschaftlichen Grundlagen, in das Wesen und in die Konsequenzen ökologischen Denkens.

I. Illich, »Fortschrittsmythen«, Rowohlt 1978

D. Meadows / D. Meadows / E. Zahn / P. Milling, »Die Grenzen des Wachstums – Bericht des Club of Rome zur Lage der Menschheit«, Deutsche Verlagsanstalt 1972

M. Mesarovic / E. Pestel, »Menschheit am Wendepunkt – 2. Bericht an den Club of Rome zur Weltlage«, Deutsche Verlagsanstalt 1974

A. Peccei (Hg.), »Das menschliche Dilemma. Zukunft und Lernen«, Molden 1979

E. Schumacher, »Die Rückkehr zum menschlichen Maß – Alternativen für Wirtschaft und Technik«, Rowohlt 1977